AF592483

PRÉCIS

DE DROIT PUBLIC ET ADMINISTRATIF.

Paris. — Imprimé par E. Thunot et Ce, rue Racine, 26.

PRÉCIS

DE

DROIT PUBLIC ET ADMINISTRATIF

PAR

M. A. BATBIE,

PROFESSEUR-SUPPLÉANT A LA FACULTÉ DE DROIT DE PARIS,
AVOCAT A LA COUR IMPÉRIALE.

Extrait du Cours de Droit public et administratif, par M. Laferrière, membre de l'Institut, inspecteur général des Facultés de droit.

PARIS.

COTILLON, ÉDITEUR, LIBRAIRE DU CONSEIL D'ÉTAT.
Au coin de la rue Soufflot, 23

1860

AVERTISSEMENT SUR CET APPENDICE.

L'auteur était professeur de Droit administratif lorsqu'il a publié les premières éditions de son livre, en 1839 et 1841 ; il dit dans l'introduction : « J'ai cherché à simplifier » la méthode pour les étudiants en droit, à généraliser pour » les hommes instruits les principes du Droit public et ad- » ministratif, et à en faciliter l'application devant les tribu- » naux de l'ordre judiciaire ou administratif. » Son plan, depuis cette époque, s'est étendu ; mais le but est resté le même. C'est toujours principalement en vue des étudiants en droit et des aspirants à l'administration dans ses diverses branches, que le Cours est rédigé et qu'il a reçu des accroissements successifs. L'auteur est convaincu qu'il faut aux étudiants en droit des livres non superficiels, mais nourris de principes et de forte doctrine. Les études sérieuses sont les seules qui portent des fruits pour le temps qui vient après l'époque des examens et des thèses. Il reconnaît toutefois qu'il convient de faciliter la tâche de l'étudiant qui pense à l'examen de fin d'année ; et il a voulu préparer la révision du Cours et la rendre plus facile en ajoutant à son livre un précis élémentaire, et, de plus, une table de concordance avec le programme d'examen. Pour l'accomplissement de cette dernière partie de sa tâche, il a cru devoir accepter le concours d'un membre de la Faculté de droit de Paris, dont les travaux ont été de bonne heure appliqués spécialement au Droit administratif. Le professeur suppléant de la Faculté, qui s'est uni d'intention avec l'auteur en renfermant dans un appendice les notions exactes et précises qui doivent [illegible] présentes à l'esprit de l'étudiant, dans l'examen de droit administratif, fut appelé, il y a quelques années, dans la Faculté de Toulouse, à faire un cours *d'administration comparée*, dont l'importance et le succès ont été constatés en 1855 et 1856 par l'inspection générale des Facultés de droit (1).

Auditeur au conseil d'État, M. Batbie avait puisé à cette grande école d'administration le goût de la science administrative, et, depuis, il n'a cessé de donner à cette branche de l'enseignement une forte part de son travail annuel, dont le public lettré pourra un jour apprécier les produits. Il était donc désigné d'avance au choix de l'auteur du *Cours de droit public et administratif* pour la collaboration relative à la partie élémentaire qui termine cette cinquième édition.

Par cette combinaison, j'espère atteindre deux résultats également utiles : 1° concourir encore à donner une instruction solide aux étudiants en Droit administratif, instruction qui doit dépasser les limites d'un examen scolaire; 2° leur présenter les notions résumées qui, en s'unissant au travail personnel dont rien ne peut et ne doit les dispenser, facilitera les conditions de l'examen de troisième année. C'est ainsi que l'intérêt de la science m'a paru pouvoir se concilier avec l'intérêt d'une préparation qui, pour être fructueuse, ne doit pas être trop hâtive.

F. LAFERRIÈRE.

---

(1) D'après le programme qui a été déposé au ministère de l'instruction publique, le cours était divisé en deux parties. Dans la première, l'administration française était comparée avec l'administration Romaine sous l'empire, et avec l'administration de notre pays en 1789, avant la Révolution. Dans la seconde, elle était mise en parallèle avec les institutions actuelles de l'Angleterre, des États-Unis, de la Belgique, de l'Allemagne, des États-Romains et de l'Espagne. — Nous avons toujours regretté l'absence de ce cours complémentaire pour le doctorat dans la Faculté de droit de Paris.

IIe APPENDICE.

PRÉCIS DE DROIT PUBLIC ET ADMINISTRATIF.

NOTIONS GÉNÉRALES.

Les mots *droit public* sont pris par les auteurs dans deux sens différents. Suivant une acception très-étendue, on entend par là toutes les parties de la législation qui touchent à l'intérêt général de la cité, ou, comme disait la loi Romaine : *quod ad statum Reipublicæ spectat.* Ces mots sont alors employés par opposition au *droit privé* et comprennent le droit constitutionnel et le droit administratif. Mais dans un sens plus restreint, le droit public est synonyme de droit constitutionnel et contient deux choses : 1° l'étude des droits primordiaux garantis aux citoyens et des conditions auxquelles ils en ont la *jouissance* et l'*exercice* (1); 2° l'organisation des grands pouvoirs de l'État et les rapports établis entre eux par la Constitution.

Le *droit administratif* peut aussi être divisé en deux parties : 1° l'*administration* ou l'étude de l'agencement des divers services administratifs et des rapports qui existent entre les agents supérieurs et les agents subordonnés; 2° le *droit administratif* proprement dit (*sensu stricto*), qui embrasse les règles par lesquelles sont régis les droits des particuliers dans leur rencontre avec l'action administrative (2).

---

(1) Dans certains ouvrages, le *droit public* ne comprend que cette première partie. C'est dans ce sens qu'il est pris par M. Serrigny (*Droit public*, 2 vol. in-8°, Dijon).

(2) Les rapports entre les diverses autorités administratives sont réglés par trois espèces d'actes : 1° les lois, 2° les décrets ou règlements, 3° les circulaires et instructions. *En administration*, les circulaires et instructions sont obligatoires pour les subordonnés comme des ordres auxquels ils sont tenus de se conformer. En *droit administratif*, les lois et les décrets ou règlements sont seuls obligatoires pour les tiers. Les circulaires n'ont qu'une autorité doctrinale.

DROIT PUBLIC OU CONSTITUTIONNEL.

CHAPITRE PREMIER.

DROITS GARANTIS AUX CITOYENS.

L'article 1er de la Constitution du 14 janvier 1852 garantit les principes proclamés en 1789; mais ces droits ne sont pas absolus, et la Constitution et les lois organiques y ont apporté deux espèces de restrictions, les unes *préventives*, les autres *répressives*. Celles-ci ont à leur tour tantôt un caractère administratif comme l'*avertissement* donné aux journaux, tantôt un caractère pénal et judiciaire. Nous n'aurons à nous occuper que des mesures préventives et des mesures répressives de l'ordre administratif; quant à la répression pénale et judiciaire, elle dépend plutôt du droit criminel que du droit public. La Constitution du 3 septembre 1791, à laquelle nous sommes renvoyés par la Constitution actuelle, consacrait comme droits du citoyen l'égalité civile, la liberté individuelle, l'inviolabilité du domicile et celle de la propriété, la liberté de conscience et des cultes, — la liberté de la presse, — le droit d'association et de réunion, — le droit de pétition, — la gratuité de la justice, — le droit pour tout citoyen de n'être jugé que par ses juges naturels, — le vote de l'impôt, — la responsabilité des agents du pouvoir, — la souveraineté nationale et la séparation des pouvoirs. Reprenons les termes de cette énumération (1).

1° **Égalité civile.** — Avant 1789, la noblesse conférait des priviléges de plusieurs sortes. Au point de vue politique, elle donnait droit à être électeur et éligible dans un ordre spécial de représentants aux assemblées des états généraux et provinciaux; en matière d'impôts, elle exemptait de la taille personnelle; en matière criminelle, elle donnait le droit d'échapper, par la décapitation, au supplice des roturiers qui étaient pendus... Toutes ces prérogatives ont été remplacées par l'*égalité civile*, qu'on pourrait appeler plus justement

(1) Tome Ier du *Cours de Droit public et administratif* de M. Laferrière, page 42 et suiv.

égalité légale, puisqu'elle est consacrée en matière politique et criminelle tout aussi bien qu'en matière civile. La noblesse n'a cependant pas été supprimée. Une loi récente vient même, en punissant les usurpations de titres, de donner, à ceux qui sont légitimement portés, une valeur que tendait à corrompre l'extension toujours croissante des empiétements nobiliaires. Mais la noblesse est purement honorifique et ne confère aucun privilége ; elle n'a d'autre importance que celle qui lui est donnée par nos mœurs et par la préférence de fait qui change suivant les régimes politiques (1).

2° **Liberté individuelle.** — La liberté individuelle consiste dans le droit de n'être arrêté et détenu que par ordre de justice ; elle est garantie par les articles du Code pénal qui punissent l'arrestation et la détention arbitraires. Avant 1789, on peut dire qu'elle n'existait pas, puisqu'elle était à la merci d'une lettre de cachet ; à la vérité, on a beaucoup exagéré l'usage que le Gouvernement fit de cette faculté ; mais si, au lieu de considérer le fait, on s'attache au droit, il est certain que l'individu n'était pas couvert par les institutions et devait tout attendre de la mansuétude des hommes. Quant aux règles suivant lesquelles un individu peut être privé de la liberté, elles rentrent dans l'étude du droit criminel. Dans plusieurs circonstances, des lois d'exception ont conféré au pouvoir exécutif le pouvoir d'éloigner certaines personnes du territoire, par mesure de *sûreté générale ;* ces lois ont fait fléchir le principe du droit individuel devant la *raison d'État* (2). Des considérations moins graves ont quelquefois fait sacrifier le principe de la liberté individuelle. Ainsi, on a interdit le séjour dans le département de la Seine et dans l'agglomération Lyonnaise aux condamnés pour vol, vagabondage et mendicité, et à ceux qui, sans avoir subi de condamnation, ne pourraient pas justifier qu'ils ont des moyens

(1) Un décret du gouvernement provisoire, du 29 février 1848, supprima les anciens titres de noblesse; ils furent rétablis par le décret du 24 janvier 1852, abolitif du précédent. — La loi du 28 mai 1858 a remis en vigueur, en le modifiant, l'art. 259 du Code pénal. Enfin un décret du 8 janvier 1859 a institué un *Conseil du sceau des titres* appelé à donner son avis sur les demandes de titres, de vérifications de titres, de changements et additions de nom.

(2) Voir décret du 3 mars 1810 sur les *prisons d'État ;* — lois du 12 février 1827 et 26 mars 1829, qui autorisent le Gouvernement à éloigner tous les individus prévenus de complot. Une loi du 27 février 1858, rendue à la suite de l'attentat du 14 janvier 1858, autorise le Gouvernement à éloigner certaines catégories de personnes. — Les décrets du 29 décembre 1851, pris en vertu des pouvoirs dictatoriaux du président de la République, s'appliquaient à deux catégories : 1° ceux qui *étaient expulsés* du territoire de la France, de l'Algérie et des colonies; 2° ceux qui étaient *momentanément éloignés* du territoire de la France et de l'Algérie. — Tome Ier, page 406.

d'existence. Cette interdiction peut être prononcée pour deux ans par le préfet de police à Paris, et à Lyon, par le préfet du Rhône : ils ont le droit de la renouveler, à l'expiration des deux années. — La condamnation pour cause de mendicité donne lieu également non-seulement à des peines correctionnelles, mais aussi à une mesure de répression administrative qui consiste dans l'envoi du condamné au *dépôt de mendicité*, où il est soumis à la loi du travail, conformément aux règlements de la maison. Cette mesure de répression, quoique employée à la suite d'une condamnation, n'est cependant pas une peine et la jurisprudence lui a toujours attribué un caractère administratif (1). — Enfin, l'obligation de se munir d'un passe-port pour voyager à l'intérieur et à l'étranger, peut être considérée comme une restriction à la liberté individuelle (2). Il y a des cas où cette restriction se change en une véritable suppression, les lois et instructions défendant aux maires ou aux préfets de délivrer des passe-ports à certaines personnes. Les maires et préfets qui refuseraient de délivrer des passe-ports, en dehors des exceptions prévues par la loi, se placeraient sous l'application de l'article 114 du Code pénal, qui punit les *attentats à la liberté* (3).

3° **Inviolabilité du domicile**. — L'inviolabilité du domicile est une conséquence de la liberté individuelle ; aussi la loi ne permet-elle aux officiers de police d'y pénétrer qu'autant qu'ils sont porteurs d'un ordre régulier de justice ou, dans certains cas *formellement* prévus par la loi, comme le *flagrant délit*, la *réclamation du propriétaire*, la qualité de marchand, de débitant de boissons, etc., etc., etc. En ces cas, l'ordre du juge n'est point nécessaire. La violation du domicile est un délit puni par l'article 184 du Code pénal.

4° **Propriété**. — La loi déclare la propriété inviolable et ne permet pas qu'on en soit dépouillé autrement que pour cause d'utilité publique, et moyennant une indemnité préalable. La propriété privée était autrefois protégée par la triple garantie du pouvoir lé-

---

(1) La loi qui interdit à certaines catégories de personnes le séjour du département de la Seine et de l'agglomération lyonnaise, est du 9 juillet 1852. Quant à la mendicité, elle est régie par les articles 269 à 282 du Code pénal, par le décret du 5 juillet 1808 et par celui du 30 mai 1790. Arrêt de la Cour de cassation du 21 septembre 1833.

(2) La formalité des passe-ports à l'intérieur a été abrogée en Espagne à la suite de la révolution de juillet 1855.

(3) Tome Ier, page 402.

gislatif qui déclarait ordinairement l'utilité publique (1), du tribunal civil qui prononçait l'expropriation, et du jury, composé de propriétaires, qui fixait l'indemnité. Les deux dernières conditions sont encore en vigueur ; mais le sénatus-consulte du 25 décembre 1852 a supprimé la première en disposant que l'utilité publique serait toujours déclarée par décret impérial, sauf le cas où l'exécution des travaux d'utilité publique donnerait lieu à la demande d'un crédit que le pouvoir législatif peut seul accorder. L'expropriation pour cause d'utilité publique n'impose pas un véritable sacrifice au propriétaire, puisqu'on l'indemnise. Il en est autrement des nombreuses *servitudes d'utilité publique* qui grèvent les propriétés privées, sans aucune compensation : car il est de jurisprudence que, ces charges étant des servitudes légales, elles entrent dans le régime normal de la propriété et n'ouvrent aucun droit à réclamation.

5° **Liberté religieuse** (2). — La liberté religieuse est un mot complexe qui comprend la liberté de conscience ou du for intérieur et la liberté du culte extérieur. Tant qu'elle ne sort pas du domaine de la conscience, cette liberté est illimitée et il ne saurait venir à la pensée de personne de chercher à la restreindre. La profession d'une croyance non reconnue, ou l'omission des actes prouvant l'orthodoxie, n'entraîne plus aujourd'hui de conséquence légale. Mais le culte extérieur implique des exercices en commun, et, comme ces exercices nécessitent la réunion de plusieurs personnes, la liberté religieuse rencontre les restrictions apportées par la loi au droit d'association et de réunion. Les art. 292, 293 et 294 du Code pénal qui punissent les réunions non autorisées par l'administration sont applicables aux réunions religieuses, non-seulement pour les cultes non reconnus, mais encore pour les cultes reconnus eux-mêmes (3). Pour *les cultes non reconnus*, la raison en est que l'administration n'aurait aucun moyen de s'assurer si la réunion a ou non le caractère religieux. Quant aux *cultes reconnus*, la solution

---

(1) Loi du 3 mai 1841. — Une loi était nécessaire en principe ; une ordonnance n'était suffisante que pour les embranchements de moins de 20.000 mètres. — Pour les chemins vicinaux, un décret n'est même pas nécessaire, et l'utilité publique peut être déclarée par un simple arrêté du préfet. Loi du 21 mai 1836, art. 16. L'article 15 de cette même loi offre l'exemple d'un cas où l'indemnité n'est pas préalable.

(2) Tome Iᵉʳ, page 202 et suivantes.

(3) Cette jurisprudence a prévalu nonobstant les actes constitutionnels qui, à diverses reprises, ont proclamé la liberté des cultes. (Arrêts des 12 avril 1838, 22 avril 1844 et 9 décembre 1853.) En 1830, M. Dupin conclut pour la liberté religieuse devant la Cour de cassation; la Cour déclara que les articles 292 et 294 étaient en pleine vigueur. « La liberté religieuse, dit M. Guizot, payait ainsi les frais de l'ordre politique. » (*Mémoires*, t. II, p. 11[illegible].)

résulte. 1° pour le culte catholique, d'un article du concordat qui défend la célébration des offices dans des lieux autres que les églises ou les chapelles autorisées (1); 2° pour les communions protestantes, d'un décret récent qui exige l'autorisation du préfet pour l'exercice public temporaire du culte, et celle de l'Empereur, par décret rendu en conseil d'Etat, pour l'ouverture de nouveaux temples, chapelles ou oratoires ayant un caractère permanent (2). Le même décret a soumis les cultes non reconnus aux mêmes conditions d'autorisation que les cultes protestants.

La liberté des cultes est limitée, d'un autre côté, par *l'appel comme d'abus*, sorte d'institution disciplinaire qui permet au conseil d'État de blâmer les actes par lesquels les ministres des cultes, dans l'exercice de leurs fonctions, s'écarteraient de leurs attributions purement spirituelles. Les cas d'abus tels qu'ils sont déterminés par la loi organique du concordat, en date du 18 germinal an X, sont au nombre de cinq : 1° *L'usurpation* ou *l'excès de pouvoir*. Par exemple, le fait de manifester la nomination d'un curé ou de tout autre titulaire de bénéfice inamovible, avant que le Gouvernement n'eût agréé le bénéficiaire (3), serait un acte abusif pour excès de pouvoir. Il en serait de même de l'acte par lequel un prêtre ferait au prône des publications étrangères au culte, sans avoir reçu l'invitation préalable de l'autorité temporelle; — 2° *La contravention aux lois et règlements*. Tout excès de pouvoir est une contravention aux lois ou règlements ; mais la réciproque n'est pas exacte, une contravention aux lois pouvant n'être pas entachée d'usurpation. L'usurpation, en effet, implique non-seulement une infraction à la loi, mais l'incompétence de celui qui agit, et il pourrait même arriver que l'autorité qui procède incompétemment fît une bonne application de la loi. Comme exemple de contravention aux règlements, nous citerons le fait de conduire une procession dans les rues contrairement à un arrêté prohibitif du pouvoir municipal ou encore d'exiger des droits supérieurs au chiffre du tarif, pour l'administration des sacrements.

La contravention aux lois pourrait être ou un délit prévu par la loi pénale, ou simplement une atteinte répressible par voie disciplinaire. Dans le dernier cas, le conseil d'État se borne à déclarer qu'*il y a eu*

(1) Art. 45 du concordat du 26 messidor an IX.

(2) Décret du 19 mars 1859.

(3) Les archevêques, évêques, chanoines et curés sont inamovibles et ne peuvent être institués qu'avec le concours du Gouvernement. Les desservants et succursalistes sont, au contraire, révocables *ad nutum*, et nommés par l'évêque seul. — Sur le droit public ecclésiastique, voir tome Ier, page 238.

abus, c'est-à-dire à blâmer le fait qui lui est déféré ; dans le premier, il peut ou faire la déclaration d'abus ou renvoyer devant les tribunaux criminels, en autorisant la poursuite. S'il permet de poursuivre, il doit s'abstenir de déclarer l'abus pour ne pas établir dans l'affaire un préjugé qui pourrait gêner la défense de l'accusé.

Le plaignant pourrait-il porter son action directement devant les tribunaux sans s'adresser au conseil d'État, ou bien l'appel comme d'abus est-il un *préalable administratif* pour les faits prévus par la loi pénale ?— Aucun texte n'exige formellement l'autorisation préalable du conseil d'État pour poursuivre un ministre du culte devant les tribunaux ordinaires ; mais (1) la jurisprudence du conseil d'État, d'accord avec celle de la Cour de cassation et de plusieurs Cours impériales, a décidé que le pourvoi au conseil était un préalable qui remplaçait pour les ministres du culte la garantie écrite dans l'art. 75 de la constitution du 22 frimaire an VIII, en faveur des fonctionnaires (2). Ainsi l'appel comme d'abus a un double caractère puisqu'il sert à réprimer les empiétements de l'autorité spirituelle, et, d'un autre côté, à prémunir les ministres qui en sont dépositaires contre les actions témérairement intentées devant les tribunaux.

3° *Contravention aux canons reçus en France.* Le cas le plus important où se présente ce fait abusif, est la violation des formes prescrites dans les canons de l'Église pour prononcer la peine de la déposition contre un titulaire de bénéfice inamovible ou de l'interdiction *à sacris* contre un simple prêtre. La sentence de déposition ou d'interdiction doit être revêtue des formes substantielles des jugements, sans quoi elle peut être attaquée comme abusive. Quel sera l'effet produit, en cette circonstance, par la déclaration d'abus ? S'il s'agit d'une déposition contre un titulaire inamovible, celui-ci conservera les avantages pécuniaires attachés à son titre, nonobstant la sentence qui a été déclarée abusive par le pouvoir temporel ; mais les pouvoirs spirituels seront enlevés

---

(1) Arrêts de la Cour de cassation du 25 août 1827, 28 mars et 17 octobre 1828, 18 février 1836 et 26 juillet 1838. — Cour d'Agen, 27 février 1840. — Orléans, 11 juin 1840. — Limoges, 28 janvier 1840. — Ordonnance du Conseil d'État du 27 août 1839, et un grand nombre rendues dans le même sens. Plusieurs auteurs, et notamment M. Laferrière (t. I, p. 238), se prononcent dans le sens de la jurisprudence. J'ai adopté l'opinion contraire dans mon opuscule sur l'*appel comme d'abus* (p. 55).

(2) On entend par *fonctionnaires*, les agents dépositaires d'une partie de l'autorité publique, et placés sous les ordres du Gouvernement. Les ministres du culte, pris comme tels, ne sont pas dépositaires d'une partie quelconque de l'autorité gouvernementale, et surtout n'agissent pas sous les ordres du pouvoir temporel ; aussi a-t-on jugé que l'art. 75 ne leur était pas applicable. — Voir tome Ier, page 238.

au titulaire par la déposition même irrégulière, et la raison en est que le conseil d'État ne pourrait pas, sans s'immiscer dans l'exercice du pouvoir spirituel, empêcher que la déposition ne produisît ses effets religieux. Quant à l'interdiction *a sacris* du simple prêtre irrégulièrement prononcée, la déclaration d'abus ne lui enlèverait aucune conséquence et ne serait qu'un blâme disciplinaire. — 4° *Atteinte aux libertés, franchises et coutumes de l'Église gallicane.* Les maximes ultramontaines que l'Église gallicane n'a jamais admises sont au nombre de deux. La première subordonne la puissance temporelle à la puissance spirituelle, et donne au pape le droit de déposer les rois : la seconde reconnaît au pape, en matière de foi, une autorité supérieure à celle des évêques réunis en concile général ou œcuménique. La déclaration de 1682, qui rejette ces maximes a été mise, par des dispositions non abrogées au nombre des lois de l'État, et un décret en a expressément prescrit l'enseignement dans les séminaires (1). Comme garantie de la liberté de l'Église gallicane, un article de la loi organique défend de donner autorité en France aux canons, brefs, ou rescrits non enregistrés au conseil d'État; le fait de leur donner autorité avant l'enregistrement serait une contravention aux lois, et rentrerait dans le second cas d'abus (2), en même temps qu'elle constituerait une atteinte aux libertés de l'Église gallicane rentrant dans le quatrième cas d'abus (3). — 5° *Procédés qui peuvent compromettre l'honneur des citoyens, troubler arbitrairement leur conscience ou dégénérer en oppression, injure ou scandale public.* C'est de tous les cas d'abus le plus large et celui qui pourrait donner la plus grande part à l'arbitraire, si le conseil d'État n'avait eu la sagesse de restreindre sa compétence, au lieu de l'étendre. Ainsi le refus de sacrements sans motifs rentre dans les termes de la loi organique, puisque c'est un trouble arbitraire à la conscience; cependant le conseil ne déclare jamais l'abus pour simple refus de sacrement; il faut, en outre, d'après sa jurisprudence, que le refus ait été accompagné d'un scandale public.

---

(1) Décret du 26 février 1810.

(2) Art. 1er de la loi du 18 germinal an X.

(3) Les deux déclarations d'abus les plus importantes pour atteinte aux libertés de l'Église gallicane sont : 1° celle du 9 mars 1845, prononcée contre l'archevêque de Lyon pour un mandement où il condamnait le *Manuel de droit public ecclésiastique* de M. Dupin, et donnait exécution à la bulle *Auctorem fidei* du 28 août 1794, bulle non reçue en France; 2° celle du 2 avril 1857, prononcée contre l'évêque de Moulins pour avoir fait signer aux curés des démissions anticipées, de manière à convertir les curés en succursalistes amovibles, et pour un article des statuts synodaux du diocèse, qui fulminait l'excommunication *ipso facto* contre tout clerc qui recourrait au pouvoir temporel.

Le recours pour abus peut être formé par le ministre des cultes, par des fonctionnaires subordonnés, tels que les préfets et les commissaires de police, ou par de simples particuliers. Les fonctionnaires subordonnés ou les particuliers ne saisissent pas directement le conseil d'État ; la loi veut qu'ils adressent d'abord un mémoire au ministre des cultes qui est seul compétent pour saisir le conseil d'État. L'affaire est ensuite examinée par la section de l'intérieur, de l'instruction publique et des cultes, et enfin par l'assemblée générale qui arrête la rédaction définitive du décret à présenter à la signature de l'Empereur. — La loi n'ayant pas fixé de délai pour exercer le recours comme d'abus, nous pensons que les parties ne seraient irrecevables qu'autant que l'on pourrait voir, dans la longueur du temps qu'elles ont tardé, une renonciation à l'exercice de leur action : *quæstio facti*.

6° **Liberté de la presse.** — Il faut distinguer entre les *publications ordinaires* et les *publications périodiques*. Celles-ci, en raison de leur action continue sur l'opinion publique, ont été soumises à un plus grand nombre de restrictions que les premières, dont l'effet accidentel, quelque grand qu'il soit, est de courte durée. Pour les ouvrages non périodiques, la loi n'a pris aucune mesure préventive directe; elle exige seulement, pour préparer la répression, dans le cas où il y aurait lieu : 1° la déclaration de l'imprimeur à la direction générale de la librairie à Paris, ou, dans les départements, au secrétariat de la préfecture, des ouvrages qu'il se propose d'imprimer; le titre des ouvrages est inscrit sur un registre coté et paraphé par le maire ; 2° le dépôt aux mêmes endroits de deux exemplaires de l'ouvrage imprimé ; la loi veut, en outre, que si le livre traite de matières d'économie sociale ou de politique, on remette un exemplaire au parquet des brochures ayant moins de dix feuilles d'impression (1).

S'il n'existe aucune restriction préventive directe à la liberté d'imprimer des ouvrages non périodiques, il y en a une qui restreint indirectement cette faculté; c'est la responsabilité des imprimeurs et libraires. Munis de brevets révocables qui ordinairement constituent toute leur fortune, ils sont les premiers

(1) Art. 7 de la loi du 27 juillet 1849. — L'art. 9 de la loi du 17 février 1852 a soumis à un droit de timbre les publications non périodiques qui traitent de matières d'économie sociale ou de politique, lorsqu'elles ont moins de dix feuilles d'impression. — Tome Ier, pages 458 et suivantes.

censeurs des livres qu'ils impriment, et ce contrôle est d'autant plus sévère, qu'ils l'exercent à leurs risques et périls (1).

Parmi les journaux, il faut distinguer entre ceux qui traitent de matières politiques ou d'économie sociale et ceux qui s'occupent de sciences, lettres, arts et agriculture. Ces derniers sont traités comme les publications non périodiques, et. par conséquent, ne sont soumis qu'à la déclaration et au dépôt préalables. Les premiers, au contraire, sont sujets à deux mesures préventives : 1° le *timbre* qui, à la vérité, peut s'expliquer comme impôt, mais qui a été établi aussi en vue de restreindre la faculté d'écrire sur les matières politiques (2); 2° le cautionnement qui a été exigé dans le double but d'assurer la répression et l'exécution des condamnations et, en outre, d'empêcher que l'arme de la presse ne tombât aux mains d'écrivains sans responsabilité ni pécuniaire, ni morale (3). Mais la mesure préventive la plus grave est celle qui oblige les écrivains qui veulent fonder un nouveau journal politique à obtenir une autorisation (4) du ministre de l'intérieur (5).

Les journaux qui existaient au 17 février 1852, ou ceux qui ont été autorisés depuis, sont sujets à une double répression, la répression administrative et la répression judiciaire; celle-ci est étrangère à notre sujet. La répression administrative consiste dans le droit qu'a le ministre d'*avertir un journal* pour des motifs non déterminés par la loi, et dont le ministre a la souveraine appréciation. Après deux avertissements, le journal peut être *suspendu* pour deux mois par un simple arrêté ministériel (6). Après une condamnation judiciaire ou administrative pour contravention ou délit de presse, le journal peut être suspendu ou supprimé par le ministre; si le gérant avait été condamné pour crime une seule fois, ou deux fois pour délits et contraventions, dans l'espace de deux années, la suppression aurait lieu de plein droit en vertu même de la condamnation. — Enfin, lorsqu'un journal a été suspendu ou même quand il n'aurait été l'objet d'aucune condamnation ni judiciaire ni administrative, il est sujet à la suppression, par

(1) Loi du 21 octobre 1814.

(2) Loi du 17 février 1852, et décret du 28 mars 1852 qui exempte du timbre les publications périodiques relatives aux sciences, lettres, arts, et à l'agriculture.

(3) Art. 4 de la loi du 17 février 1852.

(4) Art. 1er de la même loi.

(5) Lorsque le ministère de la police générale existait, c'était au ministre de la police que devaient être adressées les demandes d'autorisation. (V. circul. du 30 mars 1852.)

(6) Art. 32 de la loi du 17 février 1852.

mesure de sûreté générale; seulement, en ce dernier cas, un arrêté ministériel ne serait pas suffisant, et la loi veut que cette mesure soit prononcée par décret impérial.

7° **Liberté du travail et de l'industrie.** — Avant la révolution, le travail et l'industrie étaient, comme tous les éléments de la société, soumis au régime du privilége par les corporations, jurandes et maîtrises. Depuis la publication du livre des *métiers et* (1) *marchandises* d'Étienne Boileau, divers actes émanés de l'autorité royale avaient modifié le régime des corporations, et, à la fin du XVIIIe siècle, il y avait une tendance visible à supprimer certaines restrictions; mais la cause du privilége était soutenue par les uns, au point de vue du droit de propriété, et même par quelques philosophes au point de vue de la liberté (2). De bonne heure, cet ordre de choses avait excité de vives réclamations; elles s'élevèrent au sein des états généraux de 1614, et, par intervalle, elles se firent entendre, jusqu'à l'époque où la suppression des jurandes fut prononcée, sous le ministère de Turgot, par l'un des édits de 1776. Les jurandes se relevèrent à la chute du contrôleur général, et durèrent jusqu'à la révolution. La loi des 2-17 mars 1791 proclama la liberté du travail, de l'industrie et du commerce, sans autre condition que l'obligation de prendre une patente. Mais la patente ne devant être refusée à aucun de ceux qui acquitteraient le droit, c'était plutôt un impôt qu'une restriction préventive. Quant aux conditions d'aptitude, la loi n'en exigeait aucune, et s'en remettait entièrement à la confiance et au discernement des chalands pour le choix des ouvriers ou commerçants (3). Cette indifférence de la loi, en matière d'aptitude professionnelle, ne pouvait cependant pas être absolue; l'intérêt général voulait qu'on exigeât pour certains états des garanties spéciales sans lesquelles le public aurait été à la merci de l'ignorance et du charlatanisme; c'est pour ce motif qu'on a demandé certaines épreuves aux sujets qui embrassent les professions d'avocat (4), de médecin (5), de notaire (6), d'avoué (7), de phar-

---

(1) En 1260.

(2) C'est le point de vue qui est développé dans l'*Encyclopédie*, vis *Police* et *Municipalités*.

(3) Tome Ier, page 442 et suivantes.

(4) Pour l'exercice de la profession d'avocat, ord. du 20 novembre 1822, ordonnance du 17 août 1830 et décret du 22 mars 1852. — *Junge* Loi du 22 ventôse an XII sur les écoles de droit, et décret du 22 août 1854 sur les droits d'examen dans les écoles de droit.

(5) Loi du 19 ventôse an XI et décret du 22 août 1854.

(6) Loi du 25 ventôse an XI et ordonnance du 4 janvier 1843.

(7) Loi du 27 ventôse an VIII — Arrêté du 13 frimaire an XI et 2 thermidor an X.

macien (1), d'huissier (2), d'herboriste (3), de sage-femme (4). La profession d'imprimeur et de libraire a été soumise à l'obtention d'un brevet, dans l'intérêt de la sécurité (5) et de l'ordre que l'usage des presses clandestines pourrait facilement ébranler. Quoique ce brevet soit cessible par le titulaire, l'administration a une action constante sur les imprimeurs ou libraires même, au moyen du droit qui lui appartient de retirer le brevet.

C'est parce que l'alimentation dans les grandes villes est intimement liée à la paix publique que la boulangerie a été réglementée dans quelques-unes et notamment à Paris (6), où cette profession est exercée par un nombre de boulangers déterminés, et, par conséquent, privilégiés ; ce privilége est la compensation des conditions que la loi leur a imposées pour assurer l'approvisionnement de la capitale, pendant un certain temps d'avance. Dans les communes où la boulangerie n'est pas réglementée, c'est une profession ouverte à tous, mais elle n'est pas absolument libre ; car, la loi des 2-17 mars 1791, après avoir proclamé le principe de la liberté du travail, a disposé exceptionnellement que le prix du pain et de la viande de boucherie pourrait être taxé par l'autorité municipale. A Paris, la boucherie a été pendant longtemps soumise au régime de la réglementation ; mais une innovation récente vient de rendre cette profession à la liberté (7).

Le Gouvernement s'est enfin réservé la fabrication et la vente de certains produits, tels que les tabacs et les poudres ; ces entreprises et celle des transports des dépêches par l'administration des postes ont été enlevées au travail et à l'industrie privés, afin d'assurer les services et de rendre plus productif l'impôt assis sur ces matières.

8° **Droit d'association et de réunion.** — La *réunion* est le concours accidentel de plusieurs personnes, dans le même lieu ; dans le cas (8) d'*association*, ce concours est permanent et à époques fixes. — Les art. 291-294 punissaient de certaines peines

---

(1) Loi du 21 germinal an XI.
(2) Décret du 14 juin 1813 et ordonnance du 26 août 1822.
(3) Décret du 22 août 1854.
(4) Loi du 19 ventôse an XI et décret du 22 août 1854.
(5) Loi du 21 octobre 1814.
(6) [illegible] 27 décembre 1853, du 7 janvier 1854 et 1er novembre 18[illegible].
(7) Décret du 24 février 1858.
(8) Tome Ier, page 387 et suivantes.

correctionnelles les associations non autorisées de plus de vingt personnes. Comme il était facile d'éluder cette prohibition en divisant l'association par fractions d'un nombre inférieur à 20, une loi du 10 avril 1834 disposa que les articles précités du Code pénal seraient « applicables aux associations de plus de 20 personnes, alors même » que ces associations seraient partagées en sections de moindre » nombre, et qu'elles ne se réuniraient pas tous les jours ou à des » jours marqués. » Il fut du reste reconnu dans la discussion de cette dernière loi que ces restrictions ne concernaient que les *associations* et non les simples *réunions;* c'est ainsi que la loi fut constamment interprétée sous le gouvernement de juillet. Seulement il était admis que le préfet de police à Paris et le maire dans les autres communes puisaient, dans les attributions de la police municipale, le droit d'interdire même les simples réunions publiques lorsqu'ils jugeaient que cela était nécessaire au maintien de la tranquillité publique (1). Cette distinction a été rendue inutile par le décret du 25 mars 1852 qui soumet expressément les réunions publiques aux art. 291-294 du Code pénal et à la loi du 10 avril 1834. — Comme ce décret ne fait aucune distinction, il en faut conclure qu'il est applicable aux réunions de toutes sortes, quel que soit leur objet, littéraires, religieuses et même électorales. Mais c'est une question délicate que celle de savoir s'il faut l'étendre aux congrégations religieuses non autorisées, lorsque le nombre des membres dépasse vingt; la raison de douter est tirée de ce que la loi pénale ne concerne que les personnes venues du dehors pour se réunir dans un lieu autre que leur domicile et que les membres de la congrégation sont tous domiciliés dans l'établissement où ils se trouvent réunis; l'art. 291 du Code pénal, en effet, ne comprend pas dans les vingt personnes celles qui sont domiciliées dans la maison où se tiennent les séances de l'association (2).

9° **Droit de pétition** (3). — Les citoyens peuvent adresser

(1) C'est en se fondant sur la loi des 16-24 août 1790 que le préfet de police interdit le banquet du XIIe arrondissement, qui devait avoir lieu la veille de la révolution du 24 février 1848. Malgré les tendances libérales de son livre sur le *Droit public*, M. Serrigny reconnaissait que l'autorité municipale avait ce droit. Seulement il recommandait aux maires de ne pas user de cette faculté extrême sans nécessité (t. I, p. 199).

(2) M. Vivien, dans ses *Etudes administratives*, enseigne que les congrégations *non autorisées* peuvent être dissoutes en vertu des lois de 1790 et 1792 sur la police municipale et sur les congrégations. Mais il pense que les articles 291-294 du Code pénal et la loi du 10 avril 1834 ne leur sont pas applicables, et qu'aucune pénalité ne pourrait être prononcée. (*Etudes administratives*, 2e édit., t. II, p. 305.)

(3) Tome Ier, page 115 et suivantes.

leurs réclamations à l'Empereur et au Sénat ; une disposition formelle interdit le pétitionnement auprès du Corps législatif (1). Les pétitions adressées à l'Empereur sont examinées par une commission spéciale du conseil d'État (2), dont le président doit, toutes les semaines, présenter aux Tuileries le résultat de ses travaux.

La constitution du 14 janvier 1852, n'ayant fait que changer l'autorité à laquelle il faut adresser les pétitions, l'exercice de ce droit continue à être soumis aux lois qui l'avaient antérieurement réglé. Les pétitions ne peuvent donc pas être faites collectivement, et doivent être signées *individuellement* (3). Quel est l'effet du droit de pétition? Il est borné par la compétence du pouvoir auquel la réclamation est adressée. Le Sénat, par exemple, n'ayant que le droit de *s'opposer* et *d'annuler*, ne pourrait pas, sur la demande d'un citoyen, faire un *acte positif*; aussi se borne-t-il à renvoyer, en les recommandant, au ministre compétent les pétitions où on lui demande autre chose que l'annulation d'un acte inconstitutionnel. Quoique la constitution actuelle permette au Sénat d'annuler les *actes inconstitutionnels*, la généralité de cette expression (4) ne doit pas faire considérer son pouvoir comme absolu. Un jugement passé en force de jugée ne pourrait pas être attaqué devant le Sénat; car il constitue un droit acquis pour la partie qui l'a obtenu, et l'annuler serait porter atteinte au droit de propriété fondé sur le meilleur des titres. Nous pensons qu'il en serait de même d'un décret rendu au contentieux par le conseil d'État puisque, ainsi que nous le verrons plus tard, les principes sur la chose jugée sont applicables à cette espèce de décisions (5).

10° **Gratuité et publicité de la justice**. — Le principe

---

(1) Art. 45 de la Constitution du 14 janvier 1852.

(2) Décret du 18 décembre 1852. — Cette commission est composée d'un conseiller d'État, président, de deux maîtres des requêtes et de six auditeurs.

(3) Loi du 25 vendémiaire an III. — Art. 364 de la Constitution de l'an III, et art. 83 de la Constitution du 22 frimaire an VIII.

(4) Art. 29 de la Constitution du 14 janvier 1852.

(5) Le Sénat a nommé une commission pour examiner une pétition qui lui avait déféré un décret rendu au contentieux. Ce vote impliquait que le Sénat était compétent pour connaître au fond de l'affaire, et statuer sur le maintien ou l'annulation. Mais cette commission n'a pas fait son rapport, et on paraît décidé à laisser dormir l'affaire pour éviter la difficulté. En Angleterre, la Chambre haute joint à ses attributions politiques la qualité de Cour suprême de justice; mais rien ne prouve que la Constitution ait voulu donner au Sénat une pareille attribution. De telles innovations ne se présument pas, et on ne peut les induire, dans le silence de la loi, par voie d'interprétation. — Une solution mixte, proposée par M. Laferrière, aurait pour effet de reconnaître au Sénat, par analogie avec la prérogative de la Cour suprême, le droit de casser un arrêt ou un décret au contentieux en certains cas, *dans l'intérêt de la loi constitutionnelle*. (T. I, p. 121.)

de la gratuité de la justice n'a pas supprimé les frais de procédure, mais seulement les *épices* des magistrats. Cette rémunération directe des juges par les plaideurs avait été vivement attaquée au XVIIIe siècle comme une source d'abus et d'exactions ; à ce point de vue, la critique était exagérée et déclamatoire. Les épices, en effet, ne rapportaient aux magistrats qu'un faible revenu, et leur plus grand vice était assurément de nuire à la dignité de la justice (1).

La publicité des débats judiciaires est la première garantie des plaideurs ; car le juge, sachant que sa décision relève de l'opinion publique, est plus attentif à rendre bonne justice. On ne tient pas assez de compte aujourd'hui des services que ce principe a rendus, parce que nous avons un corps de magistrature qui n'a besoin, pour suivre la voie de l'équité, que de la seule impulsion de la conscience. Mais on oublie trop facilement que la bonté de nos mœurs judiciaires est due, pour la plus grande partie, à la publicité des audiences.

La faculté de prononcer le huis clos est une limitation que réclamait l'intérêt des bonnes mœurs ; elle est laissée à la libre appréciation des magistrats qui, par des scrupules respectables pour une règle importante de droit public, n'usent du pouvoir qui leur est accordé que lorsque la décence aurait trop à souffrir des débats publics.

En 1806, la publicité a été appliquée aux séances du conseil d'État délibérant au contentieux ; ~~mais~~ les conseils de préfecture jugent encore à huis clos. Ces conseils ne statuant jamais qu'en premier ressort, et leurs décisions pouvant être déférées à un tribunal d'appel qui juge après un débat public, il y a moins d'inconvénients à leur permettre de juger sans publicité qu'il n'y en aurait pour les tribunaux ordinaires qui prononcent souvent en dernier ressort. Néanmoins, on ne saurait qu'applaudir à l'usage introduit dans certains départements de faire tenir publiquement les séances du conseil de préfecture (2) et au projet de loi qui fut élaboré par le conseil d'État en 1850 ; la publicité des audiences était consacrée pour certaines catégories d'affaires.

La règle que *nul ne doit être distrait de ses juges naturels* était

(1) Les charges de conseiller étaient vénales, et l'entrée au parlement exigeait l'avance d'un capital assez considérable dont l'intérêt était perdu pendant au moins vingt-cinq ans. Après ce long exercice, on obtenait d'être nommé rapporteur, et les épices ne dépassaient pas 8,000 livres pour les conseillers de la grand'chambre, ou 3,000 pour ceux de la chambre des enquêtes. On entrait dans la magistrature parce qu'elle ouvrait la carrière des honneurs et conduisait aux premières fonctions.

(2) La publicité fut établie par M. de Gasparin, préfet de l'Isère. V. rapp. de M. Boulatignier sur le projet de loi des *conseils de préfecture*.

suivie avant la révolution, et jamais elle ne fut méconnue sans que la protestation de la défense se fît entendre (1). Malgré la proclamation solennelle de cette maxime, dans le nouveau droit public, elle a été violée sous plusieurs des régimes qui se sont succédé depuis 1789 ; les partis, après les révolutions, sont entraînés à des injustices réciproques ; mais de telles mesures sont toujours dangereuses, et il faut rappeler ici les paroles de Dumoulin : « *Extraordinarias quas vocant commissiones quæ periculosissimæ sunt* (2). »

11° Vote de l'impôt. — Dans l'ancien droit, c'était une question fort confuse que celle de savoir si le roi avait le droit d'établir des impôts sans le consentement de la nation. Dans les moments de crise, les souverains appelaient les États généraux à voter des subsides, et, dans ces réunions, on voyait se produire les doctrines les plus hardies sur la souveraineté populaire ; des orateurs du tiers état y tinrent plus d'une fois des discours radicaux où l'on est surpris de trouver les théories du *Contrat social*. Ces hardiesses passaient à la faveur des difficultés du moment ; le danger une fois conjuré, le roi ne réunissait plus les États généraux, et établissait de nouveaux impôts par des édits.

Le parlement fit de l'enregistrement des édits un moyen de contrôle et de contre-poids à la toute-puissance royale ; mais les remontrances épuisaient le droit qu'il s'était arrogé, et toute sa résistance tombait devant un *lit de justice* tenu par le roi pour le contraindre à l'enregistrement. Le parlement, sentant que son opposition était impuissante, fit plus d'une fois appel aux États généraux, et l'on sait que ce mot, prononcé en 1788 par le conseiller d'Espréménil, fut l'occasion, sinon la cause, qui amena la convocation de l'Assemblée de 1789. Le vote de l'impôt par les représentants de la nation fut une des premières maximes que proclamèrent les fondateurs du nouveau droit public, et elle n'a pas cessé d'être pratiquée sous les diverses constitutions qui nous ont régis (3).

Aujourd'hui, le Corps législatif vote l'impôt ; quant aux dépenses, il vote par ministère, et la somme totale est répartie en chapitres par décret impérial délibéré en conseil d'Etat ; des décrets rendus dans la même forme peuvent autoriser les virements d'un chapitre à un autre (4).

---

(1) Défense de Fouquet par Pélisson.

(2) *Stylus Parlamenti*, partie III, tit. 1, § 6.

(3) Constitution du 14 janvier 1852, art. 39, et sénatus-consulte du 25 déc. 1852, art. 12.

(4) Tome Ier, page 122

12° **Responsabilité des agents du pouvoir.** — La personne des rois était inviolable, d'après les chartes de 1814 et de 1830; la Constitution actuelle déclare, au contraire, que le chef de l'État est responsable (1). A la vérité, la responsabilité de l'Empereur n'ayant été déterminée par aucune loi, il en résulte qu'il n'existe ni juridiction compétente pour le juger, ni peine à lui appliquer. On ne pourrait le rendre responsable qu'en créant la procédure et la peine, comme cela fut fait en 1830 pour les ministres de Charles X. — Tous les agents subordonnés sont responsables, tant au criminel qu'au civil. *Au criminel*, les peines qui leur sont applicables sont, pour la plupart, prévues par les art. 177 à 196 du Code pénal ; *au civil*, la partie lésée par un abus de pouvoir peut demander des dommages-intérêts, conformément à l'art. 1382 du Code Napoléon.

Le législateur a pensé que la séparation du *pouvoir judiciaire* et du *pouvoir administratif* serait mal assurée si les juges ordinaires, sous couleur de juger les agents de l'administration, pouvaient entraver l'administration elle-même. C'est pour cela que l'art. 75 de la Constitution du 22 frimaire an VIII, lequel est toujours en vigueur, a disposé qu'aucune poursuite civile ou criminelle ne pourrait être intentée devant les tribunaux, sans l'autorisation du chef de l'État, en conseil d'État, contre *les agents du Gouvernement autres que les ministres*. Pour que cette disposition soit applicable, la réunion des conditions suivantes est exigée.

1° Il faut qu'il s'agisse d'un *agent du Gouvernement*, c'est-à-dire d'un fonctionnaire qui soit dépositaire d'une partie de l'autorité publique. D'où il résulte que les auxiliaires employés dans les bureaux ne sont pas couverts par la garantie constitutionnelle. Il en est de même des agents de la force publique qui ne font qu'exécuter les ordres du Gouvernement comme les employés auxiliaires ne font que les préparer.

Les membres des conseils généraux, d'arrondissement, municipaux, et en général de tous les corps délibérants, ne peuvent pas invoquer l'art. 75 de la Constitution de l'an VIII, puisqu'ils n'ont pas l'action administrative et ne peuvent pas dès lors être comptés parmi les *agents du gouvernement*.

2° Il faut que l'acte pour lequel a lieu la poursuite ait été commis par l'agent dans l'exercice de ses attributions, ou au moins qu'il y ait *connexité* entre le fait et les fonctions (2). Lorsqu'un

(1) Art. 5 de la Constitution du 14 janvier 1852.
(2) Cette connexité a été poussée très-loin par la jurisprudence

fonctionnaire a des attributions administratives et d'autres qui ne le sont pas, il n'est couvert que pour les faits commis dans l'exercice des premières. Ainsi le maire, poursuivi comme officier de l'état civil, ne serait pas protégé par l'art. 75 de la Constitution de l'an VIII; car, en cette qualité, il agit sous le contrôle de la justice et non sous l'autorité du pouvoir administratif.

Au civil, la demande est adressée directement au Conseil d'État par la partie; elle est examinée successivement par la section de législation et par l'assemblée générale du conseil; il est statué par décret impérial.... *Au criminel*, la demande est formée par le procureur impérial auquel appartient l'action publique; néanmoins, si le procureur impérial ne voulait pas poursuivre, la partie aurait le droit de s'adresser directement au conseil, mais seulement dans les cas où elle peut saisir elle-même les tribunaux correctionnels (1).

13° **Séparation des pouvoirs** (2). — Tout gouvernement porte en soi au moins le germe des pouvoirs *législatif, exécutif et judiciaire*, et la différence entre l'absolutisme et la liberté tient à la confusion ou à la distribution de ces éléments. Réunis en un seul homme, en une seule assemblée, soit aristocratique, soit populaire, ils constituent la monarchie absolue, le despotisme de l'ancienne Venise ou de la Convention. Séparés et contre-balancés les uns par les autres, ils deviennent le gouvernement libre, monarchie représentative comme en Angleterre, en France, en Espagne, en Belgique ou république comme aux États-Unis. « C'est une expérience éternelle, disait » Montesquieu, que tout homme qui a du pouvoir est porté à en » abuser; il va jusqu'où il trouve des limites! — Pour qu'on ne » puisse pas abuser du pouvoir, il faut que, par la disposition » même des choses, le pouvoir arrête le pouvoir. »

Tels sont les principes qui ont été consacrés par le renvoi que contient le texte de l'art. 1er de la Constitution du 14 janvier 1852; telles sont aussi les principales restrictions que les lois y ont apportées. Nous allons voir, dans la seconde partie, comment sont organisés et divisés les grands pouvoirs de l'État sous la protection desquels ont été placés les droits du citoyen français.

---

(1) L'autorisation, pour certains agents subalternes, n'est pas donnée par le Conseil d'État, mais par leurs directeurs généraux respectifs. — C'est ce qui a lieu pour les préposés de l'enregistrement et des domaines, de l'administration des forêts, à l'exception des conservateurs, des douanes, des poudres et salpêtres, des postes et monnaies. Le préfet peut autoriser les poursuites contre les percepteurs des contributions directes.

(2) Tome Ier, pages 81 et suivantes.

CHAPITRE II.

DES GRANDS POUVOIRS DE L'ÉTAT (1).

D'après notre Constitution, le pouvoir législatif est distinct du pouvoir exécutif. Sans doute, les dispositions qui enlèvent au Corps législatif le droit d'initiative pour la proposition des lois et celui d'amendement aux projets présentés par le gouvernement, lorsque ces amendements ne sont pas approuvés par le conseil d'État, donnent au chef de l'État une part très-grande dans l'exercice du pouvoir législatif ; malgré cette innovation, le principe de la séparation des pouvoirs a été observé, et le texte de la Constitution du 14 janvier 1852 fait encore sa part à la liberté politique.

POUVOIR LÉGISLATIF (2).

La loi est faite par l'Empereur, le Conseil d'État, le Corps législatif et le Sénat.

L'empereur la *propose*, et, jusqu'au dernier moment, il peut la retirer ; le Conseil d'État *arrête la rédaction officielle* sur laquelle s'ouvrira la discussion au Corps législatif ; aucun amendement n'y peut être introduit qu'avec l'agrément du conseil d'État ; le Corps législatif *vote* ou *rejette* la loi ; le Sénat, incompétent pour délibérer sur le fond, est seulement chargé de l'examiner au point de vue de la Constitution et des droits garantis par elle ; suivant qu'elle est o non conforme, il *déclare ne pas s'opposer* ou *s'opposer* à la promulgation. L'Empereur est en outre investi du droit de *sanctionner* et *promulguer* les lois rendues d'après les règles qui précèdent. La *sanction* est l'acte par lequel le chef du pouvoir exécutif adhère à la loi et la *promulgation* celui par lequel il la déclare exécutoire. Quoique distinctes, la sanction et la promulgation ont lieu en même temps. Pourquoi la sanction sous un régime qui ne donne l'initiative qu'à l'empereur, avec le droit de retirer le projet? Le chef de l'Etat n'est-il pas censé avoir adhéré au projet jusqu'au dernier moment? Une circonstance postérieure au vote, mais antérieure à la promulgation, pourrait démontrer que la loi est inopportune, et qu'il serait utile d'en différer l'exécution.

---

(1) Tome Ier, page 91.
(2) Tome Ier, page 106.

Conseil d'État (1). — Nous étudierons plus tard la composition du conseil d'État ; son rôle dans la confection des lois, seule chose qui doive nous occuper en ce moment, consiste en ce que la rédaction officielle est arrêtée par lui. Le projet préparé au ministère compétent est envoyé à l'examen de la section correspondante du conseil d'État : le président prend quelquefois une décision pour joindre la section de législation à celle qui est compétente, d'après la nature de ses attributions. Si l'objet de la loi est mixte, les deux sections compétentes doivent être réunies. Ainsi, la section de législation *peut* être appelée à délibérer sur tous les projets de loi conjointement avec les sections qui *doivent* être saisies ; il faut, pour qu'elle soit jointe, une décision spéciale du président. Le projet est présenté au Corps législatif avec un rapport arrêté par l'assemblée générale du conseil d'État et signé par le rapporteur et les autres commissaires que l'empereur désigne par un décret spécial, pour soutenir la discussion devant le Corps législatif. Les ministres n'ayant plus l'entrée au Corps législatif, c'est par des conseillers d'État commissaires que le Gouvernement fait soutenir les projets de loi.

Corps législatif. — Le Corps législatif est composé d'un certain nombre de membres à raison d'un député par 35,000 habitants ; toute fraction de 17 500 âmes donne au département dans lequel elle se trouve le droit d'avoir un député de plus (2). Au point de vue électoral, les départements sont divisés en circonscriptions qui ne correspondent pas exactement aux arrondissements ; souvent les parties d'un arrondissement ne sont pas comprises dans la même circonscription électorale.

Pour être éligible au Corps législatif, il faut : 1° avoir vingt-cinq ans accomplis ; 2° jouir de ses droits civils et politiques ; 3° n'être dans aucun cas *d'indignité*, *d'incapacité* ou *d'incompatibilité* prévus par la loi (3). Les fonctions de député ne peuvent pas être cumulées avec une fonction publique salariée, et l'acceptation par un fonctionnaire payé du mandat législatif le fait réputer démissionnaire. Les députés reçoivent, non pas un traitement, mais une indemnité fixée à 2,500 fr. par mois pendant la durée de la session (4).

Sont électeurs tous les Français âgés de vingt et un ans accomplis qui jouissent de leurs droits civils et politiques, et qui en outre sont

---

(1) Tome Ier, pages [illegible] et suivantes.

(2) Constitution du 14 janvier 1852, art. 34 à 47. — Décret organique du 2 février 1852. — Décrets des 27 et 29 mai 1857. — La fraction qui donne droit à un député en sus avait été d'abord fixée à 25,000 ; elle ne fut abaissée à 17,500 habitants qu'en 1857.

(3) Art. 15 et 16 du décret organique des élections, en date du 2 février 1852.

(4) Tome Ier, pages 9[illegible] et suivantes.

inscrits sur la liste électorale de la commune où ils résident depuis six mois au moins. L'inscription sur une liste électorale est indispensable à l'*exercice* du droit électoral ; car tout Français qui atteindrait sa vingt et unième année, avant la révision annuelle des listes électorales, ne serait pas admis à voter ; il aurait la *jouissance*, mais non l'*exercice* du droit. On voit par là que les listes *électorales sont permanentes*, c'est-à-dire que, pendant toute l'année, les élections se font sur les listes qui ont été arrêtées à la suite de la révision qui doit être faite du 1er janvier au 31 mars, époque de la clôture de la liste électorale (1).

Chaque électeur ne nomme que le député de la circonscription dans laquelle se trouve la commune où il est inscrit ; la loi actuelle a formellement repoussé le *scrutin de liste* qui appelait tous les électeurs du département à élire tous les députés du département. On a voulu que chacun votât en connaissance de cause et pour des noms connus de lui, ce qui était d'une réalisation difficile lorsqu'il fallait choisir un nombre considérable de députés. Le vote a lieu par *commune* et non par *canton*. Cette disposition a eu pour but de faciliter le vote aux citoyens tranquilles, en leur épargnant un déplacement et de laisser tous les électeurs dans leur milieu naturel, sous l'empire des influences auxquelles ils sont habitués. Dans un but diamétralement opposé, un décret de 1848 avait disposé que les électeurs voteraient au chef-lieu de canton.

Les colléges électoraux sont convoqués par décret impérial, vingt jours au moins avant leur réunion. Il faut, autant que possible, que le jour fixé pour l'élection soit un dimanche ou un jour férié. Au jour fixé, les électeurs viennent voter dans la salle où siége le bureau. A Paris, ce bureau est composé du maire de l'arrondissement, président, et de quatre assesseurs qui sont les deux électeurs les plus âgés et les deux plus jeunes sachant lire et écrire.

Dans les autres communes, le maire est président, et il a pour

---

(1) Voici le résumé des opérations de révision : Du 1er au 10 janvier, le maire prépare les rectifications à la liste électorale, en inscrivant ceux qui ont acquis le droit et retranchant ceux qui l'ont perdu ; — du 10 au 15 janvier, il dresse le tableau des changements et le fait déposer au secrétariat de la mairie ; — du 15 au 25, les parties peuvent se pourvoir devant la commission municipale ; — du 25 au 30 janvier, les réclamations sont jugées par la commission municipale ; — les décisions doivent être notifiées avant le 2 février ; — du 2 au 7, faculté d'appeler devant le juge de paix, qui doit juger dans les dix jours, c'est-à-dire avant le 18 février ; — il doit donner avis à la municipalité des jugements par lesquels il infirme les décisions de la commission municipale, dans les trois jours, c'est-à-dire au plus tard le 21 février. — Entre le 21 février et le 31 mars, époque de la clôture de la liste, il y a un intervalle de trente-huit jours pendant lequel : 1° les parties intéressées peuvent se pourvoir en cassation ; 2° le préfet peut ordonner que le maire recommencera les opérations de révision. (V. t. II, p. 482.)

assesseurs les quatre premiers conseillers municipaux, dans l'ordre du tableau. — Le président a seul la police de l'assemblée, et la force armée n'y peut pénétrer que sur sa réquisition ; c'est à lui qu'il appartient de prendre toutes les mesures nécessaires au maintien de l'ordre. Avec le bureau, il statue en outre *provisoirement* sur les difficultés qui s'élèvent touchant les opérations du collége électoral. — Les électeurs doivent apporter leurs bulletins préparés en dehors de l'assemblée et, à peine de nullité, écrits sur papier blanc. Les bulletins sont remis au président qui les dépose dans l'urne du scrutin, et aussitôt après, un membre du bureau constate le vote, par sa signature ou son parafe, mis à côté du nom du votant. On connaît par ce moyen quels sont ceux qui n'ont pas voté, et on peut, avant la clôture du scrutin, procéder à l'appel nominal des retardataires. Le scrutin reste ouvert pendant deux jours, le premier depuis huit heures du matin jusqu'à six heures du soir, et le second depuis huit heures du matin jusqu'à quatre heures du soir (1).

Nul ne peut être élu au premier tour, s'il ne réunit : 1° la majorité, c'est-à-dire la moitié plus un des suffrages exprimés; 2° le quart des électeurs inscrits. Aucun des candidats n'a-t-il obtenu un nombre de voix suffisant, l'élection est renvoyée au deuxième dimanche qui suit la proclamation de ce résultat. Au second tour, la majorité relative suffit et celui qui l'a obtenue est nommé député, quelque petit que soit le nombre des électeurs qui ont pris part au vote.

Le Corps législatif ne peut se réunir que sur la convocation de l'empereur; toute réunion spontanée serait illégale. Comment dès lors, si le chef de l'État ne convoque pas les députés, la légalité sera-t-elle garantie? L'empereur ne pourrait pas, sans déchirer la Constitution, se passer, pendant une année, du concours du Corps législatif; car la Constitution a formellement disposé que la nation voterait l'impôt par ses représentants et, comme le vote de l'impôt est annuel, il en résulte que sans convocation annuelle des députés le Gouvernement ne peut pas régulièrement fonctionner.

Une fois réunis, les députés commencent par vérifier leurs pouvoirs ou, s'il n'y a pas eu d'élections générales, par vérifier les pouvoirs de ceux qui ont été nommés dans l'intervalle des sessions. Pour juger les pouvoirs de ses membres, le Corps législatif est sou-

---

(1) Je passe beaucoup de détails sur les opérations électorales, et, en particulier, les précautions à prendre pour assurer la sincérité du vote, pour dépouiller le scrutin, proclamer le résultat, recenser les votes partiels des communes pour préparer le résultat général, etc., etc..... Voir, sur tous ces points, le décret organique du 2 février 1852, le règlement du même jour qui l'a complété, et le tome II, pages 479 et suivantes.

verain, et sa décision ne peut donner lieu à recours d'aucune espèce; mais si elle est sans appel, elle n'est pas sans règle. Le véritable principe à suivre en cette matière, c'est que l'élection doit être validée lorsque la volonté des électeurs est certaine et que l'élu n'est dans aucun des cas d'incapacité prévus par la loi. Si la chambre s'arrogeait le droit d'exclure un membre sous prétexte qu'il est *indigne* de siéger, sa décision, quoique souveraine, n'en serait pas moins un véritable abus de la force. Les candidats nommés dans plusieurs colléges doivent faire connaître leur option; s'ils négligent de le faire, nous pensons que le président du Corps législatif doit tirer au sort en séance publique (1).

Quelle est la part du Corps législatif dans la confection des lois? — Il peut repousser le projet dans son ensemble. Si le projet lui paraît mériter d'être approuvé, il peut rejeter un ou plusieurs articles et voter le reste. Mais la Constitution du 14 janvier 1852, reproduisant sur ce point celle du 22 frimaire an VIII, ne lui permet l'initiative législative à aucun degré; car les députés ne peuvent ni discuter une loi qui ne serait pas présentée par le Gouvernement, ni modifier un projet de loi par un amendement. Les amendements proposés par les membres du Corps législatif doivent être renvoyés à la commission chargée d'examiner le projet de loi; si la commission ne les adopte pas, ils sont définitivement rejetés; si elle les adopte, au contraire, le président du Corps législatif les transmet au conseil d'État, pour être soumis à un nouvel examen. La commission a le droit d'envoyer au Conseil trois de ses membres pour défendre son avis. Le conseil d'État admet-il l'amendement, il est inséré dans la rédaction officielle, et c'est sur le projet ainsi transformé que s'ouvrira la discussion au Corps législatif. Sinon, il est définitivement condamné, et on ne peut pas le produire de nouveau dans la délibération publique (2).

Sénat.—Le Sénat se compose de deux sortes de membres : 1° les dignitaires qui y siégent *jure proprio* : ce sont les cardinaux, les maréchaux et les amiraux ; 2° les sénateurs nommés par décret impérial dont le nombre ne doit pas dépasser cent cinquante (3). On

---

(1) Le décret du 2 février 1852 ni le décret réglementaire du même jour ne disent pas qu'il y ait lieu de procéder ainsi; mais c'est une lacune qu'il faut, à notre avis, combler avec l'article 91 de la loi électorale du 15 mars 1849.

(2) Art. 52, 53, 54 et 55 du décret réglementaire du 31 décembre 1852.

(3) L'art. 19 de la Constitution fixait à quatre-vingts le nombre des sénateurs pour la première année, et à cent cinquante le nombre total des sénateurs, tant membres de droit que membres choisis. — L'art. 10 du sénatus-consulte du 25 décembre 1852 a fixé à cent cinquante le nombre des sénateurs choisis. (T. Ier, p. 115 et suiv.)

peut considérer les princes français comme formant une troisième catégorie ; car, à l'âge de dix-huit ans accomplis, ils sont membres de droit du conseil d'État et du Sénat, où ils ne peuvent cependant siéger qu'avec l'agrément de l'empereur (1). Les sénateurs sont inamovibles et à vie ; une dotation annuelle de 30,000 fr. est attachée à cette dignité (2) ; ce n'est pas un traitement, mais une dotation, et c'est en raison de ce caractère, qu'elle peut être cumulée avec les pensions de retraite ou les traitements touchés par le dignitaire à un autre titre, sans qu'il y ait lieu d'appliquer les lois prohibitives du cumul.

Le Sénat n'est pas une deuxième chambre chargée de discuter la loi au fond ; il ne peut l'examiner qu'au point de vue spécial de la constitutionnalité. Il s'oppose : 1° aux lois qui porteraient atteinte à la Constitution, à la religion, à la morale, à la liberté des cultes, à la liberté individuelle, à l'égalité des citoyens devant la loi, à l'inviolabilité de la propriété et au principe de l'inamovibilité de la magistrature ; 2° à celles qui pourraient compromettre la défense du territoire. Malgré les dispositions qui bornent la compétence du Sénat, il faut remarquer qu'une opposition arbitraire ne pourrait être combattue par aucun moyen constitutionnel ; car le Sénat est une assemblée omnipotente à l'égard de laquelle l'empereur n'est pas armé du pouvoir de dissolution.

Le Sénat est encore compétent pour régler : 1° la Constitution des colonies et de l'Algérie ; 2° tout ce qui n'a pas été prévu par la Constitution et qui est nécessaire à sa marche ; 3° le sens des articles de la Constitution qui donnent lieu à différentes interprétations. Les sénatus-consultes rendus, dans ces trois cas, sont soumis à la sanction de l'empereur, ce qui n'a pas lieu pour les décisions par lesquelles le Sénat déclare s'opposer à une loi. La sanction n'est pas davantage applicable aux sénatus-consultes par lesquels le Sénat prononcerait l'annulation ou le maintien d'actes inconstitutionnels, conformément à l'art. 29 de la Constitution. « Le Sénat *maintient* ou *annule* tous les actes qui lui sont déférés comme inconstitutionnels par le Gouvernement ou par les pétitions des citoyens. »

Enfin, quoique l'initiative parlementaire ait été supprimée, il en est resté un débris dans les attributions du Sénat. Il peut d'abord adresser au Gouvernement un rapport où seront posées les bases d'un projet de loi d'intérêt national ; il peut, en second lieu, pro-

(1) Art. 7 du sénatus-consulte du 25 décembre 1852.
(2) Art. 11 du même sénatus-consulte.

poser des modifications à la Constitution. Mais ces propositions n'ont que la valeur d'un avis, et si l'empereur ne les approuve pas, il n'y est pas donné suite.

C'est l'empereur qui convoque le Sénat et qui fixe la durée de sa session. Toute réunion non précédée de convocation, ou en dehors du terme de la durée fixée par le décret impérial, serait illégale. Les séances du Sénat ne sont pas publiques.

DE L'EMPEREUR (1).

Un sénatus-consulte du 7 novembre 1852, confirmé par le plébiscite des 21 et 22 novembre suivants, a rétabli la dignité impériale dans la personne de Louis-Napoléon, en la déclarant transmissible par ordre de primogéniture à ses descendants mâles. L'empereur a reçu le droit d'adoption, droit qui lui appartient exclusivement, et aussi la faculté, dans le cas où il n'aurait pas d'héritier direct légitime ou adoptif, de régler l'ordre de succession au trône par un décret organique adressé au Sénat et déposé dans ses archives. Le droit d'adoption n'a jamais été exercé par l'empereur; mais, avant la naissance du prince impérial, il avait, le 18 décembre 1852, adressé au Sénat un décret organique disposant qu'à défaut d'héritier mâle légitime ou adoptif, la couronne reviendrait à Jérôme-Napoléon Bonaparte, ancien roi de Westphalie, et à sa descendance mâle naturelle et légitime provenant de son mariage avec la princesse Catherine de Wurtemberg. La naissance du prince impérial a rendu purement éventuelle l'application de ce décret.

La majorité de l'empereur est fixée à dix-huit ans; si la couronne devenait vacante avant qu'il eût atteint cet âge, le gouvernement serait placé sous la direction de la régence telle qu'elle a été organisée par le sénatus-consulte du 17 juillet 1856. La régence appartient: 1° à la personne désignée par l'empereur, « *dans un acte rendu public, avant son décès* (2) ; » 2° à défaut de désignation, à l'impératrice qui la perd par le convol à de secondes noces, et par la mort de son fils, à moins que dans ce dernier cas elle n'ait un fils puîné qui soit appelé au trône ; 3° au premier prince français (3) et, à son défaut, aux autres princes français dans l'ordre de l'hérédité de la couronne. Pour être ré-

(1) Voir tome Ier, pages 84, 88, 353.

(2) Art. 2 du sénatus-consulte du 17 juillet 1856.

(3) Le fils aîné de l'empereur s'appelle *prince impérial*, et les autres membres mâles de la famille *princes français*.

gent, il faut à la qualité de Français joindre l'âge de vingt et un ans accomplis. A côté du régent, est placé un conseil de régence composé : 1° des princes français désignés par l'empereur ou, à défaut de désignation, des deux princes français les plus proches ; 2° des personnes que l'empereur a choisies par acte public ou secret. Ce conseil, que président avec voix prépondérante le régent ou la régente, peut être consulté par eux sur toutes les questions de gouvernement qu'ils jugeront à propos de lui soumettre ; mais il y a certaines matières sur lesquelles il faut nécessairement l'appeler à délibérer. Ces cas sont le mariage de l'empereur, les déclarations de guerre, la signature des traités de paix, d'alliance o de commerce, et enfin les projets de sénatus-consultes organiques (1).

Les attributions de l'empereur, en matière législative, nous sont connues ; nous allons étudier celles dont il est investi comme chef du pouvoir exécutif (2). La première et celle qui le rapproche le plus du pouvoir législatif, consiste dans le droit de faire des *règlements*, pour l'exécution des lois.

Les lois ne peuvent pas tout prévoir, et les principes généraux une fois posés, il fallait abandonner au pouvoir exécutif le droit de faire descendre ces règles élevées dans les détails de l'application. Le droit réglementaire est inhérent au pouvoir exécutif et l'empereur l'exerce *jure proprio*, sans délégation expresse. Souvent cependant les lois réservent expressément au chef de l'État certaines matières, en disposant qu'elles seront l'objet d'un *règlement d'administration publique*. Quelles différences y a-t-il entre le pouvoir réglementaire exercé *jure proprio*, et celui qui puiserait sa source dans une délégation expresse de cette sorte ? — Lorsque l'empereur exerce son pouvoir réglementaire *jure proprio*, il peut suivre la forme qu'il lui semble préférable de prendre. Un simple décret contre-signé par le ministre compétent suffit ; mais s'il aime mieux renvoyer l'affaire au conseil d'État, il peut rendre le décret, *le conseil d'État entendu* ; le renvoi est facultatif. Au contraire, lorsque la loi a voulu que certains points fussent réglés par un *règlement d'administration publique*, la déli-

---

(1) Cette organisation a été complétée par l'institution du *conseil privé*. Aux termes de l'art. 2 du décret des 1er-9 février 1858, « le conseil privé deviendra, avec l'adjonction des deux princes français les plus proches dans l'ordre d'hérédité, conseil de régence, dans le cas où l'empereur n'en aurait pas désigné un autre par acte public. — D'après la loi du 17 juillet 1856, le régent serait nommé par le Sénat dans le cas où il n'y aurait ni impératrice mère ayant droit, ni prince français habile à exercer la régence. En attendant que la nomination fût faite, les ministres en fonctions, au décès de l'empereur, continueraient à gouverner.

(2) Tome Ier, pages 122 et suivantes.

bération du conseil d'État est obligatoire, parce que la loi a elle-même prescrit la forme qu'il y aurait à suivre. D'un autre côté, les simples décrets réglementaires n'ont d'autre sanction que la pénalité générale prononcée par l'art. 471, n° 15, du Code pénal contre les infracteurs des règlements *légalement faits*, et la peine étant essentiellement dans le domaine de la loi, toute autre sanction serait vainement prononcée par une disposition expresse du règlement. Quand il procède en vertu d'une délégation du législateur, le pouvoir réglementaire est subrogé au pouvoir qui délègue et, en conséquence, il aurait le droit d'établir une peine spéciale pour frapper les contraventions à ses dispositions (1).

Nous sommes régis par un certain nombre de décrets législatifs qui ont été rendus par l'empereur en vertu des pouvoirs dictatoriaux qu'il exerça après les événements de décembre 1851; ces dispositions sont obligatoires, et tous les jours les tribunaux et l'administration les appliquent. Depuis que la Constitution est en vigueur, et que les pouvoirs réguliers fonctionnent, tout décret qui réglerait des matières appartenant au domaine du pouvoir législatif serait illégal; le Sénat l'annulerait comme inconstitutionnel et, s'il gardait le silence, les tribunaux pourraient refuser d'en faire l'application (2). Lorsque l'empereur n'a pas reçu

(1) Ordonnance du 28 juillet 1822, rendue en exécution de la loi du 27 juillet 1822. — Arrêt de la Cour de cassation du 12 août 1835. — Voir règlement du 4 août 1855 sur la taxe des chiens rendue en exécution de la loi du 2 mai 1855. Ce règlement fixe les peines en cas d'infraction aux prescriptions de la loi ou du règlement lui-même.

(2) L'art. 471, n° 15, du Code pénal ne punit la contravention aux règlements qu'autant qu'*ils sont légalement faits*, ce qui implique le droit pour les tribunaux d'examiner préalablement la légalité du règlement. (Arrêté du 26 mars 1825, aff. *Quenesson.*) Dans l'ancien droit, le roi était investi d'un pouvoir absolu; néanmoins on distinguait les édits ayant un caractère législatif et les édits qu'il rendait comme chef du pouvoir exécutif. (Disc. de M. Dumon, ch. des députés, séance du 6 juillet 1843.) Les premiers étaient soumis à la formalité de l'enregistrement tandis que les seconds étaient exécutoires sans cette formalité. Ces derniers devaient être enregistrés au parlement de la province. Mais ceux qui ont été maintenus par l'art. 29 de la loi des 19-22 juillet 1791 sont devenus des lois générales, et un tribunal ne pourrait pas refuser d'en faire l'application par la raison qu'il n'aurait pas été enregistré au parlement de la province. (Ord. du 23 février 1837, aff. *Voitot.*) Les édits dont l'application appartenait aux juridictions administratives ne devaient pas être enregistrées au parlement de la province, et il fallait qu'ils le fussent au greffe du conseil d'État ou de la Cour des comptes, suivant qu'il s'agissait des arrêts de l'un ou de l'autre (Cotelle, *Annales des ponts et chaussées*, année 1837). Sous le premier empire, plusieurs décrets furent rendus sur des matières de l'ordre législatif, et pendant longtemps on a contesté le point de savoir si ces actes étaient obligatoires; la question a été surtout posée pour les décrets postérieurs à 1807, c'est-à-dire à la suppression du tribunat. Mais la jurisprudence a toujours décidé que ces décrets avaient été confirmés par l'art. 68 de la Charte du 14 juin 1814, qui maintenait « le Code civil et les lois actuellement existantes non contraires à la Charte. » (Arrêts de la Cour de cassation du 4 août 1827 et des 4 avril et 25 mai 1829.) (V. t. Ier, p. 415.)

une délégation expresse du pouvoir législatif, et que néanmoins il soumet son décret à la délibération du conseil d'État, y a-t-il règlement d'administration publique ? Il s'en faut de beaucoup que sur ce point les idées soient bien fixées ; cependant la doctrine qui tend à prévaloir ne voit là qu'un décret rendu *dans la forme des règlements d'administration publique* et réserve le titre de *règlements d'administration publique* aux décrets rendus en vertu d'une délégation expresse faite par la loi.

Comme chef du pouvoir exécutif, l'empereur a reçu, dans certains cas d'urgence où la lenteur de la forme législative serait préjudiciable, le droit de remplacer provisoirement le pouvoir législatif. Ainsi, en matière de douanes, il peut prendre des mesures provisoires à l'effet de prohiber les marchandises étrangères, ou d'élever les droits perçus à l'entrée, de permettre ou de suspendre l'exportation ou l'importation des produits du sol et de l'industrie nationale, et enfin de limiter à certains bureaux l'entrée et la sortie de ces mêmes produits (1). Mais, comme cette attribution exceptionnelle ne lui a été conférée qu'en raison de l'urgence, il faut que les mesures provisoires prises en vertu de cette disposition soient soumises à l'homologation du pouvoir législatif, avant la fin de la session ou à la session la plus prochaine. Cette confirmation est d'ailleurs purement déclarative, et elle rétroagit jusqu'au jour où le décret a été rendu (2).

L'empereur commande les forces de terre et de mer, déclare la guerre, fait les traités de paix, d'alliance et de commerce, nomme à tous les emplois (3). Ces droits sont appelés *droits de souveraineté*. Le pouvoir de faire des traités de commerce n'est pas restreint aux cas où les tarifs ne seraient pas modifiés par la convention ; il comprend ceux où les taxes seraient changées, quoique en prin-

---

(1) Art. 34 de la loi du 17 décembre 1814, et loi du 5 juillet 1836, art. 4, 5 et 6. Pour les matières premières employées dans nos manufactures, la loi du 17 décembre 1814 ne permet au chef de l'État que d'abaisser les droits établis sur ces objets. L'empereur ne pourrait donc pas en prohiber l'importation.

(2) Art. [illegible] de la loi du 17 décembre 1814. — Ceci ne blesse en rien le principe de la non-rétroactivité des lois. Les lois interprétatives régissent aussi les faits antérieurs au jour où elles ont été rendues. Il y a [illegible] à faire rétroagir les lois *confirmatives des mesures provisoires* que les lois *interprétatives*. Celles-ci peuvent changer le sens que l'on avait donné jusqu'alors à la loi et prendre ainsi tous les caractères d'une loi nouvelle. La loi confirmative ne surprend pas les parties et ne change aucunement leur situation actuelle. (Arrêt de la cour de cassation du 28 novembre 1842.)

(3) Art. 6 de la Constitution du 14 janvier 1852. — La Constitution du 4 novembre 1848, art. 50, 53 et 54, lui interdisait au contraire de commander en personne les forces de terre et de mer, d'entreprendre aucune guerre sans le consentement de l'Assemblée, et soumettait tous les traités à l'approbation législative.

cipe, l'impôt ne puisse être établi ou modifié que par une loi (1).

L'empereur a aussi le droit de *grâce* et *d'amnistie*. La grâce est une mesure de faveur individuelle ou au moins nominative, qui implique la condamnation déjà prononcée à une peine dont la remise totale ou partielle est accordée par le chef de l'État. Elle dispense le condamné de subir l'exécution de la peine afflictive, mais ne fait pas obstacle à ce que les peines accessoires qui sont attachés à la condamnation, telles que la dégradation civique, continuent à produire leurs effets. Il en serait de même de l'incapacité de donner ou recevoir à titre gratuit, qui est prononcée par l'art. 3 de la loi du 31 mai 1854, abolitive de la mort civile contre les condamnés aux travaux forcés à perpétuité ou à la peine de mort. Mais l'interdiction légale étant attachée à l'*exécution* de la peine plutôt qu'à la *condamnation*, un décret prononçant la grâce la ferait cesser. L'amnistie produit des effets beaucoup plus étendus que la grâce; elle peut être individuelle ou générale et n'a pas besoin d'être nominative; il suffit que le décret désigne la catégorie de personnes auxquelles il s'applique. L'amnistie est prononcée tantôt avant, tantôt après la condamnation; dans le premier cas, elle éteint *l'action*, et dans le second, elle anéantit tous les effets de la condamnation, non-seulement en ce qui concerne l'exécution matérielle de la peine, mais encore les peines accessoires qui dérivaient de la condamnation (2).

Les droits de souveraineté ne donnent lieu à aucun recours; on ne peut même pas se pourvoir au conseil d'État devant la section

(1) Cette question, qui avait été discutée à plusieurs reprises, a été tranchée par le sénatus-consulte du 25 décembre 1852. Elle fut soulevée par M. Casimir Périer, à la chambre des députés, à l'occasion du traité de commerce conclu avec l'Angleterre le 26 janvier 1826, et déclaré exécutoire par une simple ordonnance le 8 février suivant. La chambre adopta un amendement qui confirma le tarif, ce qui impliquait que l'ordonnance n'était pas suffisante, et que la confirmation législative était nécessaire. Cette question a été exposée par M. Troplong, rapport au Sénat sur le sénatus-consulte du 25 décembre 1852.

(2) Un avis du conseil d'État, approuvé par ordonnance du 2 janvier 1823, a décidé que si la grâce avait été accordée avant l'exécution de la peine, les incapacités résultant de la condamnation étaient effacées par la grâce, puisque ces incapacités ne peuvent être encourues qu'après l'exécution de la peine, et que cette exécution est devenue impossible. Quant au droit d'amnistie, il a été formellement accordé à l'empereur par le sénatus-consulte du 25 décembre 1852. (V. t. Ier, p. 125, 150.) L'art. 55 de la Constitution du 4 novembre 1848 avait disposé que l'amnistie ne pourrait être accordée que par une loi. La Constitution du 14 janvier 1852 était muette sur ce point, de même que les Chartes de 1814 et 1830. Aussi, sous l'empire de ces lois politiques, la question de savoir si le chef de l'État pouvait amnistier était-elle fort controversée. « Louis XVIII accorda quelques *lettres » d'abolition*; mais il reconnut lui-même que les lettres d'abolition avant le jugement, » contre lesquelles les magistrats les plus distingués n'avaient pas cessé de protester autrefois, étaient contraires aux règles. » (*Encyclopédie du droit*, v° Amnistie, par M. Dupin.)

du contentieux, devant l'empereur lui-même, parce que le chef de l'État ne statue pas, en cette forme sur des affaires politiques qui sont, pour la plus grande partie, dans les attributions du conseil des ministres plutôt que dans la compétence de la section du contentieux (1).

Ministres. — Les ministres sont des agents administratifs et leur principale attribution est de diriger les services administratifs placés sous leurs ordres ; mais ils sont aussi les premiers auxiliaires politiques de l'empereur dont ils contre-signent les décrets et dont ils impriment la pensée aux agents qui leur obéissent. « L'empereur, dit l'art. 3 de la constitution, gouverne au moyen des *ministres*, du Sénat, du conseil d'État et du Corps législatif. » Les ministres étaient choisis, sous le régime parlementaire, parmi les membres des chambres ; responsables devant le pouvoir législatif, ils pouvaient être interpellés sur tous les actes de leur administration, et il était de tradition constante que les ministres devaient se retirer, dès qu'ils n'étaient plus soutenus par la majorité. Comme tous les membres d'un cabinet obéissaient à la même pensée politique, ils avaient été déclarés solidaires par des dispositions constitutionnelles et par la pratique parlementaire (2).

Aujourd'hui les ministres ne peuvent plus être membres du Corps législatif (3), et ils n'y ont pas entrée de plein droit pour soutenir les projets du gouvernement qui s'y fait représenter par des commissaires pris dans le conseil d'État. Cependant, et *quoique l'usage soit contraire*, rien ne nous paraît s'opposer à ce que l'empereur

---

(1) La jurisprudence pousse l'application de cette règle jusqu'à écarter comme irrecevable tout pourvoi formé contre la répartition d'une indemnité stipulée dans une convention diplomatique (aff. *Valette, syndic de la faillite Dussaud* ; ord. du 7 déc. 1843). Cette jurisprudence, critiquée par M. Devilleneuve (*Recueil des arrêts*, année 1844, 2e partie, p. 237, note), se fonde sur les motifs suivants : 1° les contestations sur la répartition de l'indemnité pourraient donner lieu à l'interprétation du traité ; 2° Le conseil d'État n'est pas compétent pour interpréter un traité qui constitue un acte politique ; 3° les tribunaux ne sont pas compétents, parce que s'il y avait lieu d'interpréter le traité ils ne pourraient pas renvoyer les parties à se pourvoir devant l'autorité compétente pour interpréter le traité diplomatique, car il n'y a aucune manière de saisir le pouvoir politique et de le forcer à interpréter l'acte dont il s'agit. Il existe des formes à suivre pour obtenir l'interprétation d'un acte administratif ; il n'y en a pas pour obtenir celle d'un acte politique. (V. Dufour, *Revue de législation* de 1844.)

(2) La solidarité était du reste à peu près fictive, et on n'en a jamais vu faire une sérieuse application. Lorsqu'un acte contre-signé par un ministre était blâmé, le ministère était dissous ; mais rien n'empêchait de reconstituer un cabinet avec des membres pris dans l'ancien.

(3) Art. 44 de la Constitution, tome Ier, page 129.

désignât un ministre comme commissaire du Gouvernement. Les ministres ont en effet « *rang, séance et voix délibérative au conseil d'État.* » Le président du conseil d'État, quoique ayant rang de ministre, porte la parole devant le Corps législatif, au nom du Gouvernement.

Aucun lien de solidarité n'existe entre les membres du même ministère, et chacun d'eux n'est responsable que des actes faits par lui ou par les agents placés sous ses ordres. Quant à leur responsabilité, l'art. 13 de la Constitution dispose que « *les ministres ne dépendent que du chef de l'État.* » Cela signifie que les ministres ne sont obligés de se retirer que devant la volonté de l'empereur, et qu'ils n'ont plus à répondre de leurs actes envers le Corps législatif. Mais si un ministre prévariquait, il pourrait être décrété d'accusation par le Sénat (1). La Constitution nous dit par qui serait décrétée la mise en accusation, sans ajouter devant quel tribunal l'accusation serait portée? Le Sénat n'a pas été constitué en Cour de justice comme l'ancienne chambre des pairs, et d'après un sénatus-consulte du 4 juin 1858, c'est devant la haute Cour que l'accusation devrait être suivie. Mais la mise en accusation prononcée par le Sénat pourrait être paralysée par le chef de l'État, puisque la haute Cour ne peut être saisie que par un décret impérial (2).

Haute Cour de justice (3). — C'est un tribunal politique, qui a été placé dans l'ordre constitutionnel par l'art. 54 de la Constitution du 14 janvier 1852. Sa compétence est déterminée, tantôt par la dignité des personnes (*ratione dignitatis*), tantôt par la nature des faits répressibles (*ratione delicti*). Au premier point de vue, le sénatus-consulte du 4 juin 1858 dispose que la haute Cour connaîtra des crimes et délits commis par les princes français, les ministres, les grands-croix de la Légion d'honneur, les ambassadeurs, les sénateurs et les conseillers d'État. En second lieu, la haute Cour est compétente à l'égard de toutes personnes, pour certains crimes qu'énumère l'art. 54 de la Constitution : ce sont les attentats contre l'empereur et les complots contre la sûreté intérieure ou extérieure de l'État. Dans tous les cas, elle ne peut être saisie qu'en vertu d'un décret impérial ; mais il y a cette différence entre la compétence *ratione dignitatis* et la compétence *ratione delicti* que, dans le premier cas, la haute Cour est le seul tribunal compétent, de telle sorte que si l'empereur ne juge pas opportun de la réunir, toute poursuite est paralysée. Dans le second, au contraire, si le chef de l'État ne

(1) Art. 13 de la Constitution du 14 janvier 1852.

(2) Art. 54 de la Constitution du 14 janvier 1852 et art. 3 du sénatus-consulte du 4 juin 1858, tome Ier, page 132.

(3) Tome Ier, page 140.

convoque pas la Cour, les tribunaux de droit commun pourron être saisis conformément aux règles ordinaires (1).

D'après le sénatus-consulte organique du 10 juillet 1852, la haute Cour se compose : 1° d'une chambre d'accusation et d'une chambre de jugement, formées toutes les deux avec des membres de la Cour de cassation; 2° d'un haut jury pris parmi les membres des conseils généraux des départements. Chaque chambre est composée de cinq juges et de deux suppléants, qui sont désignés chaque année par décret impérial, dans la première quinzaine de novembre. Les présidents des deux chambres, de même que le procureur général et les autres magistrats du ministère public, sont nommés pour chaque affaire par le décret qui saisit la haute Cour.

Le haut jury se compose de trente-six jurés titulaires et de quatre jurés suppléants. Cette qualité est incompatible avec les fonctions ou dignités de ministre, de sénateur, de député au Corps législatif et de membre du conseil d'État; toutes les incapacités ou incompatibilités applicables au jury ordinaire, le sont aussi au haut jury. Nul ne peut en outre être haut juré qui en a exercé les fonctions depuis moins de deux ans.

Lorsque la haute Cour a été saisie par décret impérial, la chambre d'accusation procède conformément aux dispositions du Code d'instruction criminelle sur les mises en accusation; si le fait ne rentre pas dans la compétence de la haute Cour, la chambre d'accusation renvoie devant le tribunal compétent, et sa décision est *attributive de juridiction*, alors même que le tribunal auquel elle a ordonné le renvoi serait incompétent; car, le pourvoi en cassation n'étant pas recevable contre les arrêts de la haute Cour, il n'existe aucun moyen de faire réformer l'arrêt de renvoi. Remarquons qu'en général les tribunaux qui se déclarent incompétents se bornent à renvoyer les parties devant qui de droit, tandis que la haute Cour doit désigner le tribunal de renvoi auquel la juridiction est attribuée souverainement de telle sorte qu'il ne pourrait pas se déclarer incompétent (2). La raison en est que s'il venait à se produire un conflit négatif d'attributions, le règlement de juges ne pourrait pas être vidé, puisque la haute Cour est le tribunal le plus élevé et que la juridiction chargée de faire le règlement de juges doit être supérieure aux deux tribunaux en conflit. Lorsqu'il s'agit des ministres, il n'y a pas lieu à mettre la chambre d'accusation en mouvement, puisque c'est le Sénat qui décrète les ministres d'accusation; aussi le décret impérial qui

(1) C'est ce qui a eu lieu dans les affaires Pianori, Orsini et autres.

(2) Art. 12 *in fine* et 13 du sénatus-consulte du 10 juillet 1852.

saisit la haute Cour doit-il réunir immédiatement la chambre de jugement (1). Lorsque la chambre d'accusation a prononcé le renvoi de l'accusé devant la chambre de jugement, il faut qu'un nouveau décret impérial convoque cette chambre et fixe le lieu où elle se réunira, ainsi que le jour de l'ouverture des débats.

Dans les dix jours qui suivent la convocation de la chambre de jugement, le premier président de la Cour impériale et, à défaut de Cour, le président du tribunal de première instance du chef-lieu judiciaire du département tire au sort, en audience publique, le nom de l'un des membres du conseil général. Au jour indiqué pour le jugement, s'il y a moins de soixante jurés, ce nombre est complété par des jurés supplémentaires, que la haute Cour tire au sort parmi les membres du conseil général du département où elle siége. Le ministère public et l'accusé exercent les récusations, conformément au droit commun, et la procédure suit son cours normal jusqu'à l'application de la peine inclusivement. « Lorsque l'accusé ou le prévenu a été reconnu coupable, dit l'art. 4 du sénatus-consulte du 4 juin 1858, la haute Cour *applique la peine prononcée par la loi.* » Cet article important a été fait pour refuser à la haute Cour le droit que s'était arrogé auparavant la chambre des pairs d'atténuer la peine, sans observer les limites légales, ou de la créer, sans tenir compte des principes (2).

Lorsque les dignitaires sont poursuivis pour *délits correctionnels*, la Cour juge sans assistance de jurés, et c'est la chambre de jugement qui est chargée de prononcer ; mais en ce cas le premier président et les présidents de chambre se réunissent à la chambre de jugement sous la présidence du premier président de la Cour de cassation (3).

Faisons observer, en terminant, que la compétence de la haute Cour *ratione dignitatis* cesse lorsque les dignitaires ont commis des crimes ou délits militaires (4). « Le retard, disait le rapporteur au Sénat, serait un danger d'autant plus grand que le manquement à la discipline militaire viendrait de plus haut (5). » C'est pour cela que, 1° les sénateurs peuvent être poursuivis sans autorisation du Sénat, et que 2° tous les justiciables privilégiés doivent être traduits devant les conseils de guerre pour les crimes ou délits militaires.

(1) Art. 13 de la Constitution et art. 3 du décret du sénatus-consulte du 4 juin 1858.
(2) Voir le rapport de M. le premier président Barthe, sénateur, *Collect. des lois*, p. Duvergier, 58, p. 255.
(3) Art. 2 du sénatus-consulte du 4 juin 1858.
(4) Art. 1er et 6 du même sénatus-consulte.
(5) Rapport de M. Barthe, *loc. cit.*

DROIT ADMINISTRATIF.

PREMIÈRE PARTIE.

ADMINISTRATION ET AUTORITÉS ADMINISTRATIVES.

DIVISIONS ADMINISTRATIVES DE LA FRANCE (1).

Les divisions administratives de la France sont multiples, et varient suivant le service au point de vue duquel on se place. La plus générale est celle qui la partage en départements, arrondissements, cantons et communes. Le département et la commune ont un double caractère; car elles sont à la fois des divisions administratives et des personnes morales capables d'acquérir. L'arrondissement et le canton ne sont que de simples divisions administratives et n'ont ni ne peuvent avoir de patrimoine. Au chef-lieu de canton, l'administration n'est pas représentée par un agent comme dans les chefs-lieux de département, d'arrondissement et dans les communes. A quel titre le canton est-il une division administrative (2)? A plusieurs points de vue, car, 1° c'est au canton que le conseil de révision chargé du recrutement militaire tient ses séances; 2° ordinairement il y a un receveur de l'enregistrement et des domaines; 3° la commission de statistique se tient au canton; 4° dans beaucoup de cantons, il y a des commissaires de police dont la compétence s'étend sur toutes les communes du canton; 5° chaque canton élit un membre du conseil général et du conseil d'arrondissement. Cette division a été faite par la loi et ne peut être changée que par une loi; aussi toute réunion ou distraction de communes qui aurait pour résultat de changer la circonscription d'un département, d'un arrondissement, d'un canton ou d'une commune, ayant plus de 300 habitants, doit-elle être approuvée par le pouvoir législatif. Si les

(1) Tome Ier, pages 332, 365.
(2) Tome Ier, page 345.

communes n'avaient qu'une population inférieure à 300 habitants, un décret impérial ne suffirait pour l'homologation qu'autant que les conseils municipaux seraient d'accord; en cas de dissentiment, une loi est encore nécessaire (1). Cette division ne correspond pas exactement à la division politique; car, si la commune est le premier degré de l'organisation administrative et politique, en ce sens que le vote pour les députés a lieu par commune, les circonscriptions électorales ne se confondent pas avec les arrondissements (2). Mais la division administrative correspond mieux à l'organisation judiciaire. Dans chaque département, il y a une Cour d'assises, dans chaque arrondissement un tribunal de première instance, dans chaque canton une justice de paix. La commune elle-même est une division judiciaire, puisque le maire est juge de simple police. Il n'y a que les vingt-sept Cours impériales qui soient une division purement judiciaire, ne rentrant dans aucun des termes de la division administrative.

Sous le rapport ecclésiastique, la France se partage en diocèses, dont 65 évêchés, y compris celui d'Alger, et 16 archevêchés. Chaque archevêché comprend un certain nombre d'évêchés qui relèvent de la métropole ou chef-lieu archiépiscopal, et dont les titulaires sont appelés *suffragants* du métropolitain ou archevêque. Le diocèse est subdivisé en paroisses qui coïncident ordinairement avec les circonscriptions communales, sans que pourtant il y ait identité; car, tandis que nous comptons 37,187 communes, le nombre des paroisses s'élève à peine au chiffre de 30,000. Dans les paroisses il y a, pour le service divin, tantôt une *cure*, tantôt une *succursale*. Entre la cure et la succursale la différence tient à ce que la cure est desservie par un curé inamovible qui ne peut être nommé par l'autorité ecclésiastique qu'avec l'agrément du Gouvernement; au contraire, les succursales sont confiées à des succursalistes ou desservants qui sont nommés par l'évêque seul et révocables *ad nutum*. D'après une disposition expresse du Concordat, il y a au moins une cure par canton; mais c'est là un *minimum* qui peut être dépassé et qui, en fait, l'a été; car, tandis que nous comptons 2,834 cantons seulement, il y a 3,396 cures, dont 586 de première classe et 2,810 de deuxième classe. L'érection des cures et des succursales n'a lieu que sur la demande du conseil municipal et la proposition de l'évêque; elle est accordée par décret impérial, sur le rapport du ministre des cultes.

---

(1) Loi du 18 juillet 1837, art. 4, 2e alin. Cette disposition n'a pas été changée par le décret du 25 mars 1852 sur la décentralisation.

(2) Il y a en France 363 arrondissements, et il n'y a que 267 circonscriptions électorales. (Loi des 20 mai-8 juin 1857.)

Au point de vue militaire, la France est divisée en vingt et une divisions comprenant chacune un certain nombre de départements qui forment autant de subdivisions. Au-dessus des divisions, il y a sept grands commandements militaires qui s'étendent sur tout le territoire continental et sur l'Algérie (1). Dans chaque chef-lieu de division militaire réside un général de division (autrefois appelé lieutenant général); dans les subdivisions, il y a des généraux de brigade, mais dans celles seulement où les besoins du service rendent nécessaire la présence d'un général. Les grands commandements sont confiés à des maréchaux de France ou à des généraux de division.

Les côtes maritimes de la France sont divisées en cinq arrondissements placés chacun sous l'autorité d'un préfet dont la compétence s'étend à tous les services administratifs de la marine, mais reste, en principe, étrangère au commandement des forces navales. L'arrondissement se subdivise en sous-arrondissements administrés chacun par un commissaire de la marine qui dirige le service sous l'autorité du préfet maritime. Viennent ensuite les quartiers, sous-quartiers et syndicats. Les syndics, qui sont les derniers agents de l'administration maritime, dressent les listes de l'inscription maritime pour le recrutement des gens de mer, et les présentent aux officiers de quartier, dont ils sont les subordonnés (2).

Pour l'administration de l'instruction publique, la France se divise en seize académies dont le ressort est plus ou moins étendu. Chacun des départements est le siége d'une inspection académique; l'inspecteur de l'académie s'occupe des affaires de l'instruction primaire sous l'autorité du préfet, et de l'enseignement secondaire et supérieur sous l'autorité et la direction du recteur.

Pour l'administration des ponts et chaussées, il y a seize inspections. Chaque département forme une division à la tête de laquelle est placé un ingénieur en chef qui dirige le service, et il est partagé en circonscriptions d'une étendue variable suivant les besoins de l'administration. Dans chacune des circonscriptions du département se trouve un ingénieur ordinaire.

---

(1) Le nombre des divisions, qui était de vingt d'après l'ordonnance du 20 décembre 1835, avait été réduit à dix-sept par un décret du 28 avril 1848. Un décret du 26 décembre 1851 l'a reporté à vingt et un. — Les sept commandements ont été organisés par les décrets des 27 janvier 1858 et 17 août 1859.

(2) Les arrondissements sont ceux de 1° Cherbourg, divisé en trois sous-arrondissements, Dunkerque, le Havre et Cherbourg; 2° Brest, avec les deux sous-arrondissements de Brest et Saint-Servan; 3° Lorient, divisé en deux sous-arrondissements, de Lorient et Nantes; 4° Rochefort, comprenant les trois sous-arrondissements de Rochefort, Bordeaux et Bayonne; 5° Toulon, comprenant les trois sous-arrondissements de Toulon, Marseille et Bastia.

Le département et l'arrondissement sont aussi des divisions financières ; au chef-lieu de département existe une recette générale qui centralise tous les revenus publics, et au chef-lieu d'arrondissement se trouve une recette particulière qui sert d'intermédiaire entre les receveurs de toute espèce et la recette générale. Le canton est aussi une division financière, puisqu'il y a ordinairement un receveur de l'enregistrement par canton. Quant à la commune, elle est étrangère à la division financière, et les *perceptions* créées pour le recouvrement des contributions directes comprennent un nombre plus ou moins considérable de communes, suivant les lieux et la facilité des communications.

Au point de vue des douanes, la France est partagée en 26 directions, et en matière forestière en 32 conservations, 140 inspections et 447 cantonnements (1).

DIVISION DES FONCTIONNAIRES (2).

Parmi les fonctionnaires de l'ordre administratif, il faut distinguer trois catégories ; 1° ceux qui sont dépositaires, à un degré quelconque, d'une partie de la puissance publique, et peuvent donner des ordres obligatoires pour les tiers suivant les règles de leur compétence ; 2° les *employés auxiliaires*, qui ne font que préparer les affaires et n'ont aucun pouvoir propre de décision ; 3° les *agents d'exécution*, qui sont chargés d'exécuter les ordres *donnés* par les administrateurs et *préparés* par les employés. En temps régulier, en effet, les agents de la force publique obéissent aux réquisitions de l'autorité civile, et cet état de choses n'est changé que par un décret prononçant la mise en état de siége du territoire ou d'une de ses parties ; la guerre portée sur notre sol intervertirait aussi les rôles et ferait passer tous les pouvoirs aux mains de l'autorité militaire (3).

---

(1) Le personnel répandu sur les divisions est ainsi composé : 32 conservateurs, 153 inspecteurs, 191 sous-inspecteurs, 335 gardes généraux, 45 gardes généraux adjoints, 650 brigadiers, 2,768 gardes domaniaux, 3,500 gardes communaux.

(2) Tome Ier, page 353.

(3) Sur l'état de siége, voir la Constitution du 14 janvier 1852, art. 12, et la loi organique du 9 août 1849.

AUTORITÉS ADMINISTRATIVES (1).

En général l'action administrative a été mise par la loi aux mains d'un agent unique, et il y a longtemps qu'on a renoncé au système des administrations collectives. « *Agir est le fait d'un seul,* » disait le rapporteur de la loi du 28 pluviôse an VIII, dont la plupart des dispositions sont encore en vigueur. Ce n'est que dans certains cas très-rares que l'on trouve encore des commissions chargées d'administrer. Mais si l'unité est indispensable à une bonne administration, le législateur a placé auprès des fonctionnaires chargés d'agir, des conseils pour éclairer leur marche. Aussi trouverons-nous, à tous les degrés de la hiérarchie administrative, la délibération confiée à des corps multiples, à côté de l'action mise aux mains d'agents uniques.— Au centre, l'empereur et les ministres administrent et le conseil d'État, qu'ils peuvent toujours consulter, doit l'être par eux dans certains cas que la loi détermine. Au chef-lieu de département, le préfet, qui représente le chef de l'État, a auprès de lui : 1° le conseil de préfecture, sorte de conseil d'État au petit pied qui, à l'instar du grand conseil, doit répondre aux questions que le préfet veut lui soumettre, et dont l'avis doit quelquefois être demandé sous peine d'excès de pouvoir ; 2° le conseil général, qui est plus particulièrement appelé à délibérer sur les propositions du préfet qui concernent le département. Dans l'arrondissement le sous-préfet a un conseil d'arrondissement, et dans la commune le maire chargé de l'administration est limité par les pouvoirs d'un conseil municipal électif. Reprenons en détail les parties de cette hiérarchie dont nous venons de présenter l'ensemble et la pensée générale.

ADMINISTRATION CENTRALE.

Ministres (2). — Le nombre et la division des ministères ne sont pas fixés par la loi, et toutes les modifications qu'exigent les besoins du service peuvent être faites par décret. Aujourd'hui les départements ministériels sont au nombre de dix : 1° le ministère d'État et de la maison de l'empereur ; 2° le ministère de la justice; 3° le ministère des affaires étrangères ; 4° le ministère de la guerre; 5° le ministère de la marine ; 6° le ministère de l'intérieur ; 7° le ministère de l'agriculture, du commerce et des travaux publics;

(1) Tome Ier, page 353.
(2) Tome Ier, pages 126 et 3[illegible].

8° le ministère de l'instruction publique et des cultes; 9° le ministère des finances; 10° le ministère de l'Algérie et des colonies Le mouvement général de chaque ministère dépend du ministre qui manifeste sa volonté par des *instructions*, des *ordres* ou des *décisions*. Les *instructions* sont tantôt générales et tantôt individuelles, suivant qu'elles s'adressent à tous les fonctionnaires de la même catégorie ou à un fonctionnaire pour une affaire spéciale. Les *ordres* sont des injonctions envoyées à un fonctionnaire pour lui prescrire un acte déterminé. Quoique l'ordre soit plus impératif que l'instruction, celle-ci est cependant obligatoire pour le subordonné qui la reçoit; d'un autre côté, elle le couvre suffisamment par la responsabilité ministérielle. L'ordre et l'instruction sont l'un et l'autre des actes de propre mouvement que le ministre fait sans être provoqué par la demande des parties. Au contraire, les *décisions ministérielles* sont ordinairement rendues sur la réclamation des parties ou le référé des agents inférieurs.

Parmi les décisions ministérielles, les unes sont d'administration pure et ne peuvent pas être attaquées devant le conseil d'État, les autres, au contraire, sont rendues en matière contentieuse, et donnent lieu au recours devant le conseil d'État. Nous verrons ultérieurement en quoi consistent *l'administration pure* et les *matières contentieuses*. Dans aucun cas, les décisions ministérielles ne sont soumises à des formalités irritantes. Le mot *approuvé* mis au bas d'une pétition a plus d'une fois tranché d'importantes questions, et en matière contentieuse, le ministre n'est pas plus obligé de motiver ses réponses que lorsqu'il s'agit d'administration pure. Le droit de faire des règlements obligatoires à l'égard des tiers n'a pas été délégué aux ministres; mais ils peuvent faire des instructions réglementaires pour leurs subordonnés, qui seront obligés de s'y conformer *en leur qualité de fonctionnaires*. S'ils les violaient *comme administrés*, ils ne seraient passibles d'aucune peine pour l'infraction aux dispositions de l'instruction qui ne seraient pas la reproduction d'un règlement émané du pouvoir compétent. Comme interprétation des lois ou règlements, les instructions ministérielles n'ont qu'une autorité purement doctrinale (1).

Si les ministres n'ont pas reçu le pouvoir de réglementer, ils ont le droit d'annuler ou d'approuver les arrêtés réglementaires des préfets; mais leur pouvoir est borné à la faculté d'opposition, et ne va pas jusqu'à remplacer l'initiative du préfet par celle du mi-

---

(1) Il en est autrement des *décrets en forme d'instruction* qui furent rendus par l'Assemblée constituante de 1789; ils ont une véritable autorité législative en matière d'interprétation.

nistre; celui-ci ne pourrait pas substituer un règlement départemental à un règlement qu'il aurait annulé.

Conseil d'État (1). — L'organisation et les attributions du conseil d'État sont déterminées par les art. 47 à 53 de la Constitution du 14 janvier 1852, le décret organique du 25 janvier 1852 et le règlement du 30 janvier suivant. Il est composé de, 1° un président et d'un vice-président; 2° de quarante à cinquante conseillers en *service ordinaire* qui prennent part aux délibérations de l'assemblée générale du conseil d'État et à celles des sections; 3° de conseillers d'État en *service ordinaire hors sections* : ce sont des secrétaires généraux, directeurs généraux ou chefs de service qu'on appelle aux délibérations de l'assemblée générale (2), et qui n'appartiennent spécialement à aucune section; 4° de conseillers en *service extraordinaire*, dont le nombre ne doit pas dépasser vingt : ils peuvent être choisis parmi les conseillers d'État en service ordinaire ou hors sections qui ont cessé leurs fonctions; 5° de quarante maîtres des requêtes divisés en deux classes de vingt chacune; 6° de quatre-vingts auditeurs divisés également en deux classes, dont la première comprend vingt et la seconde soixante membres (3). Un secrétaire général ayant titre et rang de conseiller d'État (4) est attaché au conseil d'État; il a sous sa direction les secrétaires de sections et les autres employés.

Les conseillers d'État et les maîtres de requêtes ne peuvent être ni sénateurs ni membres du corps législatif. Leurs fonctions sont incompatibles avec toutes autres fonctions publiques salariées; mais ils peuvent être chargés de missions, et notamment de l'administration d'un département, sans perdre leur titre. Les officiers généraux de l'armée de terre ou de mer sont exceptés de la règle d'incompatibilité; quand ils sont nommés conseillers d'État, on les considère comme étant en mission hors cadre et ils conservent leurs droits à l'ancienneté.

La délibération au conseil d'État se fait de trois manières : 1° en assemblée générale, 2° en séance de section, 3° en assemblée du

---

(1) Tome Ier, pages 153-172.

(2) Le nombre des conseillers d'État en service ordinaire hors sections, qui avait d'abord été limité à quinze, a été porté à dix-huit par un décret postérieur.

(3) Le nombre des auditeurs qui, d'après le décret organique, ne devait pas dépasser quarante, a été élevé à quatre-vingts, chiffre qui avait été déjà fixé par l'ordonnance du 20 septembre 1839.

(4) Le secrétaire général actuel, qui n'avait d'abord que rang de maître des requêtes, a, depuis, reçu le rang de conseiller d'État.

contentieux. L'assemblée générale est quelquefois présidée par l'empereur, ordinairement par le président du conseil d'État ou, à son défaut, par le vice président, et, lorsque ce dernier est empêché, par un président de section désigné à cet effet. Lorsque l'empereur préside, les auditeurs ne peuvent assister à la séance qu'autant qu'ils y sont spécialement autorisés. Le conseil en assemblée générale ne peut délibérer qu'autant que vingt membres ayant voix délibérative sont présents; on ne doit pas compter les ministres. En cas de partage, la voix du président est prépondérante. Le vote a lieu par assis et levé, ou par appel nominal. Les conseillers d'État en service ordinaire hors sections sont convoqués aux assemblées générales, et y ont voix délibérative. Les conseillers en service extraordinaire n'y assistent qu'en vertu d'un ordre spécial de l'empereur.

Les rapports des projets de loi et des affaires administratives les plus importantes sont ordinairement confiés aux conseillers; les autres, aux maîtres des requêtes et auditeurs. Entre les deux classes de maîtres des requêtes et d'auditeurs, il n'y a de différence que le traitement; les attributions sont les mêmes. Les maîtres des requêtes ont voix délibérative dans l'affaire qu'ils rapportent, et voix consultative dans toutes les autres. Quant aux auditeurs, ils n'ont que voix consultative dans les affaires dont le rapport leur est confié.

Dans quels cas le conseil d'État doit-il délibérer en assemblée générale? 1° quand il s'agit d'une affaire appartenant aux catégories énumérées par l'art. 13 du règlement du 30 janvier 1852; 2° lorsque, à l'occasion d'une affaire qui devrait naturellement s'arrêter à la section compétente, le renvoi à l'assemblée générale est ordonné par l'empereur ou prononcé par le président, soit d'office, soit sur la demande de la section. Les décrets délibérés en assemblée générale sont les seuls qui portent la mention : *Le conseil d'État entendu*. Tous autres mentionnent la section sur la proposition de laquelle ils ont été rendus.

Le conseil d'État est partagé en six sections, qui sont : 1° la section de législation, justice et affaires étrangères; 2° la section de l'intérieur, de l'instruction publique et des cultes; 3° la section des travaux publics, de l'agriculture et du commerce; 4° la section de la guerre et de la marine; 5° la section des finances; 6° la section du contentieux. Cette division, comme celle des ministères, pourrait être changée par un simple décret. Les conseillers d'État, en service ordinaire sont répartis par décret entre les sections, et chacune d'elles est présidée par un président de section. Les conseillers hors section peuvent être appelés par une mesure spéciale aux délibérations d'une section de même que les conseillers en service extraordinaire; mais ni les uns ni les autres n'y sont convoqués de droit. Quand il le juge convenable, le président du conseil d'État peut présider les sections administratives. Aucune section ne peut délibérer si trois conseillers au moins ne sont présents. Indépendamment des affaires administratives envoyées par le ministère auquel elle correspond, chaque section est chargée de préparer la rédaction des projets de loi sur les matières de sa compétence. Ainsi la section de législation n'a pas la préparation exclusive des projets de lois ou de règlements; seulement, elle peut toujours être réunie par une décision du président du conseil d'État à celle des sections qui a été chargée de la préparation du projet.

Le jugement des affaires contentieuses se compose de deux parties: 1° la délibération de la section; 2° la délibération, en audience publique, par une assemblée composée des membres de la section et de dix conseillers d'État choisis par décret impérial dans les sections administratives, à raison de deux par chaque section. Ces derniers sont renouvelés tous les ans par moitié. — La section examine d'abord l'affaire et arrête un projet de décret sur lequel délibère en la chambre du conseil l'assemblée après avoir entendu la lecture du rapport, les observations des avocats et les conclusions du ministère public, en audience publique. Le conseil d'État statuant au contentieux ne peut délibérer régulièrement si onze membres au moins ne sont présents. Le président du conseil d'État a aussi le droit de présider l'audience publique, non la délibération première de la section du contentieux (1). Nous aurons l'occasion, plus tard, de développer dans ses détails la procédure à suivre devant le conseil d'État délibérant au contentieux.

ADMINISTRATION DÉPARTEMENTALE.

Préfets (2). — Les préfets sont nommés par décret impérial sur la proposition du ministre de l'intérieur, sans conditions d'âge ni de capacité. Quoiqu'ils dépendent plus particulièrement du ministre de l'intérieur, ils correspondent directement avec chaque ministre pour les affaires ressortissant à son département ministériel; ils sont, dans cette mesure, les subordonnés de tous les ministres qui peuvent leur adresser des instructions et des ordres. On peut donc

(1) C'est ce qu'on peut conclure *à contrario* de l'art. 5 du décret du 25 janvier 1852. « Celui-ci préside également, lorsqu'il le juge convenable, les sections administratives *et* « *l'assemblée du conseil d'État délibérant au contentieux.* »

(2) Tome Ier, page 347, et tome II, pages 368 et suiv.

plutôt voir en eux les représentants de l'empereur dans le département que ceux du ministre de l'intérieur; car leur compétence, dans le département, s'étend à tous les services administratifs et ressemble en petit à celle du chef de l'État. — Il y a trois classes de préfectures, qui se distinguent par le traitement des préfets; mais,pour concilier les intérêts de l'administration avec la justice due aux fonctionnaires, une disposition expresse a permis au Gouvernement d'accorder, après cinq ans de service, une augmentation de traitement de 5,000 francs, sans déplacement; le traitement peut encore être augmenté de 5,000 francs après cinq autres années de ervices.

On peut ramener à quelques idées principales les diverses attributions du préfet : 1° Il est l'agent politique et administratif du Gouvernement, et comme tel, il est chargé de veiller à l'exécution des mesures prises par l'autorité centrale, dans l'intérêt de l'ordre général et du principe que le Gouvernement représente. A son tour, il a le droit de donner des ordres aux sous-préfets et aux maires pour communiquer l'impulsion venue du centre aux dernières extrémités de l'organisation administrative. Il n'a, du reste, pas besoin d'attendre des ordres, et il peut ou doit agir en vertu des pouvoirs généraux qui lui appartiennent. Comme délégué de l'autorité centrale, il a reçu le droit de faire des règlements applicables au département, pour assurer l'exécution des lois. Son pouvoir réglementaire diffère du pouvoir réglementaire de l'Empereur, indépendamment de l'étendue du ressort, en ce qu'il est limité non-seulement par les lois, mais encore par les règlements généraux. On trouve dans quelques lois une délégation expresse à l'effet de régler certaines matières sous l'approbation du ministre de l'intérieur (1). 2° Il représente l'État comme personne morale, et c'est par lui et contre lui que doivent être intentées les actions concernant le domaine. 3° Il est le représentant du département comme personne morale; mais la qualité de représentant de l'État prédomine en lui, puisque c'est l'État qu'il représente dans les procès entre le domaine et le département. 4° Enfin, il a des attributions nombreuses comme tuteur des départements, des communes et des établissements publics.

Le décret de décentralisation du 25 mars 1852 a beaucoup étendu

---

(1) Art. 21 de la loi du 21 mai 1836 sur les *chemins vicinaux*. Pour prévenir autant que possible la trop grande diversité sur les points prévus dans cet article, le ministre de l'intérieur a, le 21 juillet 1854, envoyé aux préfets un modèle de règlement, en leur recommandant de « *n'y apporter d'autres modifications que celles qui seraient impérieusement commandées par les habitudes des localités.* »

les pouvoirs des préfets, en matière de tutelle administrative. Tandis qu'auparavant un décret impérial était nécessaire toutes les fois que la loi n'avait pas disposé qu'un arrêté préfectoral serait suffisant, aujourd'hui la proposition est renversée, et l'arrêté du préfet est nécessaire dans tous les cas où un décret n'est pas exigé. C'est parce que le nombre des affaires qui se dénouent au chef-lieu de département a été beaucoup augmenté que ce décret a été appelé décret de *décentralisation.* Mais cette dénomination, quoique exacte, est loin de répondre aux théories que certains publicistes avaient émises sous le même nom. Dans leur pensée, ce mot désignait un système départemental et municipal dans lequel les administrations locales auraient la libre gestion de leurs affaires et seraient, sur ce point, affranchies de tout contrôle lointain ou rapproché de l'autorité supérieure (1). Le décret du 25 mars 1852 n'a rien ajouté à l'indépendance municipale, et en certains points, au contraire, on peut dire qu'il l'a restreinte (2). Mais il a aussi assuré une plus prompte expédition des affaires, en rapprochant l'autorité compétente pour homologuer ou improuver les propositions des conseils généraux et municipaux (3).

Secrétaires généraux (4). — Dans les préfectures de première et de deuxième classe, il y a un *secrétaire général* dont les fonctions sont remplies, dans les préfectures de troisième classe, par un conseiller de préfecture désigné à cet effet. Le secrétaire

---

(1) Béchard, *Centralisation* et aussi *l'État, le département et la commune.* Dans la deuxième édition de ses *Études administratives*, M. Vivien s'est prononcé pour un changement de législation qui donnerait aux administrations départementales et municipales une autonomie plus étendue que les lois en vigueur ne leur ont donnée (t. II, p. 89). « On fait perdre, dit-il, aux citoyens le sentiment de la responsabilité ; on crée et l'esprit de servitude et l'esprit d'opposition, et l'on tue cette solidarité éclairée qui unissait ensemble, par les liens de la confiance et de l'affection, les gouvernants et les gouvernés. »

(2) Le décret du 25 mars 1852 a transporté au préfet le droit de nommer certains fonctionnaires dont la désignation appartenait antérieurement au maire. Ainsi les préfets nomment les gardes champêtres et les gardes forestiers que les maires nommaient autrefois.

(3) Il est regrettable qu'on n'ait pas fait concorder l'augmentation des attributions du préfet avec une réorganisation des bureaux des préfectures. Les bureaux n'étaient chargés autrefois que *d'instruire l'affaire* et de préparer un *simple avis* du préfet ; aujourd'hui ils préparent *la décision.* Il importe donc à un plus haut degré que les bureaux soient occupés par des employés éclairés. Or la position qu'on offre à ces employés est trop précaire pour que, dans l'état actuel des choses, les hommes capables entrent volontiers dans cette carrière.

(4) Tome Ier, page [illegible] et tome II, page [illegible].

général a pour *attributions propres* la signature des ampliations et la surveillance des registres sur lesquels sont inscrits les arrêtés des préfets; il doit veiller à ce que ces actes soient constamment tenus à jour. Indépendamment de ces attributions propres, le secrétaire général peut recevoir du préfet des délégations qui lui confient une partie de l'administration départementale; cette délégation doit être soumise à l'approbation du ministre de l'intérieur. Enfin, le secrétaire général est apte à remplacer le préfet par *intérim*, en cas de vacance ou d'empêchement quelconque. Je dis qu'il est *apte*, parce que le secrétaire général ne remplace pas de plein droit le préfet empêché; c'est le doyen des conseillers de préfecture qui est appelé par la loi à faire l'intérim, et le secrétaire général n'en est chargé qu'autant qu'il reçoit une délégation spéciale à cet effet. La désignation *peut* être faite par le préfet lorsqu'il ne sort pas du département, et *doit* être faite par le ministre lorsque le préfet franchit les limites de son ressort.

Conseil de préfecture (1). — Les conseils de préfecture sont composés de trois membres au moins. Dans certains départements, au nombre de vingt-deux, il y en a quatre, et six à Paris (2). Le préfet a droit de séance au conseil, avec voix délibérative; quand il y assiste, il préside. En son absence, il est présidé par le conseiller le plus ancien par la date de sa nomination. Le président, quel qu'il soit, a toujours voix prépondérante, en cas de partage. Les conseillers de préfecture sont nommés par l'empereur sur la proposition du ministre de l'intérieur et révocables *ad nutum*. Quoique la loi n'exige, en ce qui les concerne, aucune condition d'aptitude, on admet généralement dans l'usage qu'ils doivent être âgés de vingt-cinq ans (3). Il faut, en outre, qu'ils ne soient dans aucun des cas d'incompatibilité prévus par les lois (4).

---

(1) Tome Ier, page 355; tome II, page 514.

(2) Décret du 28 mars 1852. Un décret récent a créé une sixième place de conseiller de préfecture à Paris. On distingue trois classes de conseillers, suivant le traitement qui est de 3,000 fr. pour la première, de 2,000 fr. pour la deuxième, et de 1,000 pour la troisième. — Le conseiller qui remplit les fonctions de *secrétaire général* reçoit un quart en sus.

(3) L'art. 175 de la Constitution du 5 fructidor an III exigeait cet âge de tous les membres des administrations départementales. — Mais on n'applique pas cet article aux préfets, parce que ce sont des *agents politiques* dont le choix doit être libre.

(4) Ces fonctions sont incompatibles avec celles de greffier (loi du 24 vendémiaire an III, art. 1er), de notaire (même loi), d'avoué (avis du conseil d'État du 5 août 1809), de conseiller général (loi du 28 juin 1833, art. 5), de conseiller d'arrondissement (décret du 3 juillet 1848) et de conseiller municipal (loi du 5 mai 1855 et art. 18 de la loi du 21 mars 1831). Les conseillers de préfecture peuvent être avocats, car l'ordonnance du 20 novembre 1822, art. 30, n'établit l'incompatibilité que pour les secrétaires généraux.

Le conseil de préfecture n'est régulièrement constitué qu'autant qu'il y a trois membres présents. En cas d'absence ou d'empêchement des conseillers, la loi permet de les remplacer provisoirement par des membres du conseil général (1). S'il reste des membres du conseil de préfecture, ils désignent à la pluralité des voix le conseiller général qui sera appelé à délibérer, et en cas de partage sur le choix, la voix du préfet ou du plus ancien conseiller de préfecture est prépondérante (2). Si, au contraire, il faut composer un conseil provisoire en entier ou presque en entier, la désignation des conseillers généraux est faite par le ministre de l'intérieur, sur la présentation du préfet (3).

Le préfet peut demander au conseil de préfecture son avis sur toutes les questions concernant l'administration départementale; dans certains cas, le concours du conseil de préfecture est indispensable, et le préfet ne pourrait pas négliger de le demander sans commettre *un excès de pouvoir* qui rendrait son arrêté annulable. L'avis du conseil doit être *demandé*, mais le préfet pourrait s'en écarter. En général, lorsque la loi dit que le *préfet statuera en conseil de préfecture*, elle signifie que le préfet doit demander l'avis du conseil de préfecture, sans être tenu de s'y conformer. Mais il est reconnu que, dans certaines dispositions, ces expressions ont été employées par erreur, et qu'il était dans l'intention du législateur d'attribuer compétence au *conseil de préfecture présidé par le préfet* (4); néanmoins, même dans ces cas, la jurisprudence s'est crue liée par les textes et n'a reconnu aux conseils qu'un droit d'avis (5).

Il est d'autres cas où la loi veut que le préfet *agisse* en conseil de préfecture; le conseil n'a pas d'avis à donner, mais sa présence est seulement une garantie de publicité donnée aux parties et dont le défaut entraînerait l'irrégularité et l'annulabilité des opérations (6).

---

(1) La loi du 22 juin 1833 déclare incompatibles les fonctions de conseiller général avec celles de conseiller de préfecture; mais elle n'a statué qu'en vue d'un exercice permanent et n'est point applicable à une suppléance purement accidentelle. (T. II, p. 514.)

(2) Arrêté du 19 fructidor an IX, art. 3 et 4.

(3) Décret du 16 juin 1808, art. 2.

(4) Voir notamment art. 13 de l'arrêté du 8 prairial an XI, contraire à la loi du 30 floréal an X, qui attribue, pour ce cas, compétence au conseil de préfecture. — Voir le rapport de M. Boulatignier sur les *conseils de préfecture*.

(5) Voir rapport de M. Boulatignier.

(6) On peut citer le tirage au sort pour fixer l'ordre suivant lequel le renouvellement triennal des conseillers généraux doit avoir lieu.

Enfin, le conseil de préfecture a deux autres attributions très-importantes dont nous parlerons ultérieurement : 1° il est compétent pour accorder les autorisations de plaider aux personnes morales qui sont assujetties par les lois ou règlements à cette formalité ; 2° il est juge des matières contentieuses qui lui ont été attribuées par des textes formels. Car la loi du 28 pluviôse an VIII, art. 4, ayant énuméré les cas où le conseil serait compétent, la jurisprudence en a conclu avec raison que cette énumération était limitative et que le conseil de préfecture n'était qu'un tribunal d'exception ; ainsi que nous le verrons dans la suite, c'est le ministre qui est le juge ordinaire en matière contentieuse (1).

Conseil général (2). — Le conseil général est une assemblée élective composée d'autant de membres qu'il y a de cantons dans le département, et qui est placée auprès du préfet pour éclairer et contrôler surtout les actes qu'il fait comme représentant le département. Le conseil de préfecture, au contraire, a pour mission principale d'assister le préfet comme agent politique et administratif du Gouvernement. Aussi le conseil de préfecture est-il composé de membres nommés par le chef de l'État, tandis que le conseil général est choisi par les électeurs, c'est-à-dire par les habitants français âgés de vingt et un ans, résidant dans la commune depuis six mois, inscrits sur la liste électorale, et jouissant des droits civils et politiques.

Pour être éligible, il faut avoir vingt-cinq ans accomplis, jouir de ses droits civils et politiques, être domicilié ou payer une contribution directe dans le département, enfin ne se trouver dans aucun des cas d'incompatibilité prévus par l'art. 5 de la loi du 22 juin 1833. Ces causes d'incompatibilité sont *absolues* ou *relatives*, suivant qu'elles entraînent l'exclusion de tous les conseils généraux ou seulement d'un conseil général. Les premières atteignent les préfets, sous-préfets, secrétaires généraux et conseillers de préfecture, les agents et comptables employés à la recette, à la perception et au recouvrement des contributions ou au payement des dépenses publiques de toute nature. L'incompatibilité relative au département

---

(1) En 1850, le projet de loi préparé par le conseil d'État sur les conseils de préfecture proposait de laisser aux ministres la juridiction ordinaire en matière contentieuse. Mais le projet de l'Assemblée nationale la conférait aux conseils de préfecture. C'est une chose digne de remarque qu'en Espagne le *conseil de la province*, qui correspond à notre conseil pe préfecture, est le juge ordinaire du contentieux administratif, d'après l'art. 9 de la loi du 2 avril 1845. (V. *Instituciones del derecho administrativo*, par D. Pedro Gomez de la Serna, t. II, *Apendice*, p. 19-21.)

(2) Tome II, page 385.

où ils exercent leurs fonctions frappe les ingénieurs des ponts et chaussées et les architectes employés par l'administration départementale, les agents forestiers, les employés des bureaux des préfectures et sous-préfectures. Ajoutons à cela que la même personne ne peut pas être à la fois membre de deux conseils généraux, ni membre d'un conseil général et d'un conseil d'arrondissement. La raison en est que les conseils généraux ont le droit d'émettre des vœux sur tout ce qui concerne l'intérêt général du département, et que les vues des deux conseils pourraient être opposées (1).

Les sessions du conseil général sont *ordinaires* ou *extraordinaires*. Dans les premières, il peut s'occuper de toutes les affaires qui rentrent dans ses attributions, tandis que, dans les secondes, les délibérations ne doivent pas dépasser l'objet qui leur a été assigné par le décret qui autorise la session extraordinaire. Pour la session ordinaire, le conseil général est convoqué purement et simplement, sans disposition qui limite les matières de ses délibérations.

Les délibérations des conseils généraux sont annulables pour deux causes : 1° pour réunion illégale non précédée de convocation; 2° pour incompétence. L'autorité chargée de prononcer l'annulation n'est pas la même dans les deux cas. Dans le premier, c'est le préfet, *en conseil de préfecture*, qui déclare la réunion illégale, prononce la nullité de ses délibérations, et prend les mesures nécessaires pour que le conseil se sépare immédiatement. Dans le second cas, il faut un décret impérial pour annuler les délibérations prises incompétemment (2).

Les séances du conseil général ne sont pas publiques, et, sous ce rapport, la loi nouvelle (3) a rétabli ce qui existait avant la révolution de 1848. Elle a consacré un retour semblable, en ce qui concerne le droit de dissolution conféré au chef de l'État par la loi de 1833. Tandis que, d'après la législation de 1848, le chef de l'État ne pouvait prononcer la dissolution d'un conseil général que sur l'*avis conforme* du conseil d'État, il a maintenant à cet égard un droit

(1) Les élections pour le conseil général se font de la même manière que les élections législatives. Les différences consistent en ce que : 1° le recensement des votes se fait au chef-lieu de canton au lieu de se faire au chef-lieu de département ; 2° la nullité des élections législatives est prononcée ou repoussée par le Corps législatif. Pour les élections départementales il faut distinguer. Si la nullité est fondée sur l'irrégularité des opérations électorales, c'est le conseil de préfecture qui est compétent : si elle a pour cause l'incapacité personnelle du candidat, c'est le tribunal civil qui la prononce. (Art. 50, 51 et 52 de la loi du 22 juin 1833.)

(2) Art. 14 et 15 de la loi du 22 juin 1833.

(3) Loi du 7 juillet 1852.

absolu (1). S'il en fait usage, la loi veut que les colléges électoraux soient convoqués dans le délai de trois mois pour l'élection d'un nouveau conseil général. En cas de vacance partielle, le délai n'est plus que de deux mois, quel que soit le motif de la vacance. Les causes qui y donnent lieu sont : le décès, la perte des droits civils ou politiques, l'option et la démission.

L'option est exigée de la part du membre qui a été élu dans plusieurs cantons ou dans plusieurs départements, ou à la fois membre du conseil général et d'un conseil d'arrondissement. L'élu doit déclarer son choix dans le mois qui suit l'élection, et, s'il néglige de le faire, le préfet tire au sort (2) en conseil de préfecture, et en séance publique, le canton auquel l'élu appartiendra. La démission est *expresse* ou *tacite*. La démission expresse doit être adressée au préfet ou, pendant la session, au président du conseil général ; mais, en ce dernier cas, elle ne devient définitive qu'autant qu'elle a été transmise par le président au préfet. La démission tacite résulte du refus ou défaut de prestation de serment et de l'absence pendant deux sessions consécutives, sans cause légitime ou empêchement admis par le conseil. Comme la loi ne fait aucune distinction entre les *sessions ordinaires* et les *sessions extraordinaires*, il faut décider que l'absence à deux sessions extraordinaires entraînerait la démission tacite aussi bien que l'absence non motivée à deux sessions ordinaires. — Les conseils généraux sont nommés pour neuf ans et renouvelables par tiers tous les trois ans. Après les élections générales de 1852, les conseillers généraux furent, dans chaque département, divisés en trois séries et, l'on tira au sort l'ordre suivant lequel les trois séries seraient sujettes à réélection. Depuis lors, les tours reviennent suivant l'ordre qui fut fixé à cette époque.

Ne pouvant entrer ici dans l'énumération détaillée des attributions du conseil général (3), nous nous bornerons à établir les divisions principales. Il y a des délibérations du conseil général qui règlent certaines matières d'une façon souveraine, et qui sont exécutoires par leur propre vertu sans approbation de l'autorité supérieure. De ce nombre est, par exemple, la répartition des contributions directes entre les arrondissements (4). Les délibérations de cette espèce

(1) Art. 6 de la même loi.

(2) La loi ne prévoit que deux cas : 1° celui où la même personne a été élue dans deux cantons ; 2° celui où elle a été nommée à la fois membre d'un conseil général et d'un conseil d'arrondissement. Si elle avait été nommée dans deux départements, il faudrait décider de même par analogie. Quel est, en ce cas, le préfet qui tirera au sort ? Le plus diligent. — Les préfets devront indiquer l'heure où ils auront fait le tirage pour qu'on puisse juger l'antériorité.

(3) Tome II, page 385.

(4) Nous reviendrons sur ce point en traitant des *contributions directes*.

sont peu nombreuses, et il faut d'ailleurs une disposition formelle pour qu'une délibération soit exécutoire par elle-même. En l'absence d'un pareil texte, l'autorisation du préfet ou du chef de l'État est nécessaire. Les délibérations qui ont besoin de cette approbation, pour être exécutoires, forment la seconde catégorie. Elles ont presque toutes rapport aux intérêts du département considéré comme personne morale, aux ventes, baux, transactions et donations. L'approbation de l'autorité supérieure est donnée tantôt par le préfet, tantôt par le chef de l'État (1). Lorsque c'est le préfet qui statue, la décision peut être déférée au ministre par la voie hiérarchique. Le ministre de l'intérieur est même quelquefois compétent pour donner l'approbation; mais cela n'est vrai que dans des cas très-rares (2).—En règle générale, l'approbation du préfet est suffisante, et l'on n'est obligé de recourir au ministre ou au chef de l'État qu'autant qu'une disposition formelle l'exige. Avant le décret du 25 mars 1852, les choses se passaient inversement et l'autorisation du préfet n'était suffisante que si une disposition formelle le déclarait (3).

La troisième catégorie de délibérations se compose des *avis;* l'administration a toujours le droit de consulter le conseil général sur les questions qui intéressent le département. Quelquefois le préfet est obligé de lui demander son avis, sous peine, en cas d'omission, de commettre un excès de pouvoir; les cas où la demande d'avis est obligatoire sont déterminés expressément par la loi. Soit d'ailleurs qu'il le consulte spontanément, soit qu'il le consulte pour obéir à une disposition formelle, le préfet n'est pas obligé de se conformer à la délibération du conseil général (3).

Enfin le conseil général peut émettre des vœux sur tout ce qui concerne *l'intérêt du département* (4). C'est une quatrième espèce de délibération qui ressemble aux avis en ce que l'administration n'est pas tenue de s'y conformer, mais qui en diffère en ce que les avis sont provoqués par le préfet, tandis que les vœux sont émis par le conseil général sur la proposition de ses membres, et, en quelque sorte, *motu proprio.* Les vœux sont adressés au mi-

(1) Nous reviendrons sur cette espèce de délibération en parlant du département personne morale. (V. décret du 25 mars 1852, et loi du 10 juin 1853, qui abroge les nos 36 et 37 du tableau A annexé au décret de décentralisation.)

(2) Le ministre est compétent pour approuver les plans et devis de travaux à faire aux prisons départementales lorsque ces travaux sont de nature à influer sur le régime intérieur de ces prisons; sinon, c'est le préfet qui prononce.

(3) § 55 du tableau A annexé au décret du 25 mars 1852.

(4) Art. 6 de la loi du 10 mai 1838.

nistre de l'intérieur, et chaque année, le *Moniteur* en publie une analyse. Le conseil n'a pas le droit de s'adresser directement aux administrés par voie d'affiche ou de proclamation ; s'il excédait les bornes qui lui sont imposées par la loi, le préfet pourrait le suspendre provisoirement, en attendant la décision du chef de l'État qui est seul compétent pour prononcer la dissolution. C'est le cas unique dans lequel le préfet puisse suspendre le conseil général, tandis qu'il a un droit de suspension indéfini à l'égard du conseil municipal. Cette différence s'explique parce que le conseil général étant appelé à contrôler l'administration du préfet, on ne pouvait pas, sans intervertir les rôles, donner au préfet le droit de suspendre une assemblée dont il relève.

ARRONDISSEMENT (1).

Sous-préfets. — Dans chaque arrondissement il y a une sous-préfecture, sauf dans les chefs-lieux de département où les fonctions de sous-préfet sont remplies par le préfet. Les secrétaires généraux ont été pendant quelque temps appelés à remplir les fonctions de sous-préfet dans l'arrondissement du chef-lieu de département (2) ; mais cette attribution leur a été enlevée, et ils ne pourraient être chargés de l'administration de l'arrondissement qu'en vertu d'une délégation expresse du préfet approuvée par le ministre de l'intérieur (3).

Les sous-préfets sont, comme les préfets, nommés par décret impérial rendu sur la proposition du ministre de l'intérieur, sans condition d'âge ni de capacité ; ils prêtent serment entre les mains du préfet. On les distingue en trois classes, suivant leur traitement (4).

La quotité du traitement n'est pas uniquement attachée à la classe de la sous-préfecture, et la loi a voulu qu'elle pût être élevée sans déplacement. Après cinq ans d'exercice dans le même arrondissement, un sous-préfet peut obtenir le traitement de la classe immédiatement supérieure, et après une nouvelle période de cinq ans, le sous-préfet qui est monté à la deuxième classe peut

---

(1) Tome Ier, pages 346-354.

(2) Les secrétaires généraux furent supprimés par décret du 15 décembre 1848, sauf pour la préfecture de la Seine et la préfecture de police. Ils ont été rétablis par : 1° la loi du 19 juin 1851, pour le département du Rhône ; 2° le décret du 2 juillet 1853, pour les préfectures de première classe ; 3° le décret du 29 décembre 1854, pour dix préfectures de deuxième classe ; 4° le décret du 29 mai 1858, pour quatre autres préfectures de deuxième classe.

(3) Le droit qu'a le préfet de déléguer au secrétaire général une partie de l'administration est consacré par l'art. 2 du décret du 29 décembre 1854. (T. II, p. 376.)

(4) Première classe, 8,000 fr. ; deuxième classe, 6,000 fr. ; troisième classe, 4,500 fr.

être élevé à la première. Ainsi le traitement dépend tantôt de la *résidence*, tantôt de la *personne* (1).

Le sous-préfet est le chef de l'administration active dans l'arrondissement, et c'est à lui qu'il appartient de prendre les mesures nécessaires pour assurer l'exécution des lois et le maintien de l'ordre. Cependant le droit d'action et de décision ne lui appartient que dans trois cas : 1° lorsque la loi ou un règlement le lui confèrent expressément, ce qui a lieu très-rarement ; 2° lorsque le préfet a délégué ses pouvoirs au sous-préfet ; 3° en cas d'urgence, lorsqu'il n'est pas possible d'attendre la délégation du préfet. En dehors de ces exceptions, le sous-préfet n'est qu'un agent de transmission et d'instruction pour les affaires des communes entre les maires et les préfets. C'est lui qui envoie à la préfecture les pièces parties des mairies, en joignant son avis au dossier.

L'arrondissement n'étant pas une personne morale, il n'a pas de patrimoine et, par conséquent, le sous-préfet n'a pas d'attribution qui ressemble à la gestion économique du département par le préfet (2).

Conseil d'arrondissement. — Le conseil d'arrondissement est composé d'autant de membres qu'il y a de cantons dans la circonscription ; ce nombre ne peut pas être au-dessous de neuf et, s'il n'y a pas autant de cantons, le préfet divise les plus peuplés de manière à compléter le *minimum*. Nous avons vu que, pour les conseils généraux, le nombre des membres correspond exactement à celui des cantons (3).

Les membres du conseil d'arrondissement sont nommés par le suffrage universel sur les listes qui servent aux élections législatives et départementales. Ils sont renouvelés par moitié tous les trois ans et, par conséquent, élus pour six ans. Si, par suite d'une dissolution, le renouvellement a été fait en entier, c'est le sort

---

(1) Décret du 27 mars 1852. — Un décret du 28 mars 1852 a mis à la charge du département le mobilier des sous-préfectures, dépense onéreuse qui était autrefois supportée par des sous-préfets, exposés aux changements les plus fréquents. Un décret réglementaire du 8 août suivant a déterminé ce qu'il faut entendre par *ameublement*.

(2) Le décret du 9 avril 1811, qui portait abandon par l'État des bâtiments consacrés à certains services publics, aux départements, *arrondissements* et communes, pouvait faire croire que les arrondissements étaient des personnes morales capables d'acquérir. Le contraire fut reconnu dans la discussion de la loi du 10 mai 1838.

(3) Cela n'existe que depuis le décret du 3 juillet 1848, art. 3. La loi du 22 juin 1833, pour éviter les assemblées trop nombreuses, ne voulait pas que le nombre des conseillers généraux fût de plus de trente. (T. II. p. 391.)

qui décide quelle sera la première moitié soumise à réélection.

Pour être éligible, il faut: 1° avoir vingt-cinq ans accomplis; 2° jouir de ses droits civils et politiques; 3° être domicilié ou payer une contribution directe dans l'arrondissement; 4° n'être dans aucun des cas d'incompatibilité que nous avons énumérés en nous occupant des conseils généraux. Ajoutons à cette énumération que nul ne peut être membre de plusieurs conseils d'arrondissement (1). Aucun article n'a reproduit, pour les conseils d'arrondissement, la prohibition qui défend de faire entrer au conseil de département des membres *non domiciliés* en nombre excédant le quart; c'est sans doute un oubli de la loi, mais nous ne pouvons pas y suppléer par voie d'analogie; car il s'agit d'une prohibition, c'est-à-dire d'une matière qui doit être interprétée restrictivement.

Le président, le vice-président et le secrétaire sont nommés par arrêté du préfet, parmi les membres du conseil, pour chaque session. On distingue, comme pour les conseils généraux, les *sessions ordinaires* et les *sessions extraordinaires*: elles ne peuvent ni les unes ni les autres être tenues qu'avec l'autorisation du chef de l'État, le préfet n'ayant que le droit de convoquer le conseil, et non celui d'en autoriser la réunion. Au jour fixé pour la réunion, le sous-préfet donne lecture du décret qui autorise la convocation, reçoit le serment des conseillers présents et déclare, au nom de l'empereur, que la session est ouverte. Le sous-préfet a le droit d'assister aux séances, et il est entendu quand il le demande. Il faut appliquer aux conseils d'arrondissement ce que nous avons dit sur la dissolution, et la suspension des conseils généraux.

Le conseil d'arrondissement ne règle par ses délibérations qu'une seule matière: c'est la répartition des contributions entre les communes de l'arrondissement (2). En dehors de ce cas, il n'a que des attributions consultatives. Le préfet peut le consulter toutes les fois qu'il juge à propos de le faire et il doit prendre son avis, sous peine de commettre un excès de pouvoir, dans certains cas prévus par la loi (3). Enfin le conseil d'arrondissement peut émettre des vœux sur toutes les matières qui sont de la compétence du conseil général, à la condition cependant de se placer au point de vue des intérêts de l'arrondissement. Il peut aussi émettre spontanément

---

(1) Art. 5 et 24 de la loi du 22 juin 1833.

(2) Nous parlerons de cette attribution du conseil d'arrondissement en nous occupant des *contributions de répartition*.

(3) Art. 41 de l loi du 10 mai 1838.

des avis relativement aux *services publics*, toujours en ce qui concerne l'arrondissement (1).

ADMINISTRATION MUNICIPALE (2).

Maires et adjoints. — Les maires et leurs adjoints sont nommés par le chef de l'État dans les chefs-lieux de département, d'arrondissement et de canton, et dans les villes ayant 3,000 habitants de population ; dans les autres communes, la nomination est faite par le préfet. La révocation des maires appartient exclusivement à l'empereur, même pour ceux qui ont été nommés par le préfet. Ce dernier a seulement le droit de suspension, mesure qui ne produit d'effet que pendant deux mois et cesse de plein droit à l'expiration de ce délai, si elle n'est pas confirmée par le ministre de l'intérieur. Le ministre n'a pas le pouvoir de révocation directe qui n'appartient qu'à l'empereur; mais comme la loi n'assigne aucune limite à la durée de la suspension confirmée par le ministre, elle pourrait se prolonger jusqu'à l'expiration de la période quinquennale qui est le terme assigné au renouvellement des pouvoirs du maire. Le maire suspendu est considéré comme se trouvant empêché et remplacé par son adjoint. Si l'adjoint ou les adjoints avaient suivi le maire dans sa disgrâce, les fonctions de maire seraient remplies par les conseillers municipaux, suivant l'ordre du tableau. Enfin il pourrait arriver que le conseil municipal fût dissous ou démissionnaire en masse. Dans ce cas, le préfet désignerait, sur la liste des électeurs de la commune, les citoyens qui seraient provisoirement chargés de remplir les fonctions de maire et d'adjoint.

Pour être apte aux fonctions de maire il faut: 1° être âgé de vingt-cinq ans; 2° être inscrit dans la commune au rôle de l'une des quatre contributions directes; 3° n'être dans aucun des cas d'incompatibilité énumérés par l'art. 5 de la loi du 5 mai 1855 (3). Ajoutons à cela que le choix ne pourrait pas porter sur ceux qui seraient dans un des cas d'incompatibilité qui empêchent d'être conseiller municipal, conformément à l'art. 9 de la même loi; car quoique le maire ne doive plus être nécessairement choisi parmi

(1) Art. 42 et 44 de la loi du 10 mai 1838.

(2) Tome II, pages 408 et suiv.

(3) La plupart des incompatibilités de l'art. 9 concourent avec celles de l'art. 5. Il y en a une qui ne se trouve que dans l'art. 9, c'est celle qui ne permet pas qu'on soit conseiller municipal dans deux communes. Il en résulte, d'après le principe posé au texte, que la même personne ne pourrait pas davantage être maire dans une commune et conseiller municipal dans une autre.

les membres du conseil municipal, il devient conseiller par le fait de sa nomination, puisqu'il préside le conseil avec voix délibérative.

Les attributions administratives (1) du maire sont de deux sortes: il exerce les unes comme agent subordonné du pouvoir central, *sous l'autorité* de l'administration supérieure et les autres comme représentant de la commune *sous la surveillance* de l'administration. Pour les premières, l'initiative appartient aux préfets ou au ministre qui peuvent adresser aux maires des instructions et même des ordres. Pour les secondes, au contraire, l'autorité municipale a le droit exclusif d'agir, et ses actes sont seulement soumis au contrôle de l'autorité supérieure qui n'a que le pouvoir d'annulation. Cette dernière catégorie se subdivise à son tour : tantôt, en effet le maire agit comme *magistrat municipal* chargé de la police municipale et rurale; tantôt il représente la commune personne morale et, à ce titre, figure dans tous les actes relatifs au patrimoine communal.

Comme agent de l'administration générale, le maire est chargé : 1° de la publication et de l'exécution des lois et règlements. Ainsi lorsqu'une loi est urgente et qu'il y a lieu de la publier avant l'expiration du délai légal d'où résulte la publication, le préfet peut, en vertu des ordres du pouvoir central, prescrire aux maires la publication dans les communes, soit par affiches, soit à son de trompe ou de tambour; 2° des fonctions spéciales qui lui sont conférées par des dispositions expresses. Ces cas sont assez nombreux, et pour ne citer que les plus importants, la rectification des listes électorales, certaines opérations relatives au recrutement, etc., etc. Le caractère propre à cette espèce d'attributions, c'est que si le maire ne les remplit pas, l'autorité supérieure peut « *y procéder d'office ou par un délégué spécial,* » conformément à l'art. 15 de la loi du 18 juillet 1837 ; 3° de l'exécution des mesures de sûreté générale ordonnées par les ministres ou les préfets. Lorsque ces mesures, au lieu de s'étendre à toute la France, sont spéciales à une commune, il est difficile de les distinguer d'avec la police municipale. Il faudrait se décider d'après la nature des faits et examiner si l'acte à un caractère général ou local. Ainsi une révolte dans une commune menaçant de s'étendre, quoiqu'elle ne sortît pas de la localité, la sûreté générale en pourrait être ébranlée. Aussi le maire devrait-il s'effacer devant le préfet et obéir à ses ordres.

---

(1) Je ne parle que des attributions administratives. Il est, en outre, sous la surveillance du ministère public, officier de l'état civil et officier de police judiciaire. (T. II, p. 440.)

En matière de police municipale et rurale, au contraire, l'initiative appartient au maire, et le préfet n'a que le droit de contrôle et d'annulation. Les matières comprises dans la police municipale sont énumérées dans la loi des 16-24 août 1790 (1); cette énumération est limitative, et le maire n'a de compétence, en dehors des cas formellement énoncés, que celle qui lui aurait été conférée expressément par une loi postérieure (2). Comme chargé de la police rurale, le maire a le droit de publier des *bans de vendange* (3); mais il dépasserait ses pouvoirs s'il publiait d'autres bans, tels que ceux de *fauchaison*, de *moisson*, de *troupeau commun*, etc., etc. Tous ces bans ont été supprimés en 1791, et la loi n'a consacré d'exception que pour les vendanges (4). A la police rurale se rattachent également le droit et le devoir de veiller à l'échenillage des arbres, que les propriétaires sont tenus de faire avant le 15 mars. En conséquence, les maires doivent, avant le 20 janvier, faire publier la loi pour rappeler à leurs administrés l'obligation qui

---

(1) Art. 3 et 4, tit. 11, de la loi des 16-24 août 1790.

(2) Par exemple, la loi des 2-17 mars 1791 a donné aux maires le droit de taxer le pain et la viande de boucherie. En outre, le décret du 23 prairial an XII a soumis les cimetières « *à l'autorité, police et surveillance des administrations municipales.* »

(3) M. Serrigny (*Questions et traités*, p. 178) soutient que le droit d'arrêter *le ban de vendanges* appartient au conseil municipal et non au maire. L'opinion contraire, soutenue par Merlin (*Répert.*, v° *Ban de vendanges*, n° 12), me parait préférable : 1° parce qu'il s'agit ici d'un acte d'administration active, et que l'administration active appartient au maire : *agir est le fait d'un seul*; 2° la loi du 18 juillet 1837, qui a énuméré les matières que le conseil municipal a le droit de régler, n'y a pas compris le ban de vendange (*V.* art. 17 de la loi du 18 juillet 1837); 3° aucune des quatre sessions ordinaires du conseil municipal ne correspond à la saison des vendanges.

(4) Nous adoptons, au contraire, pleinement les opinions de M. Serrigny sur *le ban de moisson ou fauchaison* et sur *le ban de troupeau commun.* On ne pourrait invoquer en faveur de ces bans qu'un seul argument sérieux, c'est l'art. 475-1°, qui punit d'une amende de 6 à 10 fr. la contravention aux *bans de vendanges et autres bans autorisés par les règlements.* M. Serrigny fait observer avec raison qu'il n'y a là qu'une énonciation, et que *supposer n'est pas disposer.* Or les bans ont été supprimés par la loi des 15-28 mars 1790, art. 23, tit. 2, et par le Code rural des 28 septembre-6 octobre 1791. Où trouve-t-on des dispositions qui aient relevé expressément les bans de fauchaison, moisson et de troupeau commun? « Il en résulterait, dit M. Serrigny, que les maires pourraient rétablir toutes les banalités abolies par la loi des 15-28 mars 1790, c'est-à-dire tous les droits de banalités de fours, moulins, pressoirs, boucheries, verrats, forges et autres. » (*Questions et traités*, p. 172.) La Cour de cassation décide le contraire (*V.* arrêt du 6 mars 1834). — Le tribunal de Castelsarrazin a décidé de même par jugement du 6 janvier 1848. — Sur le ban de *troupeau commun* dans les communes où existent le parcours et la vaine pâture, la Cour de cassation décide que chaque propriétaire peut sans doute individuellement faire garder son troupeau, et se soustraire à la dépense du pâtre commun, mais elle n'admet pas que plusieurs propriétaires puissent se réunir pour faire garder leurs troupeaux par un pâtre qui leur serait commun, mais qui ne serait pas le *pâtre commun* de la commune (*V.* arrêts des 9 février 1838, 29 juillet 1839 et 29 décembre 1841.)

leur incombe, s'assurer que chacun l'a remplie avant l'expiration du délai, et le faire faire aux frais des retardataires.

Pour toutes les matières qui rentrent dans sa compétence de police municipale et rurale, le maire peut procéder par voie *d'arrêtés réglementaires* ou *d'arrêtés individuels*; les premiers ne sont obligatoires qu'autant qu'ils sont publiés, et les seconds ne le deviennent que par la notification aux parties intéressées (1). Parmi les arrêtés réglementaires, les uns portent *règlement permanent* tandis que les autres ont un *caractère temporaire*. Ceux-ci sont pris d'urgence en vue de circonstances transitoires dont la cessation abrogera virtuellement le règlement, et ceux-là, au contraire, sont destinés à durer autant que les circonstances normales auxquelles ils s'appliquent. A quelque catégorie qu'ils appartiennent, les arrêtés municipaux doivent être transmis aux préfets, par l'intermédiaire des sous-préfets; mais voici où commence la différence. Les arrêtés portant règlement temporaire sont exécutoires immédiatement, et le préfet n'a que le droit de les annuler; cette annulation ne produit d'effet que pour l'avenir, et laisse subsister toutes les conséquences qu'entraîne l'exécution intermédiaire. Au contraire, ceux qui contiennent un règlement permanent ne sont exécutoires qu'après avoir été revêtus de l'approbation préfectorale. Si le préfet laisse écouler un mois à partir de la date du recépissé délivré par le sous-préfet, sans prendre un parti, il est censé l'avoir tacitement approuvé, et le règlement devient exécutoire. Le préfet pourrait d'ailleurs rétracter l'approbation qu'il aurait donnée expressément ou tacitement à l'arrêté, sous la réserve des droits acquis par suite de l'exécution qui en aurait été faite (2).

Le préfet a le droit d'approuver ou d'annuler les règlements proposés par le maire, mais il n'a pas le pouvoir d'y faire un changement même partiel. S'il en était autrement le maire n'exercerait pas la police municipale sous la *surveillance* de l'administration supérieure, comme le dit l'art. 10 de la loi du 18 juil. 1837, mais plutôt sous son *autorité*. Le préfet a plusieurs moyens indirects de vaincre la résistance du maire: 1° il peut prendre un arrêté régle-

(1) Cour de cass., arrêt du 9 mai 1844.

(2) La Cour de cassation décide que le délai d'un mois ne peut pas être abrégé par le préfet, et que l'approbation donnée expressément avant l'expiration du délai ne produirait d'effet qu'après. (Arrêts des 28 juillet 1838, 17 mars 1848 et 14 mars 1850.) Elle s'était prononcée en sens inverse le 3 décembre 1840. M. Serrigny combat avec raison cette doctrine: « Les lois et décrets impériaux peuvent, dit-il, être mis à exécution par voie d'urgence, aux termes des ordonnances royales des 27 novembre 1816, art. 4, et 18 janvier 1817: pourquoi en serait-il autrement des simples arrêtés municipaux, qui sont encore plus sujets à l'urgence? » (*Questions*, p. 568.)

mentaire sur la matière dont il s'agit, applicable à tout le département; 2° il peut suspendre le maire de ses fonctions, mesure qui lui procurera peut être un subordonné plus docile. Mais ces deux moyens ne conduisent au résultat que d'une façon indirecte, et d'ailleurs ils ne sont pas sans inconvénient. Si le préfet ne veut ou ne peut pas les employer, il n'a que le droit négatif de *veto* (1).

Le pouvoir réglementaire du maire est limité par la loi, par les règlements généraux et par les règlements départementaux; ainsi l'autorité se restreint à mesure qu'on descend dans la hiérarchie administrative, car nous avons vu que le pouvoir réglementaire du préfet n'était borné que par la loi ou les règlements généraux, et que le pouvoir réglementaire de l'empereur ne connaît d'autre limite que la loi.

Enfin, le maire est le mandataire légal de la commune considérée comme propriétaire. Il la représente en justice et stipule ou promet, en son nom, dans les aliénations, donations, transactions, emprunts et autres actes relatifs au domaine communal (2).

Le nombre des adjoints est proportionné à la population de la commune. Au-dessous de 2,500 âmes, il y a un adjoint; de 2,500 à 10,000, il y en a deux; au-dessus de 10,000 il peut être nommé, en sus des deux, un adjoint par chaque 20,000 habitants. La loi s'étant bornée à dire qu'il « *pourra être nommé* » un adjoint par chaque excédant de 20,000 âmes, il en résulte que c'est une faculté plutôt qu'une obligation.

En général, l'adjoint remplace le maire absent, empêché, décédé, révoqué ou démissionnaire. En ce cas, subrogé à ses droits et attributions, il a les mêmes pouvoirs que le maire. S'il préside le conseil municipal, il a voix délibérative, tandis que l'adjoint pris en dehors du conseil municipal n'a par lui-même que voix consultative (3). La loi n'a pas borné les attributions de l'adjoint au rôle de suppléant, et elle a permis au maire de lui confier une partie de l'administration municipale. En ce cas, l'adjoint est maire *parte in quâ;* il peut signer et décider de sa propre autorité. Cette délégation est d'ailleurs révocable au gré du maire (4).

---

(1) Vainement opposerait-on l'art. 15 de la loi du 18 juillet 1837, qui permet « *de faire d'office ou par un délégué spécial les actes qui sont prescrits au maire par une loi.* » Il ne s'agit là que des actes spéciaux ordonnés par une disposition formelle. Ce sont les actes dont il est parlé à l'art. 9 de la loi du 18 juillet 1837.

(2) Nous reviendrons sur ce point quand nous traiterons de la commune personne morale.

(3) Lorsqu'il est pris dans le conseil municipal, il a voix délibérative en sa qualité de conseiller.

(4) Art. 3, § 2, de la loi du 5 mai 1855. Cet article prévoit le cas où un empêchement rend les communications impossibles entre le chef-lieu et une fraction de la commune.

Conseils municipaux. — Les conseils municipaux se composent de membres dont le nombre varie entre un *minimum* de 10 et un *maximum* de 36, suivant la population de la commune (1). Les conseillers municipaux sont nommés au scrutin de liste par les mêmes électeurs qui nomment les députés et les membres des conseils généraux ou d'arrondissement. Mais comme le scrutin de liste a le grave inconvénient de forcer les électeurs à choisir un trop grand nombre de candidats, le législateur a permis au préfet de partager la commune en plusieurs cantons, et d'assigner à chacun d'eux, un certain nombre de conseillers à élire. Ce fractionnement est surtout pratiqué dans les grandes villes où il serait impossible à chaque électeur de connaître une trentaine de personnes qui fussent dignes de sa confiance. Le législateur a voulu que chacun suivît ses inspirations personnelles, au lieu d'obéir à la *discipline de parti* qui fait passer le vote de l'individu aux comités.

Le renouvellement des conseils municipaux a lieu intégralement tous les cinq ans; si, dans l'intervalle, il se produit des vacances partielles, les conseillers manquants ne sont remplacés qu'autant que le conseil municipal est réduit aux trois quarts de ses membres (2). Pendant la période quinquennale, on ne procède pas à une réélection, lorsque l'empereur prononce la dissolution du conseil municipal; les fonctions du conseil dissous sont remplies par une commission municipale qui reste en fonctions jusqu'au renouvellement quinquennal; elle est nommée par le préfet et peut être en nombre inférieur de moitié à celui des membres du conseil municipal. Pourquoi le législateur n'a-t-il pas voulu que la dissolution fût immédiatement suivie d'une réélection? Pour deux raisons: D'abord, si la dissolution était prononcée à une époque voisine du

---

(1)

10 conseillers	dans les	communes au-dessous de.	500 habitants.
12	—	—	de 501 à 1,500
16	—	—	de 1,501 à 2,500
21	—	—	de 2,501 à 3,500
23	—	—	de 3,501 à 10,000
27	—	—	de 10,001 à 30,000
30	—	—	de 30,001 à 40,000
32	—	—	de 40,001 à 50,000
34	—	—	de 50,001 à 60,000
36	—	au-dessus de.	60,000

Art. 6 de la loi du 5 mai 1855.) Tome II, pages 456 et suiv.

(2) Cependant le préfet pourrait, s'il le jugeait à propos, convoquer les électeurs pour remplacer les conseillers manquants, même quand le conseil conserverait un nombre de membres supérieur aux trois quarts (ord. du conseil d'État des 9 mars 1836, 24 fév. 1832 et 23 mai 1844. — Dufour, t. V, p. 276).

renouvellement quinquennal, il y aurait de graves inconvénients à faire élection sur élection à des intervalles trop rapprochés. En second lieu, une élection succédant immédiatement à la dissolution aurait exposé l'administration à être démentie par les électeurs et à éprouver un échec périlleux pour son autorité.

Pour être éligible au conseil municipal, il faut : 1° être âgé de vingt-cinq ans ; 2° jouir de ses droits civils et politiques ; 3° n'être dans aucun des cas d'incompatibilité ou d'incapacité prévus par les articles 9 et 10 de la loi du 5 mai 1855. Quoique le maire puisse être choisi en dehors du conseil, nous pensons que les cas d'incompatibilité existant entre deux conseillers municipaux devraient exister *à fortiori sensu* entre un maire et un conseiller municipal. Ainsi, l'empêchement résultant de la parenté à un certain degré, qui s'oppose à ce que deux personnes soient en même temps conseillers municipaux devrait, à plus forte raison, empêcher que l'un fût maire et l'autre membre du conseil (1). J'appliquerais la même solution aux adjoints puisqu'ils peuvent être appelés à présider le conseil municipal avec voix prépondérante.

Les élections au conseil municipal se font en général de la même manière que les élections pour le conseil général et le conseil d'arrondissement (2). On peut cependant signaler les différences suivantes : 1° Dans les élections municipales, tous les conseillers à élire sont nommés par chaque électeur, au *scrutin de liste*, tandis que dans les élections départementales et d'arrondissement les électeurs ne nomment qu'un candidat. 2° Pour les élections municipales, le jour de la convocation des colléges est toujours un jour férié, tandis que pour les autres on n'est tenu de prendre un jour férié *qu'autant que faire se peut*. 3° Pour les élections municipales, les quatre assesseurs sont toujours les deux plus jeunes et les deux plus âgés des électeurs inscrits, tandis que pour les autres on commence par appeler les quatre premiers conseillers sachant lire et écrire, dans l'ordre du tableau. 4° Lorsqu'il faut procéder à un second tour de scrutin, parce qu'aucun candidat n'a obtenu soit la majorité absolue des votants, soit un nombre de voix égal au quart des électeurs inscrits, la réunion des colléges électoraux est renvoyée, pour les élections municipales, au dimanche suivant, et pour les autres au deuxième dimanche.

Le conseil municipal tient des *sessions ordinaires* et des *sessions extraordinaires* ; dans les premières, il peut délibérer sur toutes les matières qui sont de sa compétence, et dans les secondes, seule-

(1) La jurisprudence du conseil d'État est contraire. (V. décret du 28 juillet 1853.)

(2) Tome II, p. 495.

ment sur les matières pour lesquelles il a été expressément convoqué. Les sessions ordinaires sont au nombre de quatre et se tiennent au commencement des mois de février, mai, août et novembre; leur durée est de dix jours. Tandis que les sessions ordinaires sont autorisées par la loi, les sessions extraordinaires, au contraire, ne peuvent être tenues qu'avec la permission spéciale du préfet ou du sous-préfet. Cette autorisation est accordée toutes les fois que les intérêts de la commune l'exigent, soit d'office, soit sur la demande du maire, soit même sur la demande du tiers des membres du conseil municipal. Quand la demande est formée par le maire, le préfet peut se borner à ne pas répondre; mais si elle est faite par le tiers des membres du conseil, le préfet ne peut pas refuser par omission, et la loi veut qu'il rende un arrêté motivé. Pour les sessions ordinaires, il suffit que les conseillers soient convoqués trois jours d'avance, tandis que pour les sessions extraordinaires la loi exige cinq jours d'intervalle. En cas d'urgence, le préfet ou sous-préfet a le droit d'abréger les délais. —Dans tous les cas, la convocation doit être faite par écrit et à domicile, et il faut, en outre, pour les sessions extraordinaires, qu'elle mentionne l'objet spécial de la convocation. La majorité des membres en exercice est nécessaire pour que le conseil municipal puisse délibérer valablement; mais si la réunion du conseil avait été précédée de deux convocations demeurées infructueuses, à huit jours d'intervalle, le conseil pourrait délibérer quel que fût le nombre des membres présents. Les membres qui, sans motifs légitimes, auraient manqué à trois convocations successives pourraient être déclarés démissionnaires par le préfet, sauf le droit qui leur est accordé de faire valoir leurs excuses devant le conseil de préfecture.

Le secrétaire du conseil est nommé au commencement de chaque session au scrutin secret par les membres présents. Une fois constituée, l'assemblée délibère sur toutes les matières portées à l'ordre du jour, à la majorité des voix, et, s'il y a partage, la voix du président est prépondérante. Les délibérations sont inscrites par ordre de date sur un registre coté et parafé par le sous-préfet. Tous les membres signent la délibération sur la minute, et si quelques-uns sont empêchés, mention est faite des causes pour lesquelles ils n'ont pas signé. Copie en est adressée dans la huitaine au sous-préfet (1). — Il est défendu aux conseils municipaux

---

(1) Cet envoi a pour but de mettre le préfet à même de juger si le conseil est ou non resté dans sa compétence. S'il en était sorti, le préfet, en conseil de préfecture, pourrait prononcer

de se mettre en correspondance les uns avec les autres et de faire des adresses ou proclamations; le conseil qui contrevient à cette prohibition doit être immédiatement suspendu par le préfet.

Les délibérations que peuvent prendre les conseils municipaux sont de quatre espèces : 1° *Les délibérations réglementaires* par lesquelles ils règlent certaines matières déterminées par la loi, sauf le droit d'annulation qui appartient au préfet. Elles ne sont exécutoires qu'après trente jours, à partir du récépissé remis au maire par le sous-préfet qui est chargé de transmettre l'ampliation au préfet. Si ce délai expire sans que le préfet ait annulé la délibération, elle devient exécutoire de plein droit; seulement le préfet pourrait l'annuler encore, les effets produits par l'exécution demeurant réservés. Le préfet a aussi le droit de proroger la suspension de l'exécution pendant un nouveau délai de trente jours, après lequel il faut qu'il prenne un parti définitif (2). 2° *Délibérations soumises à l'approbation de l'autorité supérieure.* Ces délibérations concernent, en général, la commune considérée comme propriétaire et les actes relatifs à son patrimoine, tels que ventes, donations, transactions, emprunts, impositions extraordinaires. En principe, depuis le décret de décentralisation, le droit d'autoriser appartient au préfet; il ne faut recourir au ministre ou au chef de l'État que dans les matières réservées à ce dernier par une disposition formelle. Pour les communes, comme pour les départements, le ministre a le droit d'annuler les actes du préfet d'office ou sur la réclamation des parties, et ce droit lui appartient, soit d'après les principes qui donnent, en général, au supérieur le pouvoir de défaire ce qu'a fait le subordonné, soit en vertu de la disposition formelle de l'art. 6 du décret de décentralisation (2). 3° *Les avis.* Le conseil municipal peut être consulté par le préfet, toutes les fois que ce dernier le juge à propos. Mais pour le conseil municipal, comme pour les conseils

---

l'annulation; mais le conseil municipal pourrait réclamer, et il serait statué sur sa demande par un décret de l'empereur, le conseil d'État entendu (art. 23 de la loi du 5 mai 1855). Si le conseil municipal se réunissait en dehors du temps des sessions ordinaires, et sans autorisation, la nullité de ses délibérations serait également prononcée par le préfet, en conseil de préfecture (art. 24 de la loi du 5 mai 1855). Quoique cet article n'ajoute pas que le conseil municipal pourra réclamer devant l'empereur en conseil d'État, nous pensons qu'il pourra se pourvoir; mais il devra, dans ce cas, déférer au ministre la décision du préfet, tandis que dans l'autre il peut, en vertu d'un article formel, aller au conseil d'État *omisso medio.*

(1) Les matières que le conseil municipal peut réglementer sont énumérées dans l'art. 17 de la loi du 18 juillet 1837. — Voir aussi art. 18 sur l'exécution des délibérations réglementaires.

(2) La dernière partie du tableau A, annexé au décret de décentralisation, énumère les cas où l'autorisation du chef de l'État est nécessaire.

général et d'arrondissement, il y a des cas où l'avis est exigé comme une formalité dont le défaut entraînerait l'*excès de pouvoir*; l'administration, en effet, n'est pas obligée de suivre, mais de demander l'avis du conseil municipal (1); 4° *les vœux*. Enfin l'art. 24 de la loi du 18 juillet 1837 permet au conseil municipal d'exprimer des vœux sur tous les objets d'*intérêt local*. S'il dépassait cette limite pour apprécier les mesures d'administration générale et les services publics, autrement que dans leur relation avec l'intérêt local, la délibération serait irrégulière et annulable.

Organisation spéciale des villes de Paris et de Lyon. — A Paris, les fonctions de maire sont remplies par le préfet de la Seine et par le préfet de police. Le premier représente la commune comme personne morale; le second est chargé de tout ce qui concerne la police municipale (2). Il y a, en outre, dans chacun des vingt arrondissements qui forment les subdivisions de Paris, un maire assisté de deux adjoints; il n'a du maire que certaines attributions déterminées (3). A Lyon, le préfet du Rhône est en même temps maire central de la commune, préfet de police et préfet du département.

A Paris, dans les autres communes du département de la Seine et dans la ville de Lyon, le conseil municipal est nommé tous les cinq ans par décret impérial, et présidé par un de ses membres au choix de l'empereur. — Les conseils de Paris et de Lyon sont composés de trente-six membres.—La commission municipale de Paris remplit, en même temps, les fonctions de conseil général pour le département; elle est à la fois commission départementale et municipale; mais, pour former la commission départementale, on y adjoint huit autres membres, dont moitié représentent l'arrondissement de Saint-Denis et l'autre moitié celui de Sceaux.

Enfin dans les villes chefs-lieux de département dans lesquelles la population s'élève à 40,000 âmes ou au-dessus, une partie des attributions du maire comme chef de la police municipale a été conférée au préfet par la loi du 5 mai 1855, art. 49. Dans ces communes, la compétence du maire, en matière de police municipale,

---

(1) Art. 21 de la loi du 18 juillet 1837.

(2) Les attributions du préfet de police sont énumérées dans l'arrêté consulaire du 12 messidor an VIII.

(3) Ces attributions concernent l'état civil, les élections et le jury, la garde nationale, l'instruction primaire, les cultes, le commerce, l'assistance publique, l'importation d'armes et les contributions directes. En ces matières, ils ont les mêmes pouvoirs que les autres maires. (V. t. II, p. 475.)

ne comprend que les objets qui ont été conservés par l'énumération faite dans l'art. 50 de la même loi.

Commissaires de police (1). — D'après la loi du 28 pluviôse an VIII, il y a un commissaire de police dans toutes les villes de 5,000 à 10,000 habitants, et dans celles qui ont une population supérieure, il faut ajouter un commissaire de police par chaque excédant de 10,000 habitants, On peut aussi établir dans chaque chef-lieu de canton, toutes les fois que l'administration juge que la mesure est utile, un commissaire de police dont la compétence s'étend sur toutes les communes du canton ou sur quelques-unes, suivant les termes du décret qui institue chaque commissariat. Dans certaines villes, il y a des *commissaires centraux de police;* ces fonctionnaires n'ont pas une autorité qui diffère essentiellement de celles qui appartiennent aux commissaires de police ordinaires; les ordres qu'ils donnent n'émanent pas d'eux, mais du préfet, pour la police générale, et du maire pour la police municipale. Les commissaires centraux ne sont que des agents de transmission entre le maire ou le préfet et les commissaires de police; ils dirigent l'exécution des ordres qu'ils transmettent et distribuent à chaque agent la part qui lui appartient (2).

EMPLOYÉS.

Il faut comprendre, sous cette dénomination, tous les auxiliaires qui servent à préparer les actes de l'administration, sans avoir aucun pouvoir propre de décision. Quelque élevée que soit la position qu'on occupe, on est un *employé*, si on n'a pas le pouvoir d'agir ou de décider. Le chef de division, dans un ministère, est un employé supérieur, mais qui n'a que les attributions déléguées par le ministre, et sa signature, mise au bas d'un arrêté, sans mention expresse de délégation ministérielle, n'obligerait pas plus les admi-

---

(1) Voir tome Ier, pages 370 et 410.

(2) Le décret portant création des commissaires de police cantonaux est du 28 mars 1852. Ils devaient être répartis en cinq classes, suivant leur traitement. Cette disposition a été réalisée par le décret du 27 février 1855, qui fixe le traitement de la première à 4,000 fr., celui de la seconde à 3,000 fr., de la troisième à 2,000 fr., de la quatrième à 1,500 fr., et de la cinquième à 1.200 fr. Ces décrets ne sont pas applicables au département de la Seine ni à l'agglomération Lyonnaise. Voir notamment pour Paris le décret du 17 septembre 1854, sur l'organisation de la *police municipale* à Paris, et celui du 23 novembre 1853, sur le traitement des commissaires et autres agents de police dans le département de la Seine. D'après le décret du 17 septembre 1854, la ville de Paris contribue pour les deux tiers et l'État pour le tiers. Pour les commissaires cantonaux, la répartition entre les communes est faite par le préfet, en conseil de préfecture.

nistrés que la signature d'un simple expéditionnaire. Entre eux la différence d'autorité et de pouvoir est tout à fait intérieure. Les détails que pourrait comporter l'étude de l'organisation des bureaux dans les ministères et les préfectures excéderaient les bornes d'un précis, et sont, d'ailleurs, purement réglementaires.

AGENTS D'EXÉCUTION.

Armée (1). — L'armée se recrute, soit au moyen *d'enrôlements volontaires*, soit par voie *de tirage au sort*. L'enrôlement volontaire peut être consenti par tout français âgé de dix-huit ans ; après vingt ans, l'engagement est régulièrement contracté sans le consentement des père, mère ou tuteur, condition qui est indispensable au-dessous de cet âge. L'enrôlé doit en outre avoir la taille réglementaire, jouir de ses droits civils, n'être ni marié, ni veuf avec enfants, et enfin être porteur d'un certificat de bonne vie et mœurs (2). L'engagement de l'enrôlé volontaire est de sept ans; cependant, en temps de guerre, tout Français qui a satisfait à la loi du recrutement peut être admis à contracter un engagement de deux années (3).

Chaque année (3), la loi qui appelle un certain nombre de soldats sous les drapeaux répartit le contingent entre les départements. Le préfet, *en conseil de préfecture*, répartit ensuite le contingent départemental entre les cantons et le contingent cantonal est rempli par un tirage au sort entre les jeunes gens qui ont accompli l'age de vingt ans, dans le courant de l'année précédente. Tous les jeunes gens sont portés sur une liste ou *tableau de recensement* que les maires sont chargés de dresser, dans chaque commune, soit d'office, soit sur la déclaration des pères de famille. Les actes de l'état civil indiquent l'âge des conscrits; mais à défaut, les maires pourront les inscrire d'après la notoriété publique. Le maire fait afficher le tableau de recensement dans la commune avec indication du jour où il sera procédé à *l'examen du tableau* et au *tirage* (4).

Au jour indiqué, le sous-préfet se rend au chef-lieu et procède aux opérations annoncées, avec le concours des maires du canton réunis, sous sa présidence, en *conseil de recensement*. On com-

(1) Tome 1er, pages 493 et suiv.

(2) Loi du 21 mars 1832, art. 32.

(3) *Ibid.*, art. 33. — Les enrôlements volontaires sont consentis devant les maires des chefs-lieux de canton, dans les formes prescrites par les art. 34, 44 du Code Napoléon.

(4) Tome 1er, page 509.

mence par lire à haute voix le tableau de recensement et, à mesure que les jeunes gens inscrits sur la liste sont appelés, on entend les observations que chacun des intéressés peut avoir à faire. Ces réclamations sont jugées par le sous-préfet qui statue, après avoir pris l'avis des maires ; le tableau ainsi rectifié est signé par chacun des membres du conseil de recensement et définitivement arrêté. On procède ensuite au tirage. Un premier tirage détermine l'ordre dans lequel les communes seront appelées. Ensuite les jeunes gens ou leurs ayants cause, suivant le rang de leur commune, tirent un numéro qui est proclamé et inscrit sur une liste appelée : *Liste de tirage*. A côté de chaque nom, on mentionne les motifs d'*exemption* ou de *déduction* qu'ils se proposent de faire valoir devant le conseil de révision.

Le conseil de révision est une commission spéciale qui est chargée de désigner définitivement les jeunes gens qui feront partie du contingent cantonal et, par conséquent, d'apprécier les motifs d'exemption ou de déduction. Il est composé de cinq membres : 1° le préfet ou son délégué ; 2° un membre du conseil de préfecture ; 3° un membre du conseil général ; 4° un membre du conseil d'arrondissement ; ces deux derniers sont désignés par le préfet ; 5° un officier général ou supérieur désigné par l'empereur. Ces cinq membres sont les seuls qui aient voix délibérative ; mais il y a auprès du conseil des auxiliaires avec voix consultative. Ce sont : 1° un intendant militaire qui est entendu toutes les fois qu'il le demande et dont les observations doivent, quand il l'exige, être consignées sur le registre des délibérations ; 2° le sous-préfet qui a présidé les opérations du recensement et du tirage ; 3° un officier de santé ou docteur en médecine qui doit être entendu sur toutes les exemptions fondées sur une maladie ou une difformité.

Le conseil de révision statue définitivement sur toutes les réclamations qui avaient été jugées provisoirement par le conseil de recensement ; il juge les opérations du tirage et les annule, lorsqu'elles lui paraissent irrégulières ; enfin il prononce sur les causes d'*exemption* ou *déduction* admises par la loi. Entre l'*exemption* et la *déduction*, il y a cette différence que les jeunes gens exempts ne sont pas comptés dans le contingent et que leur immunité retombe sur les numéros postérieurs. Au contraire, ceux qui invoquent la déduction sont considérés comme faisant partie du contingent et les numéros postérieurs n'ont pas à en souffrir. Les cas d'exemptions sont énumérés dans l'art. 13 de la loi du 21 mars 1832 et comprennent : ceux qui n'ont pas la taille réglementaire ; ceux que leurs infirmités rendent impropres au service ; ceux qui sont orphelins aînés de père ou de mère ; les fils uniques ou aînés de veuve ou d'un père aveugle ou entré dans sa soixante-dixième année; le plus âgé de deux frères tous deux désignés par le sort dans le même tirage, lorsque le plus jeune a été reconnu propre au service; celui qui a un frère sous les drapeaux à tout autre titre que celui de remplaçant (1); enfin celui qui aurait un frère mort en activité de service ou réformé, ou mis à la retraite pour infirmités contractées dans les armées de terre ou de mer ou pour blessures reçues dans un service commandé.

La *déduction* est accordée aux jeunes gens qui ont embrassé certaines professions que la loi a voulu encourager (2) telles que la carrière ecclésiastique, l'enseignement, etc., etc. Le conseil de révision choisit, en remontant des numéros les plus faibles aux plus élevés, les jeunes gens qui n'ont aucune cause d'exemption à faire valoir et, lorsque le contingent est atteint, il clôt la liste et proclame la libération de ceux qui n'y sont pas inscrits; sa décision est souveraine et ne peut pas être attaquée au fond (3). Le conseil de révision peut proposer d'accorder aux jeunes gens dont la présence est nécessaire à leur famille de faire partie de la réserve et de rester dans leurs foyers; mais ces propositions ne peuvent être faites qu'à raison de 1 sur 200, calculés sur la totalité du contingent, et non point seulement sur le nombre des jeunes gens appelés à l'activité.

L'exonération du service militaire peut être obtenue : 1° au moyen du *remplacement;* 2° de la *substitution de numéros.* Le remplacement a lieu aujourd'hui au moyen du versement de la somme fixée annuellement par le ministre de la guerre; cette somme doit être payée dans les dix jours qui suivent la clôture des opérations du conseil de révision et l'exonération est prononcée par ce même conseil réuni au chef-lieu de département, sur le vu des quittances de versement : la substitution de numéros ne peut avoir lieu qu'entre frères, beaux-frères et parents jusqu'au *sixième degré.* Le remplacement direct est également admis pour les parents au même degré (4).

L'avancement des militaires a lieu au *choix* ou à *l'ancienneté* dans des proportions déterminées par les lois; cette proportion est changée, en temps de guerre, de manière à restreindre les droits de

(1) Celui dont le frère se serait enrôlé volontairement en temps de guerre pour deux ans ne serait pas exempté. (t. Ier, p. 499.)

(2) Art. 14 de la loi du 21 mars 1832.

(3) Ainsi que nous le verrons ultérieurement, on admet seulement en ce cas le recours pour *incompétence* ou *excès de pouvoir* (ord. des 18 mai 1837, 5 juin 1838, 26 août 1842 et décret du 13 août 1852). La simple violation de la loi ne donne pas lieu au recours par la voie contentieuse.

(4) Lois du 26 avril 1855 et du 17 mars 1858.— La somme est versée à la caisse de la

l'ancienneté. L'avancement au choix est purement discrétionnaire tandis que l'ancienneté confère un droit à celui qui a servi dans son grade, pendant le temps voulu. L'avancement à l'ancienneté ne s'applique d'ailleurs qu'aux grades subalternes et ne dépasse pas celui de chef de bataillon (1).

Pour concilier les besoins du service avec le droit individuel, la loi a heureusement distingué le *grade* et l'*emploi*. Le grade est une véritable propriété dont le militaire ne peut être dépouillé que dans certains cas déterminés par la loi; l'emploi au contraire est à la disposition du gouvernement qui peut le retirer au titulaire même sans motifs. Pour les militaires sans emploi, on distingue plusieurs situations : 1° la *non-activité* pour licenciement, suppression d'emploi, rentrée de captivité ou infirmités temporaires; les officiers reçoivent, en ce cas, la moitié de leur solde d'activité; mais par exception, les lieutenants et sous-lieutenants n'ont droit qu'aux trois cinquièmes (2); 2° la *non-activité* par retrait ou suspension d'emploi; la solde est réduite aux deux cinquièmes. Pour quelque motif que les officiers soient en non-activité, ils peuvent être rappelés à l'activité. Il en est autrement en cas 3° de *réforme*. On appelle ainsi la position de l'officier sans emploi qui, ne pouvant pas être rappelé à l'activité, n'a pas droit à la retraite. Elle peut être prononcée contre un officier soit pour infirmités incurables, soit par mesure disciplinaire (3). Elle donne droit, non à une portion de la solde d'activité mais à une part de la pension de retraite (4) ; 4° enfin la *retraite*; c'est la position de l'officier qui a obtenu une pension et ne peut pas plus que l'officier en réforme, être appelé à l'activité (5).

Tous les officiers sans emploi ne sont pas en non-activité. Le premier cadre, en effet, comprend l'*activité* et la *disponibilité* : l'activité est l'état des officiers qui ont à la fois le grade et l'emploi et la *disponibilité* est la position de ceux qui sont momentanément sans emploi mais qui font toujours partie du cadre constitutif. La disponibilité est du reste une position particulière aux officiers généraux et d'état-major; ce n'est pas le seul privilége dont ils jouissent. On a créé pour

---

dotation de l'armée, c'est-à-dire à la caisse des dépôts et consignations, qui est chargée d'administrer la dotation de l'armée. Cette somme sert à procurer le remplacement par voie des rengagements d'anciens militaires. La loi du 26 avril 1855 avait conservé la substitution de numéros. (T. Ier, p. 503 et 504.)

(1) Loi du 14 avril 1832, art. 1, 2 et 3. — Art. 15 et 16. (T. Ier, p. 504.)

(2) Loi du 19 mai 1834, art. 4, 8 et art. 16 et 17.

(3) Art. 11, 12, 13 de la même loi.

(4) Art. 18 et 19 de la même loi.

(5) Art. 8 de la même loi.

eux spécialement un deuxième cadre appelé *cadre de réserve* d'où ils peuvent être rappelés à l'activité, en temps de guerre (1). Ainsi les officiers généraux et d'état-major en *disponibilité* peuvent être employés en temps de paix comme en temps de guerre tandis que, lorsqu'ils sont en *réserve*, c'est en temps de guerre seulement qu'ils peuvent recevoir de l'emploi.

Les règles sur le recrutement sont applicables à l'armée de mer comme à l'armée de terre et c'est même en vue de la marine que la durée du service a été fixé à sept ans. L'enrôlement pour la marine est reçu à seize ans et les enrôlés volontaires ne sont même pas tenus d'avoir la taille réglementaire au moment de l'engagement; seulement ils ne sont pas reçus si, à dix-huit ans, cette condition n'est pas remplie. Autant que possible, on n'appelle au service de la flotte que les hommes soumis à l'*inscription maritime* (2).

L'inscription maritime comprend tous les individus de dix-huit à cinquante ans qui se livrent à la navigation ou à la pêche. Ils sont divisés en quatre classes dont la première comprend les célibataires; la seconde, les veufs sans enfants; la troisième, les hommes mariés sans enfants et la quatrième les pères de famille. Tous les individus inscrits peuvent être requis pour le service de la flotte, en suivant l'ordre précédent; la seconde classe n'est appelée qu'à défaut de la première et ainsi de suite. C'est une dure servitude, mais à laquelle on peut se soustraire, en renonçant à la navigation ou à la pêche et qui, d'un autre côté, confère des avantages en compensation; car 1° ceux qui sont inscrits se trouvent dispensés du service militaire; 2° quand ils ne sont pas employés pour le service de la flotte ils peuvent s'embarquer à bord des bâtiments de commerce et ce temps leur compte pour la retraite à raison de six mois pour un an; 3° ils ont droit aux prises maritimes; 4° les enfants des marins en activité de service sur les bâtiments et dans les ports de l'État reçoivent un secours jusqu'à l'âge de dix ans (3).

D'après le décret législatif du 11 janvier 1852, la garde nationale n'est organisée que dans les communes où le Gouvernement juge à propos de l'appeler; l'autorité peut fixer le nombre des gardes natio-

---

(1) Le cadre de réserve créé par la loi du 4 août 1839 avait été supprimé par décret du gouvernement provisoire du 11 avril 1848; il a été rétabli par un décret du 1er décembre 1852. Les généraux de division à soixante-cinq ans, et ceux de brigade à soixante-deux ans, passent dans le cadre de réserve. On conserve toujours, quel que soit l'âge, dans le cadre d'activité et de disponibilité ceux qui ont commandé une armée ou corps d'armée. C'est ce qui résulte du renvoi fait par le décret du 1er décembre 1852 à l'art. 72 de l'ord. du 16 mars 1838, sur l'avancement dans l'armée. (t. Ier, p. 506.)

(2) Tome Ier, page 497.

(3) Les grades dans l'armée de mer sont les suivants : 1° amiral, 2° vice-amiral, 3° contre-

naux (1). Après avoir organisé la garde nationale dans une commune, le Gouvernement a le droit de la dissoudre à son gré. Ainsi l'institution de la garde nationale n'est ni générale, ni permanente, ni soumise à des règles uniformes; son organisation dépend des besoins du service; aussi le Gouvernement peut-il, suivant son appréciation, créer dans une commune un bataillon, une légion ou une compagnie. Le service est tantôt un service d'ordre et de sûreté, dans l'intérieur de la commune, tantôt un service de détachement hors du territoire de la commune. Il est obligatoire pour tous les Français âgés de vingt-cinq à cinquante ans jouissant de leurs droits civils et pour les étrangers admis à fixer leur domicile en France; le *conseil de recensement* (2) prononce sur les admissions, sauf appel devant le *jury de révision* (3). La garde nationale est sous les ordres des maires, des préfets et du ministre de l'intérieur; les grades sont conférés par décret impérial sur la proposition du ministre de l'intérieur (4). Il est défendu aux gardes nationaux de se réunir en armes sans les ordres de leurs chefs et ceux-ci ne peuvent les convoquer que sur la réquisition de l'autorité civile (5).

---

amiral, 4° capitaine de vaisseau, 5° capitaine de frégate, 6° lieutenant de vaisseau, 7° enseigne de vaisseau, 8° aspirant de première classe, 9° aspirant de deuxième classe. Les *services administratifs* de la marine sont dans la compétence des préfets maritimes et du *commissariat de la marine*, qui se distinguent du commandement des forces navales comme l'intendance militaire se distingue de l'armée. Pour l'inscription maritime, les quartiers se divisent en un certain nombre de *syndicats;* les syndics sont chargés de l'inscription, sous l'autorité des commissaires de la marine.

(1) Tome Ier, pages 507 et suivantes.

(2) L'art. 9 de la loi du 11 janvier 1852 indique la composition du conseil de recensement.

(3) Art. 10 de la loi du 11 anvier 1852.

(4) Art. 11

(5) Art. 6. T. Ier, p. 507.

DEUXIÈME PARTIE.

DROIT ADMINISTRATIF PROPREMENT DIT.

SECTION Ire.

DES PERSONNES MORALES.

En matière administrative, comme en matière civile, tout rapport de droit paraît impliquer trois éléments, *la personne*, *l'objet* et le *moyen d'acquérir*. En suivant l'ordre adopté par le législateur civil, nous ne sommes pas déterminé par un désir d'imitation et de symétrie; c'est la nature des choses que nous voulons prendre pour guide. Après la première section que nous allons consacrer aux personnes administratives ou morales, nous étudierons, dans la seconde, la division des choses et les servitudes d'utilité publique; la troisième sera consacrée aux moyens d'acquérir spéciaux aux matières administratives.

L'État (1). — L'État est une personne morale qui a son patrimoine propre. L'aliénation des biens, meubles ou immeubles, n'a pas besoin d'être autorisée par une loi spéciale; il faut seulement que la vente soit faite aux enchères. Il en est autrement de l'échange qui n'est valable qu'autant que l'aliénation a été permise par une loi spéciale. Cette différence tient à ce que les enchères qui garantissent les intérêts de l'État, dans le premier cas, ne se retrouvent pas dans le second (2). Les baux des biens de l'État doivent également être faits aux enchères (3), en

---

(1) Tome Ier, pages 548 et 553.

(2) La prescriptibilité du domaine de l'État, établie par l'art. 2227 du Code Napoléon, est la conséquence de l'aliénabilité. — L'art. 12 de la loi du 22 septembre 1790 a fait une exception pour les grandes masses de bois et forêts nationales. — Les *formalités* de la vente aux enchères ont été fixées par les lois des 15 et 16 floréal an X et 5 ventôse an XII, tit. 7. En matière d'échange, on est régi par la loi du 22 novembre 1790, art. 8 et 18, et l'ordonnance du 12 décembre 1827.

(3) Loi du 28 octobre 1790, tit. 2, art. 113. (T. Ier, p. 512-571.)

règle générale; cependant, dans certains cas, l'intérêt de l'État demande que l'on préfère la convention de gré à gré, et la loi autorise exceptionnellement cette manière de contracter, en substituant à la garantie des enchères l'approbation du ministre des finances, si le prix annuel du bail excède 500 francs, et celle du préfet, en conseil de préfecture, si le prix annuel est inférieur à cette somme.

L'État peut aussi contracter comme acquéreur. Les dons et legs doivent être autorisés par décret impérial rendu en conseil d'État (1); les acquisitions à titre onéreux peuvent être faites par les ministres dans les limites des crédits qui leur ont été ouverts, soit par une loi, soit par un décret impérial qui permet un virement de crédit. L'acquisition est faite par les préfets, lorsque le prix d'acquisition ne dépasse pas 25,000 francs. En cas d'expropriation pour cause d'utilité publique, l'acquisition par l'État est régie par des règles particulières (2). — Quant aux fournitures diverses, elles sont procurées à l'État, soit au moyen d'un *marché de fournitures* par adjudication au rabais, soit, dans certains cas exceptionnels et spécialement prévus, par convention faite de gré à gré (3). — Les emprunts ne peuvent être contractés qu'en vertu d'une loi qui autorise le ministre des finances à le souscrire aux conditions portées dans la loi d'autorisation.

Département (4). — Comme personne morale, le département est représenté par le préfet et le conseil général. Le préfet agit au nom du département, mais, en général, il ne peut agir qu'en vertu d'une délibération du conseil général. L'initiative de ce dernier, pour tout ce qui touche au patrimoine du département, est indispensable, et aucune puissance ne peut la remplacer. Mais elle ne suffit pas, et il faut qu'elle soit approuvée par le préfet ou par le chef de l'État. En principe, l'autorisation du préfet suffit et on ne recourt à l'empereur que lorsque un texte formel l'exige (5). L'aliénation des biens départementaux peut être faite, en vertu d'une délibération du conseil général approuvée par le préfet; si le bien était une forêt, il faudrait recourir au chef de l'État comme pour

(1) Quoique la loi du 2 avril 1817 ne porte pas qu'elle soit applicable aux dons et legs faits à l'État, nous pensons que ces dispositions doivent être suivies, car l'intérêt des familles réclame qu'il en soit ainsi.

(2) Décret du 25 mars 1852, tableau D, n° 10.

(3) Ordonn. du 7 décembre 1836.

(4) Tome II, page 377.

(5) Décret du 25 mars 1852, tableau A, 2e partie, numérotée en lettres, *a b c d*, etc.

les bois communaux (1). L'échange qui, pour les biens de l'État, est soumis à des conditions particulières d'autorisation est traité pour les biens du département comme une aliénation ordinaire, et c'est le préfet qui peut donner ou refuser l'homologation. Il en est de même des baux et des transactions. Quant aux emprunts départementaux, ils doivent être autorisés par une loi, et le préfet n'a de pouvoir que pour l'adjudication de ces emprunts (2).

Les dons peuvent être acceptés par le préfet quand ils ne sont point grevés d'une charge immobilière; il en est de même des legs lorsqu'ils sont libres de cette espèce de charge, et, en outre, si la famille lésée par cette libéralité testamentaire ne réclame pas (3).

Commune (4). — La commune est représentée par le maire et le conseil municipal. Le maire agit au nom de la commune dans tous les actes qui concernent son patrimoine; mais il ne peut faire de son propre mouvement que des actes conservatoires, tels qu'interruption de prescription et acceptation provisoire d'une libéralité, en attendant l'acceptation définitive faite en vertu d'une autorisation régulière. Tous les actes qui dépassent les limites d'un fait conservatoire ne peuvent être faits par le maire qu'en vertu d'une délibération du conseil municipal, approuvée par l'autorité supérieure ou au moins non annulée. Le conseil municipal a le pouvoir, en effet, de prendre des délibérations réglementaires exécutoires par elles-mêmes, lorsque le préfet ne les a pas annulées dans le délai de trente jours. D'après l'art. 17 de la loi du 18 juillet 1837, les matières qui sont l'objet de ces délibérations réglementaires comprennent : 1° le mode d'administration des biens communaux; 2° les conditions des baux à loyer ou à ferme dont la durée n'excède pas dix-huit ans pour les biens ruraux et neuf ans pour les autres biens; 3° le mode de répartition et de jouissance des pâturages et fruits communaux autres que les bois ainsi que les conditions à imposer aux parties prenantes; 4° les affouages, en se conformant aux lois forestières. Cette disposition ne parle que du partage des *fruits* et non du partage des biens communaux *en propriété*; c'est qu'en effet la division ne doit plus être faite entre

(1) Le conseil d'État a décidé par un avis que, les forêts communales ne pouvant être aliénées qu'en vertu d'un décret impérial, cette décision serait, par identité de motifs, applicable aux forêts départementales. (T. II, p. 355 et suiv.)

(2) Tableau A, n° 11.

(3) Même tableau, n° 7.

(4) Tome II, pages 409, 414 et suiv.

les habitants depuis l'abrogation de la loi du 10 juin 1793 par celle du 9 ventôse an XII, qui tout en validant les partages déjà consommés en vertu des lois révolutionnaires, portait qu'à l'avenir il n'en serait plus fait de semblables (1). Aujourd'hui on ne permet plus que : 1° les allotissements au profit des chefs de ménage les plus anciens, avec faculté de transmettre par testament à un de leurs enfants; ce n'est là qu'une division de la jouissance puisque les chefs de ménage lotis n'ont pas le droit de disposer (*jus abutendi*), c'est-à-dire l'attribut principal de la propriété (2); 2° les attributions de parcelles, en propriété, moyennant une somme d'argent payée par chaque copartageant; en ce cas, il y a plutôt plusieurs ventes simultanées qu'un véritable partage.

Lorsque la délibération, en vertu de laquelle le maire agit, doit être approuvée, l'approbation est donnée tantôt par le préfet et tantôt par le chef de l'État; il ne faut recourir à ce dernier que dans certains cas exceptionnels, et la compétence du préfet est le droit commun en cette matière.

L'aliénation par vente, échange ou transaction des biens communaux est approuvée par le préfet; il n'y a d'exception que pour les bois, en vertu non du texte de la loi (3), mais d'une jurisprudence fondée sur un avis du conseil d'État. Les baux, quelle que soit leur durée, sont autorisés par le préfet, et il en est ainsi que la commune *donne* ou *prenne* à bail. L'acquisition à titre onéreux n'est soumise, sans distinction, qu'à l'approbation préfectorale; il en est autrement de l'acquisition par don ou legs pour lesquels l'autorisation d'accepter par décret impérial est exigée toutes les fois que les familles réclament contre la libéralité (4). Les emprunts doivent être autorisés par décret rendu dans la forme des règlements d'administration publique, pour les communes ayant moins de 100,000 francs de revenu, et par une loi, dans celles dont le revenu est supérieur à cette somme (5).

---

(1) La loi du 14 août 1792 avait déclaré que le partage serait obligatoire. Celle du 10 juin 1793 l'avait rendu facultatif. Mais l'exécution de cette loi fut suspendue par une loi du 21 prairial an IV, et supprimée par celle du 9 ventôse an XII.

(2) Cela est pratiqué en Lorraine, Alsace et dans les trois évêchés. (T. II, p. 416 et suiv.)

(3) Le tableau A, n° 41, ne fait aucune distinction entre les forêts et les autres biens communaux. Au reste, l'avis du conseil d'État trace une forme obligatoire pour l'administration; mais les nullités ne pouvant pas être prononcées par l'interprétation doctrinale, le décret impérial ne me paraît être exigé à peine de nullité de la vente d'un bois communal.

(4) Tableau A, n° 42.

(5) Art. 41 de la loi du 18 juillet 1837. Cet article, qui avait été remplacé par les nos 36

Les dépenses des communes sont *obligatoires ou facultatives;* les premières sont énumérées par la loi, et les secondes comprennent toutes celles qui ne font pas partie de cette énumération (1). Si le conseil municipal ne vote pas les dépenses obligatoires, le préfet les inscrit d'office au budget; au contraire, les dépenses facultatives doivent être votées par le conseil, et, s'il refuse, nulle autorité ne peut légalement le contraindre à le faire. Les recettes se divisent en *ordinaires* et *extraordinaires* suivant qu'elles sont de nature à se reproduire périodiquement ou seulement d'une manière accidentelle. Que les recettes soient ordinaires ou extraordinaires, elles peuvent être consacrées aux dépenses obligatoires et aux dépenses facultatives sans distinction. Dans le budget communal, les recettes ne sont pas affectées à une espèce particulière de dépenses, et il n'y a d'exception que pour les centimes spéciaux de l'instruction primaire et des chemins vicinaux, ou pour le produit des impositions extraordinaires destinées à l'exécution d'un travail (2) ou à une acquisition déterminés. — Le budget de la commune est proposé par le maire, voté par le conseil municipal et approuvé par le préfet, lorsqu'il n'y a pas d'imposition extraordinaire (3). Pour les impositions extraordinaires, il faut distinguer d'abord si elles doivent couvrir une dépense obligatoire ou une dépense facultative. Dans le premier cas, l'autorisation est accordée par le préfet, dans les communes ayant moins de 100,000 francs de revenu, et par décret dans celles qui ont un revenu supérieur. S'agit-il de dépenses facultatives? L'autorisation est donnée par un décret dans les villes ayant un revenu au-dessous de 100,000 francs (4), et par une loi dans les villes dont un revenu est supérieur (5).

Sections de communes (6). — La section est une partie de la commune qui, régie par les mêmes magistrats que la commune,

---

et 37 du tableau A, a été remis en vigueur en vertu de la loi du 10 mai 1853, qui porte abrogation des nos 36 et 37.

(1) Art. 30 de la loi du 18 juillet 1837.

(2) Art. 30, 31, 32, 33 et 34 de la loi du 18 juillet 1837.

(3) Tableau A, n° 35.

(4) On entend par communes ayant 100,000 francs de revenu, celles dont les recettes ordinaires, constatées par les comptes, ont atteint 100,000 francs dans les trois dernières années.

(5) Art. 40 de la loi du 18 juillet 1837, remis en vigueur par la loi du 10 mars 1853, abolitive des nos 36 et 37 du tableau A, annexé au décret du 25 mars 1852.

(6) Tome II, pages 110, 423.

possède des biens propres et des droits exclusivement communs à ses habitants. Cette situation qui se rencontre assez fréquemment provient de causes diverses dont quelques-unes remontent à des époques fort anciennes. La cause actuelle qui produit encore les sections se trouve dans la réunion de plusieurs communes sous une même administration ou dans la distraction qui détache une partie d'une commune et la réunit à une autre. Aucun acte officiel n'est nécessaire pour constituer la section qui est formée, pour ainsi dire, par la force même des choses. Les édifices ou biens quelconques affectés à un service public situés sur le territoire de la section appartiennent à la commune ; mais, en cas de distraction, elle emporte la propriété de ces édifices, et la loi l'attribue à la commune à laquelle la réunion est faite. Quant aux biens dont les habitants jouissent en nature, ils appartiennent exclusivement, même après la réunion, à la section dont les habitants ont seuls droit à la jouissance commune. Nous pensons même que le droit exclusif se maintiendrait dans le cas où l'administration municipale aurait substitué le fermage à la jouissance en nature. Cette solution conduit à décider que les biens non affectés à un service public et productifs de fruits civils, par voie de fermage ou autrement, appartiennent privativement aux sections ; car il doit importer peu que la jouissance par fermage ait toujours existé ou qu'elle ait commencé, depuis la réunion de la section (1).

Ordinairement la section est représentée par le maire et le conseil municipal de la commune ; elle n'a une représentation spéciale que lorsque ses intérêts sont en opposition avec ceux de la commune. Quoique la loi du 18 juillet 1837 n'organise cette représentation particulière qu'en cas de procès, nous pensons qu'il faut étendre sa disposition à tous les actes judiciaires ou extrajudiciaires dans lesquels le conflit d'intérêts se produira. Le préfet nomme une commission syndicale composée de trois ou cinq membres pris parmi les électeurs municipaux. La commission choisit un de ses membres pour agir ou contracter au nom de la section. La commission syndicale remplace le conseil municipal, et ses délibérations doivent être approuvées par les mêmes autorités, et, dans les mêmes cas, que les délibérations des conseils municipaux.

---

(1) Voir en ce sens décision du ministre de l'intérieur du 15 février 1834. — Aucoc (*Sections de commune*, p. 131). — Davenne (*Régime administratif des communes*, p. 224). — *Contrà*, Trolley (t. I, p. 62).

Fabriques (1). — La fabrique est une personne morale qui représente la paroisse pour tout ce qui est relatif aux intérêts pécuniaires. Suivant l'importance des paroisses, elle est composée de neuf membres dans celles qui ont 5,000 habitants, et de cinq dans toutes les autres (2). Pour la première organisation, l'évêque nomme cinq ou trois membres, et le préfet quatre ou deux; une fois composé, le conseil de fabrique se renouvelle par élection, d'après un ordre que le sort détermine. Le renouvellement a lieu au bout de trois ans; à la première période triennale, cinq ou trois membres sortent, et les quatre ou deux qui restent nomment aux places laissées vacantes par le renouvellement partiel; à la période triennale suivante, le renouvellement porte sur ceux qui étaient restés et ainsi de suite. Les membres sortants sont rééligibles.

Le conseil de fabrique tient des sessions *ordinaires* et des sessions *extraordinaires*; les premières sont au nombre de quatre et doivent être tenues les premiers dimanches de janvier, avril, juillet et octobre; on y peut traiter de toutes les matières intéressant la fabrique. Les secondes, au contraire, ne peuvent porter que sur des affaires déterminées, et ne sont tenues qu'avec l'autorisation de l'évêque ou du préfet, en cas d'urgence. Aux neuf ou cinq membres élus il faut ajouter deux membres-nés du conseil de fabrique; ce sont le maire et le curé ou desservant. Le conseil nomme au scrutin son président et son secrétaire qui sont soumis annuellement à réélection, le premier dimanche d'avril, avec faculté de réélection. Il nomme également trois de ses membres qui réunis au curé ou desservant, membre de droit, forment le *bureau des marguilliers*. A leur tour, ces derniers élisent un président, un secrétaire et un trésorier. Ce bureau est le pouvoir exécutif de la fabrique; c'est lui qui prépare le budget, fait les propositions sur lesquelles le conseil de fabrique doit délibérer, surveille les édifices consacrés au service divin, fait les fournitures nécessaires au culte. Tous les marchés sont arrêtés par le bureau; mais c'est le président du bureau qui signe les traités et le mandat. En ce qui concerne les actions en justice, la fabrique est représentée par le trésorier qui est chargé de faire rentrer tous (3) les biens appartenant à la fabrique; c'est aussi le trésorier qui accepte pour elle les dons et legs qu'elle est autorisée à rece-

(1) Tome II, pages 471 et suivantes.

(2) Décret du 30 décembre 1809. (T. II, p. 471.)

(3) Art. 77 et 78. Le trésorier agit en vertu de la délibération des marguilliers. — Il peut faire seul les actes conservatoires.

voir par décret impérial (1). L'approbation du chef de l'État est également nécessaire pour les ventes, échanges et baux de biens immeubles lorsqu'ils excèdent neuf années (2). D'une manière plus générale, on peut dire que les matières de l'administration des cultes n'ayant pas été décentralisées, il faut encore recourir à l'autorité centrale dans les cas où cela était nécessaire avant le décret du 25 mars 1852.

Le budget présenté par le bureau des marguilliers est voté par le conseil de fabrique et approuvé par l'évêque (3). Cette approbation est suffisante lorsque les dépenses sont couvertes par les revenus de la fabrique ; mais il y aurait des formalités particulières à remplir si, en raison de l'insuffisance des revenus de la fabrique, il fallait demander une subvention à la commune (4).

Bureaux de bienfaisance, hospices et autres établissements de bienfaisance (5). — Les hospices ont pour objet de recevoir les pauvres malades et les aliénés indigents ou non indigents; seulement ces derniers ne sont admis que moyennant le payement d'une rétribution annuelle. Les bureaux de bienfaisance distribuent des secours à domicile aux pauvres qui n'ont pas de moyens d'existence. On distingue les hospices communaux, les hospices départementaux et les hospices appartenant à l'État; les bureaux de bienfaisance sont des établissements communaux. Un décret impérial est nécessaire pour autoriser la création d'un hospice, d'un hôpital ou bureau de bienfaisance (6).

Les membres de la *commission administrative* qui est chargée de l'administration de l'hospice ou du bureau sont nommés par arrêté du préfet (7). Cette commission se compose de cinq membres et est appelée à délibérer sur les actes concernant la gestion des biens des hospices; chaque année un membre sort et le préfet nomme un membre nouveau ou maintient le membre sortant. L'ordre du renouvellement est d'abord déterminé par un tirage au sort et, après les quatre premières années, c'est le plus ancien qui de droit est membre sortant. Le préfet qui nomme les commissions administratives n'a pas le droit de les révoquer; la dissolution doit être prononcée par le ministre de l'intérieur sur la proposition ou l'avis

(1) Art. 59 du décret.
(2) Art. 62 du décret organique.
(3) Art. 45 et suivants.
(4) Art. 92 et suiv. du décret organique.
(5) Tome II, page 465.
(6) Décret du 25 mars 1852, tableau A, lettre Y.
(7) Même décret, art. 5, n° 9.

de l'autorité préfectorale. Aux cinq membres choisis par le préfet il faut ajouter le maire qui est membre de droit de la commission administrative et qui la préside avec voix prépondérante (1). Le préfet nomme les administrateurs, directeurs et receveurs des hospices sur la présentation de la commission. Il n'y a lieu de nommer un receveur spécial qu'autant que le revenu de l'hospice excède 30,000 fr. de revenu ; au-dessous de ce chiffre, c'est le percepteur qui fait les fonctions de receveur. A Paris, les hospices et hôpitaux sont administrés par un directeur responsable, sous le contrôle d'un conseil de surveillance (2). Le directeur est nommé par le ministre de l'intérieur, sur la proposition du préfet de la Seine et les membres du conseil de surveillance par décret impérial (3).

Les hospices communaux estent en justice par leurs *commissions administratives* ; exceptionnellement certaines poursuites sont intentées par les receveurs ; mais ces derniers n'agissent pas en leur propre nom et les assignations qu'ils donnent sont faites à la requête de la commission administrative. A Paris, les hospices sont représentés par leurs directeurs, les commissions de surveillance n'ayant qu'un simple contrôle, sans participation à l'action administrative.

Les aliénés sont à la charge des départements, et la loi veut qu'il y ait un établissement destiné à les recevoir dans chaque département ou que du moins il soit pourvu à ce service public par un traité avec un département voisin. L'administration des hospices départementaux n'appartient pas comme celle des hospices communaux à une commission administrative ; elle ressemble à celle des hospices de la ville de Paris. Le préfet nomme un directeur responsable et une commission de surveillance qui contrôle sans agir (4). C'est aussi par un directeur avec une commission consultative que sont administrés les hospices de l'État, des Quinze-Vingts, de Charenton, des Jeunes-Aveugles, des Sourds-Muets de Paris et des Sourds-Muets de Bordeaux (5). Pour chacun de ces hospices, il y a

(1) Décret du 23 mars 1852, art. 1.

(2) Loi du 10 janvier 1849, art. 1.

(3) Même loi, art. 1 et 2, et décret du 24 avril 1849.

(4) La dépense des aliénés indigents est principalement à la charge du département ; la *commune* du domicile de l'aliéné peut seulement être appelée à concourir à la dépense « d'après les bases proposées par le conseil général, sur l'avis du préfet, et approuvées par » le Gouvernement. » Le département qui donne le secours peut recourir contre le département du domicile. Le *domicile de secours* est au lieu de la naissance jusqu'à vingt et un ans, et après cet âge, dans la commune où l'indigent réside depuis une année. (Tit. 5 du décret du 24 vendémiaire an II.)

(5) Voir tome Ier pour les bureaux de bienfaisance, page 425 ; pour les hospices, page 427 ; pour les sociétés de secours mutuels, page 434 ; pour les aliénés, tome II, pages 394 et suivantes.

une commission consultative composée de quatre membres nommés par le ministre de l'intérieur; le directeur en fait partie et assiste à ses délibérations avec voix délibérative. Au-dessus de toutes les commissions consultatives, il existe à Paris un conseil supérieur des hospices, composé de vingt-quatre membres nommés par décret impérial, et d'un secrétaire que désigne le ministre de l'intérieur. Ce conseil se réunit sur la convocation et sous la présidence du ministre; il donne son avis sur les budgets des hospices, sur l'acceptation des dons et legs, sur les rapports généraux des directeurs, sur les projets de constructions et de grosses réparations, et sur toutes les questions qui lui sont soumises par le ministre. Quoique ces établissements appartiennent à l'Etat, ils ne se confondent pas avec l'État, personne morale, et ils sont doués d'une individualité propre (1).

Les règles sur l'organisation administrative des hospices communaux sont applicables à la composition des bureaux de bienfaisance (2).

Les dons et legs faits aux hospices sont acceptés, dans les départements, par la *commission administrative* et, à Paris, par le directeur; l'acceptation est faite en vertu d'une délibération prise par la commission et à Paris par le conseil supérieur des hospices (3). Cette délibération est approuvée par le préfet, lorsqu'il n'y a ni charge ou affectation immobilière, ni réclamation de la famille; sinon, un décret impérial est nécessaire. Pour les *bureaux de bienfaisance*, c'est le bureau qui délibère et accepte sous l'autorisation du préfet ou de l'empereur, d'après les distinctions que nous venons d'établir. Les acquisitions, aliénations et échanges sont autorisées par le préfet, sans distinction; par identité de raison, nous appliquerons aux hospices l'exception qui a été faite par la jurisprudence relativement aux forêts et bois communaux. C'est aussi le préfet qui autorise les emprunts, mais seulement dans les limites où il pourrait le faire pour les communes.

Pour les hospices ainsi que pour les établissements publics, en général, la loi recommande le *bail à ferme* comme le meilleur mode d'administration, et ce bail doit être fait aux enchères publiques; il n'y a d'exception à cette règle que pour les biens attenants aux hospices et pour les vignes et vergers qui ne seraient pas trop éloignés. En général, les bois sont également dispensés de la ferme.

---

(1) Ordonnance du 21 février 1841.

(2) Voir décret du 17 juin 1852, qui rend applicable aux bureaux de bienfaisance le décret du 23 mars 1852.

(3) Dans les départements, c'est aussi le directeur qui est chargé d'accepter pour les hospices d'aliénés. La Commission consultative n'émet qu'un avis, et le directeur délibère et accepte avec l'autorisation du préfet ou de l'empereur.

L'exploitation directe, même dans ces cas exceptionnels, ne peut, d'ailleurs, être faite qu'avec l'autorisation du préfet (1).

Les marchés de fournitures dont la durée n'excède pas une année et les travaux de toute nature dont la dépense ne dépasse pas 3,000 fr., sont consentis par la commission administrative toute seule; au-dessus de ces chiffres, l'autorisation de l'administration supérieure est indispensable (2).

On peut ranger, parmi les établissements de bienfaisance, les *Sociétés de secours mutuels*, qui ont pour objet de donner des secours aux sociétaires pauvres, malades ou infirmes et de fournir à leurs frais funéraires (3). La loi veut qu'il en soit établi une, par les soins du maire, dans toute commune où l'utilité aura été reconnue. Cette utilité est déclarée par le préfet qui prend un arrêté dont l'effet est de rendre la société capable d'acquérir. Elle peut recevoir, avec l'autorisation du préfet, des dons et legs mobiliers dont la valeur n'excédera pas 5,000 fr., prendre à bail des biens immeubles, posséder des biens mobiliers et faire tous les actes qui concernent ces biens (4).

Menses épiscopales, chapitres, cures et succursales. — Une cure, une succursale sont des personnes morales capables d'acquérir que représentent leurs titulaires; il en est de même des chapitres formés par la réunion des chanoines. On distingue les *chapitres cathédraux*, qui sont attachés aux églises cathédrales ou métropolitaines, et les *chapitres collégiaux*, qui siégent dans les villes où il n'y a ni évêché ni archevêché. Les évêques et archevêques sont aussi capables d'acquérir comme évêques ou archevêques et la personne morale qu'ils représentent s'appelle *mense épiscopale*. L'évêque est encore le représentant des séminaires diocésains; mais quoique représentés par l'évêque, le séminaire et la mense sont deux personnes distinctes (5).

Congrégations religieuses (6). — Le principe général posé par la loi du 2 janvier 1817 est qu'aucun établissement n'a la capacité d'acquérir qu'autant qu'il a été reconnu par la loi. La loi du 24 mai 1825 a spécialement exigé l'autorisation législative pour

---

(1) Ordonnance du 31 octobre 1821 qui modifie l'avis du 7 décembre 1809.

(2) Loi du 7 août 1851, art. 9, et décret du 25 mars 1852, art. 1er.

(3) Art. 6 du décret du 26 mars 1852.

(4) Art. 8 du décret du 26 mars 1852. — La loi du 17 juillet 1851 permettait aux sociétés de recevoir tous dons et legs; elle bornait la compétence du préfet aux dons et legs d'objets mobiliers d'une valeur ne dépassant pas mille francs.

(5) Décret du 6 novembre 1813, sur *l'administration des biens ecclésiastiques*. (T. Ier p. 280.)

(6) Tome Ier, pages 265 et suiv

toutes les *congrégations de femmes*. Mais un décret du 31 janvier 1852 a disposé que, par exception, l'autorisation du chef de l'État suffirait, dans quatre cas seulement, de telle sorte que le principe est toujours resté le même, malgré les restrictions qu'il a éprouvées. Il n'est pas nécessaire que la consécration par la loi ait été faite expressément, et il suffirait qu'elle en pût résulter, d'une manière implicite. Ainsi les frères de la doctrine chrétienne, quoique supprimés en 1792, ont été tacitement reconnus par la loi qui les place sous la surveillance du grand maître de l'Université.

Les matières de l'administration des cultes n'ayant pas été décentralisées par le décret du 25 mars 1852, les biens de ces établissements continuent à être régis par les règles qui étaient suivies antérieurement (1).

Paroisses protestantes, synagogues et consistoires (2). — Dans les communions protestantes réformée et luthérienne, partout où il y a un pasteur, existe, en même temps, une paparoisse, personne morale, capable d'acquérir et d'aliéner. A côté du pasteur, se trouve un *conseil presbytéral* composé de quatre membres au moins et de sept au plus, nommé par le suffrage des coreligionnaires paroissiaux et renouvelable tous les trois ans, par moitié. Il est présidé par le pasteur ou l'un des pasteurs. Les conseils presbytéraux sont chargés d'administrer les paroisses sous l'autorité du consistoire. Chaque circonscription contenant six mille âmes de population protestante est le siége d'une assemblée appelée consistoire, et qui se compose de : 1° le conseil presbytéral du chef-lieu, lequel a un nombre de membres double du nombre ordinaire ; 2° de tous les pasteurs du ressort ; 3° d'un membre délégué par chaque conseil presbytéral. Le consistoire est, comme le conseil presbytéral, soumis au renouvellement triennal et, après chaque renouvellement, il nomme son président parmi les pasteurs qui en font partie ; cette élection n'est définitive qu'après avoir été agréée par le Gouvernement.

Le consistoire représente les paroisses, accepte les dons et legs avec l'autorisation du chef de l'État, achète, aliène ou transige sous la même autorisation et enfin agit en justice (3) au nom des paroisses.

---

(1) Loi du 2 janvier 1817, confirmée par la loi du 24 mai 1825. Les acquisitions de biens meubles et immeubles ou de rentes doivent être autorisées par le chef de l'État. — La loi de 1825 défend aux membres de la congrégation de donner au delà du quart de leurs biens, à moins que ce quart n'excède pas la valeur de 10,000 francs. — La loi du 24 mai 1825 a prohibé les donations *avec réserve d'usufruit*, même dans la mesure du quart, à cause de la trop grande facilité avec laquelle on serait porté à faire des libéralités qui ne produisent pas le dépouillement actuel. Voir aussi l'ordonnance du 14 janvier 1831. (T. Ier, p. 276.)

(2) Tome Ier, pages 238-253-258.

(3) C'est ce qui résulte de la loi du 2 janvier 1817 et de l'ordonnance du 2 avril 1817,

Pour le culte israélite, il y a un *consistoire départemental* toutes les fois que la population juive atteint le chiffre de 2,000 habitants; il n'y a qu'un consistoire par département, quelque élevé que soit le nombre des israélites; s'il y a moins de 2,000 habitants, on les rattache au consistoire le plus voisin. Le consistoire départemental se compose: 1° du grand rabbin de la circonscription consistoriale; 2° de quatre membres laïques choisis par les notables (1) de la circonscription, soumis par moitié tous les deux ans à réélection, mais rééligibles. Des quatre membres laïques il faut que deux au moins résident au chef-lieu de la circonscription. Le consistoire départemental représente en justice et dans les actes juridiques toutes les synagogues du ressort (2). Quant aux dons, legs, acquisitions et aliénations, il ne peut y consentir qu'en vertu d'une autorisation du Gouvernement (3).

Autorisation de plaider (4). — La plupart des personnes morales dont nous venons de parler ne peuvent ester en justice, sans avoir obtenu l'autorisation du conseil de préfecture. Cette matière n'étant pas régie par des dispositions uniformes, nous commencerons par les communes, parce que la législation qui les concerne peut servir de point de comparaison avec les autres établissements publics.

La commune qui veut intenter une demande *introductive d'instance* est tenue, pour procéder régulièrement, de demander l'autorisation au conseil de préfecture. Cette formalité doit être renouvelée devant chaque degré de juridiction et, au point de vue de la tutelle administrative, la jurisprudence considère avec raison que la Cour de cassation est un nouveau degré de juridiction, quoique, sous tous autres rapports, elle n'ait point ce caractère (5). Un pourvoi en

---

portant que les dons et legs seront acceptés « par les consistoires, lorsqu'il s'agira de legs » faits pour la dotation des pasteurs et l'entretien du culte. » Une ordonnance du 23 mai 1834, qui oblige les consistoires à ne plaider qu'avec l'autorisation du conseil de préfecture, implique que c'est le consistoire qui représente les paroisses en justice.

(1) Art. 26 à 30 de l'ordonnance du 25 mai 1844. — On y trouve énumérées les catégories qui composent la liste des notables.

(2) Ordonnance du 25 mai 1844, art. 19, § 3.

(3) Même ordonnance, art. 64. — Cet article ne dit pas par qui sera donnée l'autorisation. Il faut conclure du silence de la loi que l'autorisation sera donnée par l'autorité compétente, d'après le droit commun, c'est-à-dire par le conseil de préfecture, pour l'autorisation de plaider, et par le chef de l'État pour les autres actes, conformément à la loi du 2 janvier 1817 et à l'ordonnance du 2 avril de la même année.

(4) Tome II, page 421.

(5) Cela résulte de la discussion à la chambre des députés (Reverchon, *Autorisation de plaider*, 2ᵉ édit., p. 38), et de la jurisprudence du conseil d'État, qui statue sur les de-

cassation peut, en effet, entraîner de si graves conséquences pécuniaires, qu'il était bon de prémunir la commune contre les effets d'une action témérairement intentée. En cas de refus par le conseil de préfecture, la commune peut se pourvoir devant le conseil d'État, dans les trois mois, à partir de la notification de l'arrêté attaqué; la loi ne fixe aucun délai dans lequel le conseil d'État doive statuer et la commune demanderesse est obligée d'attendre, pour agir, que le conseil d'État ait réformé l'arrêté du conseil de préfecture et accordé l'autorisation (1).

Lorsque les autorités municipales ont refusé d'intenter l'action, tout contribuable a le droit d'agir, à ses *risques et périls*. Mais comme le jugement à intervenir doit avoir l'autorité de la chose jugée à l'égard de la commune qui, pour cette raison, est mise en cause, le législateur a voulu que le contribuable ne pût agir comme le maire lui-même, qu'avec l'autorisation du conseil de préfecture. Pour que le contribuable puisse agir, il ne suffit pas que le maire et le conseil municipal demeurent dans l'inaction ; il faut, en outre, qu'après avoir été appelés à s'expliquer sur la question, ils aient formellement refusé d'agir.

Sont exceptées de l'autorisation : 1° les actions possessoires. Le maire peut sans doute intenter conservatoirement, même les actions pétitoires; mais il doit représenter l'autorisation avant le jugement, tandis que pour les actions possessoires, le maire peut agir, sans autorisation, jusqu'au jugement inclusivement (2); 2° les actions intentées devant les juridictions administratives.

Quoique la défense soit de droit commun, le législateur a voulu

---

mandes en autorisation de se pourvoir en cassation, sans les rejeter comme inutiles (4 sept. 1840, 28 janvier 1841, 26 nov. 1841, 30 déc. 1843, 10 juillet 1846, décrets des 10 mars 1848 et 31 déc. 1851).

(1) La demande est formée par le maire. Que faudrait-il décider si la délibération du conseil municipal était contraire à l'autorisation de plaider? — Le conseil de préfecture pourrait autoriser le maire et, à l'égard des tiers, la *commune* serait tenue d'exécuter le jugement ou l'arrêt ; mais le maire serait responsable pour avoir agi sans l'assentiment du conseil municipal qui représente avec lui la commune. Il pourrait arriver, d'un autre côté, que, dans ce cas, le maire, après avoir obtenu l'autorisation de plaider, n'en voulût pas faire usage, reconnaissant que le conseil municipal avait raison. Nous ne pensons pas que le préfet pût s'armer de l'art. 15 de la loi du 18 juillet 1837, et agir ou faire agir d'office pour la commune. L'art. 15 ne parle que des actes que le maire est *tenu de faire, en vertu d'une loi*, et un procès à intenter ne rentre pas dans cette catégorie (Reverchon, 2e édit., p. 88 et suiv.; Jèze, *Dictionnaire d'administration*, p. 422, et Dalloz, t. X, nos 1652 et 1653; *Contrà*, Serrigny, *Traité de compétence*, t. Ier, n° 394). — Ordonnance approuvant un avis du conseil d'État, en date du 24 juillet 1840. Cette ordonnance fut précédée d'une discussion approfondie qui est résumée dans Reverchon, *loco citato*.

(2) Mais l'autorisation serait nécessaire pour le pourvoi en cassation contre un jugement au possessoire (avis du conseil d'État, du 18 déc. 1844).

que la commune ne pût défendre à une action qu'avec l'autorisation du conseil de préfecture ou, en appel, du conseil d'État. En conséquence, tout demandeur qui se propose d'intenter une action contre une commune doit adresser au préfet un mémoire dans lequel il expose sa prétention et les moyens à l'appui; communication en est donnée au maire qui convoque le conseil municipal autorisé à se réunir en session extraordinaire pour délibérer à cet effet. Dans les deux mois après que la délibération aura été transmise par le maire au préfet, le conseil de préfecture doit statuer sur la demande en autorisation; s'il ne se prononçait pas, son silence équivaudrait à une autorisation tacite et la commune pourrait ester en justice. En cas de refus, la commune peut se pourvoir au conseil d'État, en la forme administrative, dans les trois mois à dater du jour où l'arrêté négatif a été notifié, et le conseil doit prononcer dans les deux mois qui suivent l'enregistrement au secrétariat général du conseil d'État. A défaut de décision dans ce délai, la commune pourrait défendre comme tacitement autorisée. Lorsque la commune est défenderesse, la loi n'exige pas que l'autorisation soit renouvelée pour défendre devant les autres degrés de juridiction.

Quelle sera la conséquence du refus d'autorisation prononcé par le conseil de préfecture et confirmé par le conseil d'État? — La commune n'étant pas autorisée à défendre sera condamnée par défaut, et comme elle ne pourra pas former opposition, le jugement acquerra contre elle l'autorité de la chose jugée. S'agit-il d'une action pétitoire en revendication, l'adversaire aura un titre exécutoire pour se faire mettre en possession même *manu militari*. Si, au contraire, l'action est simplement personnelle, il aura une créance consacrée par jugement et, la dette étant exigible, le préfet pourra l'inscrire d'office au budget de la commune, comme dépense obligatoire, dans le cas où le conseil municipal refuserait de la voter (1).

Les communes ne sont pas les seules personnes morales qui soient soumises à l'autorisation préalable; ne peuvent ester en justice, sans l'avoir obtenue: 1° les *hospices*. Deux différences séparent l'autorisation des hospices de celle des communes; d'abord, les demandeurs ne sont pas obligés de remettre un mémoire au préfet; d'un autre côté, le conseil de préfecture ne peut statuer qu'autant que l'affaire a été soumise à l'examen d'un *comité consultatif*, qui est formé dans

(1) L'art. 46, dernier alinéa, donne au créancier le droit de demander la vente des biens communaux non affectés à un service public; il faut que la vente soit autorisée par un décret impérial qui en détermine les formes et conditions. — Voir, pour tout ce qui concerne les actions des communes, le tome II, page 421.

chaque arrondissement de trois membres choisis par le sous-préfet parmi les jurisconsultes les plus éclairés du ressort. Cet avis obligatoire pour les hospices est purement facultatif pour les communes (1); 2° les *bureaux de bienfaisance* assimilés par la jurisprudence aux hospices (2); 3° les *fabriques* (3); le demandeur n'est pas tenu de remettre un mémoire et l'avis d'un comité consultatif n'est pas exigé ; 4° les *congrégations religieuses* (4); 5° les *consistoires* (5); et enfin, 6° les *cures*, *chapitres cathédraux et collégiaux*, les *menses épiscopales* et les *séminaires* (6). Faisons remarquer en terminant que la remise du mémoire par le demandeur au préfet est spéciale aux communes; que le droit d'intenter les actions possessoires, sans autorisation, n'appartient qu'aux maires, dans l'intérêt de la commune; que l'avis obligatoire d'un comité consultatif n'est exigé que pour les hospices et autres établissements de bienfaisance. Chacune de ces particularités doit être maintenue dans les termes du texte qui la crée, et il serait contraire aux règles d'une bonne interprétation de l'étendre à d'autres cas (7).

SECTION II.

DIVISION DES CHOSES.

Les divisions des choses admises par le droit commun, telles que la distinction des *meubles* et des *immeubles*, se retrouvent dans les lois administratives ; nous nous contenterons de renvoyer sur ce point aux traités de Code Napoléon. La division capitale, en matière administrative, est celle qui divise le *domaine national* en *domaine public*, *domaine de la Couronne*, *domaine de l'État*. — Il y a, de plus, le domaine public et privé *des départements et des communes* (8).

---

(1) Arrêté du 7 messidor an IX, art. 11, 12 et 13. Loi du 7 août 1851, art. 10. L'arrêté précité, spécial aux *hospices communaux*, a été étendu par la jurisprudence aux *hospices départementaux*.

(2) Arrêt de la Cour de cassation du 10 juillet 1828, et art. 21, n° 5, de la loi du 18 juillet 1837.

(3) Art. 77 du décret du 30 décembre 1809.

(4) Décret du 18 février 1809, art. 14, et décret du 26 décembre 1810. — Avis du comité de législation du 21 mai 1841.

(5) Ordonnance du 23 mai 1834.

(6) Art. 51, n° 2, art. 14, 29 et 70 du décret du 6 novembre 1813, sur *l'administration des biens ecclésiastiques*.

(7) Il en résulte notamment que pour tous les établissements autres que les communes, les actions possessoires ne peuvent être intentées qu'avec autorisation du conseil de préfecture.

(8) Tome Ier, pages 533 et suivantes.

Les biens qui composent le domaine public sont affectés à un service public, et ordinairement chaque citoyen a le droit d'en jouir *ut singuli*. Ceux, au contraire, qui forment le domaine privé sont des propriétés productives de revenus dont les personnes morales jouissent, comme le ferait un propriétaire; ils ne sont pas à la disposition des citoyens, qui n'en retirent d'autre avantage que le soulagement que les contribuables peuvent attendre des ressources propres à l'État, aux départements ou aux communes: les particuliers en jouissent *ut universi* (1). Cette distinction a la plus grande importance, en pratique; car le domaine public est inaliénable et imprescriptible comme toutes les choses qui sont hors du commerce (art. 2226, Code Nap.), tandis que le domaine privé est aliénable aux conditions déterminées par la loi et prescriptible, comme les biens des particuliers. Cette distinction n'avait pas, dans l'ancien droit, le même intérêt qu'aujourd'hui, en ce qui concerne l'État; car le domaine de la Couronne, qui comprenait le domaine public et le domaine privé, était, depuis l'ordonnance de Moulins en 1566, inaliénable sans distinction (2). — Le domaine de la Couronne aujourd'hui est spécialement affecté à la dotation du chef de l'État (3).

---

(1) On trouve, dans plusieurs textes, une confusion entre le domaine public et le domaine de l'Etat. Ainsi, c'est à tort que l'art. 539 du Code Napoléon met dans le domaine public les biens vacants et les successions en déshérence. Mais il est facile de rectifier ces erreurs, par l'application des principes.

(2) L'inaliénabilité du domaine de la couronne, proclamée à plusieurs reprises avant l'ordonnance de Moulins, ne passa définitivement dans notre droit public qu'en 1566. — La loi des 22 novembre-1er décembre 1790 disposa que les biens nationaux pourraient être vendus, mais « que les grandes masses de forêts nationales ne seraient pas comprises dans » la vente et aliénation permise ou ordonnée par les décrets antérieurs. » L'art. 36 de la même loi portait que les biens nationaux ne seraient prescriptibles qu'à partir du moment où leur aliénation aurait été autorisée par un décret de l'Assemblée nationale. Cet article élevait à quarante années la durée de la prescription contre l'État. L'art. 2227 a soumis l'État au droit commun, pour les biens qui sont dans le commerce. Cette disposition générale a-t-elle abrogé les dispositions spéciales qui étaient relatives aux grandes masses de forêts? — La Cour de cassation a décidé la question négativement, par application de la maxime *Specialibus per generalia non derogatur*. (Arrêts du 17 juillet 1850.) Cependant la loi des 22 novembre-1er décembre 1790 ne disait pas que les bois seraient inaliénables, mais seulement qu'il n'y *avait pas lieu de les aliéner quant à présent*. (Serrigny, *Questions et traités*, p. 207 et suiv.) Or, il y a une grande différence entre dire qu'un bien est inaliénable et dire que la vente n'aura pas lieu parce qu'elle est inopportune. — D'après un autre système, les grandes masses de forêts sont devenues prescriptibles à partir de la loi du 25 mars 1817, qui, en affectant les bois à la caisse d'amortissement, en a permis la vente jusqu'à concurrence de 150,000 hectares. (Arrêt de la Cour de Besançon, du 18 août 1847.) Mais comment peut-on faire sortir une *solution générale* de la question, d'une loi qui n'a permis l'aliénation que pour une *quantité déterminée* de bois et de forêts? Nous pensons donc que la prescription a dû commencer à courir du jour où le Code civil a été promulgué. 1° Cette opinion est favorable, parce qu'elle consacre un retour au droit commun; 2° elle est conforme au texte de l'art. 2227 du Code Napoléon; 3° elle n'est pas contraire au texte de la loi des 22 novembre-1er décembre 1790, qui n'a jamais déclaré les grandes masses de forêts inaliénables, mais seulement que leur vente était inopportune. (T. Ier, p. 512-620.)

(3) Tome Ier, page 535.

Les biens compris dans le domaine public conservent leur caractère tant qu'un acte administratif émané de l'autorité compétente ne les en a pas fait sortir. Le fait que ces choses ne seraient plus affectées à un service public ne suffit donc pas pour les rendre prescriptibles; ainsi, un chemin devenu impraticable ou que les voyageurs ne fréquenteraient plus ne serait pas prescriptible, tant qu'un acte de déclassement ne l'aurait pas fait sortir du domaine public. Cette solution résulte de ce que la loi a déclaré formellement que le domaine public ne pourrait pas être acquis par la possession des riverains; car, la possession nécessaire pour usucaper devant être exclusive de sa nature, il faudrait nécessairement qu'elle concourût avec le non-usage du public (1).

DU DOMAINE PUBLIC DE L'ÉTAT, DES DÉPARTEMENTS ET DES COMMUNES.

L'art. 538 du Code Napoléon énumère les objets compris dans le domaine public. Nous allons reprendre les principaux termes de cette disposition, en y ajoutant les objets qui sont régis par des lois postérieures (2).

Voirie (3). — On entend par là l'ensemble des voies de communication. Elle se divise en *grande* et *petite voirie;* dans la première sont compris les routes impériales et départementales, les chemins de fer, les canaux, les rivières navigables et flottables, et les rues des villes dans la partie où elles sont traversées par des routes impériales ou départementales. Rentrent dans la petite voirie, les chemins vicinaux et les rues ou places de villes, dans les portions qui ne se confondent pas avec la traverse des grandes routes.

Les routes départementales appartiennent au département, quand elles ont été construites aux frais du département, et les chemins vicinaux appartiennent aux communes sur le territoire desquelles ils s'étendent. Quoique ces voies de communication ne fassent pas partie du domaine public de l'État, elles sont hors du commerce et, à ce titre, imprescriptibles. On voit par là que la distinction entre le *domaine public* et le *domaine privé* s'applique tout aussi bien aux départements et aux communes qu'à l'État.

---

(1) Voir Macarel et Boulatignier, *Fortune publique*, t. I, p. 86. — En sens inverse, Proudhon, *Traité du domaine public*, t. I, p. 289.

(2) Tome Ier, pages 547-553.

(3) Tome Ier, pages 667-680.

Routes impériales et départementales. — Avant 1811, on distinguait trois classes de routes impériales, d'après l'importance et la largeur de ces voies de communication. Cette classification avait été établie par un arrêt du conseil de 1776; elle ne fut pas sensiblement modifiée par le décret du 16 décembre 1811, qui distingua : 1° les routes impériales de première classe allant de Paris à l'étranger et aux grands ports militaires; 2° les routes impériales de deuxième classe, *d'une largeur moindre*, se dirigeant également vers les frontières ou les ports; 3° les routes impériales de troisième classe, communiquant de Paris à certaines villes de l'intérieur ou reliant entre elles les villes les plus importantes. Telles sont du moins les idées qui paraissent servir de base aux tableaux joints au décret du 16 décembre 1811; car le décret lui-même ne contient aucune définition qui serve à distinguer les trois classes. Pour soulager le Trésor public, on ne comprit pas dans le tableau n° 3 plusieurs routes qui, d'après l'arrêt de 1776, appartenaient à la troisième classe, et leur entretien fut mis à la charge des départements. A partir de ce moment, on distingua deux espèces de routes départementales : 1° celles dont l'État avait mis l'entretien à la charge des départements et qui, avant 1811, étaient au nombre des routes impériales de troisième classe; 2° les routes départementales construites avec les ressources du département. Pour ces dernières, il est certain que le département qui a acheté le sol et fait tous les frais de construction en est propriétaire. Quant aux autres, leur entretien a été mis à la charge des départements; mais c'est là une mesure purement financière et qui n'entraîne pas l'abandon de la propriété au département. On ne saurait pas plus conclure l'abandon intégral de ce que l'État a mis les dépenses d'entretien à la charge du département, qu'on ne peut induire l'abandon partiel de ce que, d'après l'art. 6 du même décret, le département est obligé de contribuer aux frais de construction et d'entretien des routes impériales de troisième classe (1).

L'ouverture et le classement des routes impériales peuvent être ordonnés par décret; une loi n'est exigée que dans le cas où, pour l'exécution des travaux, il y a lieu de demander un crédit (2). La même autorité qui ordonne l'ouverture d'une route est compétente pour la déclasser. Quant aux conséquences du déclassement, elles sont déterminées par la loi du 24 mai 1842, qui ouvre plusieurs

---

(1) Avis du conseil d'État du 27 août 1834. — Cet avis, quoique antérieur à la loi du 18 mai 1838, conserve toute son autorité, parce que les rédacteurs de la loi ne se sont pas occupés de la question.

(2) Sénatus-consulte du 25 décembre 1852.

partis à prendre. On peut d'abord transformer les routes impériales déclassées en routes départementales ou en chemins vicinaux avec l'assentiment des conseils généraux et municipaux. Si on prend le parti de faire un déclassement pur et simple, le sol est mis à la disposition de l'administration du domaine, pour être vendu. Mais dans l'intérêt des propriétaires de maisons ayant issue sur la voie publique, deux tempéraments ont été apportés à la faculté d'aliéner : 1° Le préfet, en conseil de préfecture, peut décider qu'on réservera un chemin d'exploitation dont la largeur n'excédera pas cinq mètres ; 2° les propriétaires doivent être mis en demeure d'acquérir, chacun en droit soi, les parcelles attenantes à leur propriété, et ce n'est qu'après cette mise en demeure que l'administration des domaines peut procéder à la vente aux enchères (1).

A qui appartiennent les arbres plantés le long des routes? Après plusieurs changements, la législation s'est arrêtée à la distinction suivante : les arbres plantés sur le sol des propriétaires riverains appartiennent à ces derniers, sans qu'il y ait à distinguer entre les arbres plantés par les soins de l'administration et ceux qui l'auraient été par les propriétaires eux-mêmes. Quant aux arbres plantés sur le sol de la voie publique, la loi présume qu'ils appartiennent au département ou à l'État; mais ce n'est là qu'une présomption, et le propriétaire peut la détruire en prouvant que c'est lui ou son auteur qui a planté l'arbre, ce qui est suffisant pour établir son droit à la propriété (2).

Chemins de fer. — D'après la loi du 15 juillet 1845, les chemins de fer font partie de la grande voirie et, par conséquent, du domaine public (3). Il n'y a d'ailleurs aucune distinction entre les chemins de fer construits par l'État et ceux qui auraient été faits par une compagnie concessionnaire, avec ou sans subvention. Le système de l'exploitation en régie par les agents de l'État n'a pas été adopté chez nous, et l'administration s'est adressée à des compagnies auxquelles elle a concédé le chemin pour un temps plus

---

(1) L'entretien des routes impériales est, en principe, à la charge du trésor public, sauf l'art. 6 du décret du 16 décembre 1811. Les départements sont obligés aussi de concourir à l'entretien des *routes stratégiques*. On entend par là les routes qui furent établies en 1833 dans les départements de l'ouest, pour faciliter la pacification du pays. L'entretien de ces routes fut mis pour deux tiers à la charge de l'État, et pour l'autre tiers à la charge des départements. La loi du 27 juin 1833 avait même fait contribuer les communes traversées, qui furent déchargées de cette obligation par la loi du 1er avril 1837.

(2) Telles sont les dispositions de la loi du 12 mai 1825. Pour la législation antérieure, voyez édit de janvier 1583, ordonnance de 1720, loi du 9 ventôse an XIII et le décret du 16 décembre 1811.

(3) Art. 1er de la loi du 15 juillet 1845.

ou moins long; après ce délai, le chemin doit faire retour à l'État, qui optera, suivant les circonstances, entre l'exploitation directe et une nouvelle concession (1).

Quelle est la nature du droit résultant de la concession? — Plusieurs lois en ont fait, par des dispositions formelles, un droit réel susceptible d'être hypothéqué; car elles ont constitué des hypothèques au profit de l'État, pour la garantie des prêts consentis par le Trésor aux compagnies, et chargé l'agent judiciaire du Trésor de prendre inscription. Ce droit d'hypothèque ne peut naturellement être qu'un droit *sui generis* et considérablement modifié par la nature de la concession, en raison du service public qui en dépend (2). Les compagnies ne sont du reste pas propriétaires du chemin, mais seulement de la voie de fer, du matériel d'exploitation et du droit de concession (3).

Cours d'eau (4). — Les cours d'eau se divisent en *rivières navigables ou flottables* et rivières qui ne sont *ni navigables ni flottables*. Une rivière est navigable quand elle est capable de porter bateaux, et flottable quand elle peut transporter des radeaux et trains de bois. Les rivières navigables sont, du reste, soumises aux mêmes règles que les rivières flottables. Il y a des rivières qui ne portent pas des trains de bois, mais qui sont seulement capables de charrier des bûches isolées ; ces cours d'eau qu'on appelle *flottables à bûches perdues* sont au nombre des rivières non navigables ni flottables.

L'art. 538 du Code Napoléon a mis les rivières navigables et flottables parmi les dépendances du domaine public. C'est à l'autorité administrative qu'il appartient de fixer la largeur de leur lit, et l'arrêté par lequel le préfet du département en détermine les limites est *déclaratif*, non *attributif;* par conséquent, il est définitivement jugé par cet acte administratif que les portions de terrain

---

(1) A l'expiration du délai de la concession, l'État prend le matériel et la voie de fer au prix fixé par l'estimation.

(2) La compagnie pourrait hypothéquer le chemin à d'autres créanciers qui viendraient après l'État premier créancier inscrit. Mais cette hypothèque ne donnerait pas aux tiers le droit d'exproprier le chemin, parce qu'il est impossible d'admettre que l'exercice de l'action hypothécaire pourra interrompre un service public: ils auraient seulement le droit de se faire payer par préférence, suivant leur rang, dans le cas où le Gouvernement ferait vendre la concession. En d'autres termes, le créancier hypothécaire n'aurait pas un titre exécutoire, mais un *droit de préférence* qui recevra son exécution lorsque la vente sera faite à la requête du Gouvernement.

(3) C'est parce qu'elles ne sont pas propriétaires du sol que les compagnies ne payent pas la taxe de mainmorte. — Il est vrai qu'elles sont soumises à l'impôt foncier, mais seulement par une disposition expresse des cahiers de charge. On a voulu que, sous ce rapport, les compagnies de chemins de fer fussent dans la même position que les *concessionnaires de canaux* qui doivent l'impôt foncier, d'après la loi du 5 floréal an XI.

(4) Tome Ier, pages 681 et suivantes.

comprises dans les lignes tracées par l'arrêté de délimitation ont toujours appartenu au domaine, et les riverains n'auraient pas le droit de faire juger devant les tribunaux que leur propriété a été envahie par l'autorité administrative. Un pareil jugement méconnaîtrait un acte administratif, et conséquemment, porterait atteinte au principe de la séparation des pouvoirs.

La jurisprudence cependant décide que les droits des tiers sont *réservés, nonobstant l'arrêté de délimitation;* comment concilier cette réserve avec le caractère déclaratif de l'arrêté? — Le domaine public n'a pas toujours été inaliénable et imprescriptible, puisque ce principe n'a été observé que depuis l'ordonnance de Moulins, en 1566. Il pourrait donc se faire que des droits eussent été conférés aux particuliers, avant cette époque, sur le cours d'eau, et que ces droits constitués dans un temps où ils pouvaient l'être régulièrement, ne fussent pas incompatibles avec la déclaration faite par le préfet.

Parmi les rivières navigables ou flottables, il y en a qui ne le sont que dans une partie de leur cours; aussi n'appartiennent-elles au domaine public que pour la portion capable de porter bateaux ou radeaux. Il ne suffirait du reste pas que la rivière fût navigable ou flottable sur un point où on pourrait amarrer un bateau unissant les deux rives; il faut qu'elle puisse servir de voie de communication, ce qui implique la navigabilité entre deux points assez éloignés.

Quant aux cours d'eau non navigables ni flottables, il est incontestable que l'administration a sur eux un droit de police pour assurer le libre écoulement des eaux; car les lois des 22 décembre 1789 et 20 août 1790, qui sont encore en vigueur, chargeaient les administrations départementales de veiller à la conservation des rivières et au libre écoulement des eaux, sans distinguer entre les cours d'eau navigables ou flottables et ceux qui ne le sont pas. Mais c'est une question fort controversée que celle de savoir si les rivières non navigables ou flottables font partie du domaine public (1).

Faisons remarquer d'abord, quelle que soit la solution qu'on adopte sur ce point, que l'autorité administrative ne s'est jamais arrogé le droit de fixer les limites d'une rivière non navigable ni flottable, par simple arrêté déclaratif, et que lorsqu'elle en veut ordonner l'élargissement, elle se soumet aux formes de l'expropriation pour cause d'utilité publique. Seulement, il est admis qu'en cas d'urgence, par exemple d'inondation, le préfet pourrait prendre les mesures qu'il jugerait à propos, sans suivre ces lentes forma-

---

(1) Tome Ier, pages 681-723.

lités; mais il agirait envertu d'une loi plus haute qui domine toutes les matières, c'est-à-dire en vertu de la loi de salut public (1). Enfin, le curage qui, pour les rivières navigables et flottables, est à la charge de l'État est, au contraire, supporté par les propriétaires riverains, en ce qui touche les rivières non navigables ni flottables(2). On voit par là que si, comme certains l'admettent, ces cours d'eau font partie du domaine public, cette opinion ne produit pas toutes les conséquences qu'entraîne le caractère domanial des rivières navigables et flottables.

La jurisprudence de la Cour de cassation et celle du conseil d'État ont admis une doctrine mixte d'après laquelle les cours d'eau non navigables ni flottables sont des choses communes qui ne peuvent être l'objet d'une *appropriation privée.* Ils n'appartiennent ni à l'État ni aux particuliers (3), et sont au nombre de choses dont parle l'art. 714 du Code Napoléon, lesquelles n'étant la propriété de personne, sont seulement soumises à des mesures de police qui en règlent l'usage. Les riverains, à la vérité, peuvent se servir des eaux à leur passage; mais l'art. 644 du Code Napoléon ne leur donne qu'un *droit d'usage*, ce qui exclut tout droit de propriété intégrale. Les conséquences pratiques qui résultent de cette doctrine sont les suivantes : 1° les propriétaires n'ont pas droit à indemnité pour expropriation (4) du lit du fleuve non navigable; 2° en cas de suppression de la force motrice d'une usine, les propriétaires ne

---

(1) Cour de cassation, arrêt du 10 juin 1846 et ordonnance du conseil d'État du 25 mars 1846. M. Serrigny (*Questions et traités*, p. 494) soutient, au contraire, que l'autorité administrative peut ordonner, sans expropriation d'utilité publique, l'élargissement d'une rivière non navigable ni flottable.

(2) Loi du 14 floréal an XI. Cette loi portait : 1° qu'il serait pourvu au curage des rivières non navigables ni flottables, d'après les anciens règlements ou les usages locaux; 2° qu'en cas de difficulté soulevée par l'application du règlement ou l'exécution de l'usage, il y serait pourvu par un décret rendu dans la forme des règlements d'administration publique. Le gouvernement pouvait, au besoin, organiser les propriétaires riverains en syndicats. Le décret de décentralisation du 25 mars 1852 (tableau D, n° 5) a fait passer au préfet la compétence à l'effet d'ordonner les mesures relatives au curage, et même de constituer les propriétaires en associations syndicales. Les rôles pour le recouvrement des frais de curage sont dressés sous la surveillance du préfet, qui les rend exécutoires.

(3) Arrêts de la Cour de cassation, en date des 10 juin 1846 et 17 juin 1850. — Ordonnance du 17 décembre 1847 et décret du 23 août 1851.

(4) L'arrêt du 10 juin 1846 fut rendu par la Cour de cassation dans un cas où un propriétaire riverain demandait une indemnité pour une prairie que traversait la rivière d'Étreux, et prétendait que le sol du lit de la rivière non navigable ni flottable devait compter pour l'indemnité. M. Devilleneuve, dans une note sur cet arrêt, réfute la doctrine de l'arrêt, comme si la Cour de cassation avait attribué la propriété du lit à l'État. Cette erreur ne peut manquer d'étonner ceux qui connaissaient le caractère attentif et consciencieux de cet arrêtiste; car, à plusieurs reprises, l'arrêt déclare que la propriété *n'appartient à personne.*

peuvent que réclamer une indemnité pour atteinte portée à leur *droit d'usage*, et non une expropriation d'utilité publique, pour dépossession d'une propriété privée (1).

On voit par là que cette question a fait naître trois systèmes; le premier attribue la propriété des cours d'eau non navigables à l'État, sans que ses partisans puissent dire si elle dépend du (2) domaine public ou du domaine privé. Le second en fait une chose commune n'appartenant à personne, et dont l'État peut s'emparer sans que les riverains aient droit à indemnité; enfin, une troisième opinion en fait la propriété des riverains, soit quant au lit du fleuve, soit quant à la chute d'eau (3). Sans rentrer dans la discussion de cette question, nous dirons les raisons qui nous déterminent à suivre la dernière de ces trois opinions.

Nous ne comprendrions pas d'abord pourquoi les rivières non navigables qui ne peuvent servir de voie de communication seraient rangées dans le domaine public dont la nature est d'être affecté d'ordinaire à un service d'utilité générale. Elles ne ressemblent pas davantage aux biens du domaine de l'État, puisqu'elles ne peuvent être comme eux louées et amodiées, et que le seul droit susceptible de rapporter quelque revenu, le droit de pêche, appartient aux riverains. D'un autre côté, si les rivières non navigables étaient des choses communes n'appartenant à personne, les îles devraient être la propriété du premier occupant, comme celles qui s'élèvent dans la mer; car ne serait-il pas contradictoire d'attribuer le dessus aux riverains, tandis que le dessous n'appartiendrait à personne ou à l'État (4)? Enfin la loi n'a établi nulle part de différence légale entre les rivières non navigables et les simples ruisseaux, et il faudrait, dans les deux premières doctrines, mettre au nombre des propriétés de l'État ou parmi les *res nullius*, les plus petits filets qui coulent dans les propriétés privées (5).

La distinction entre les rivières navigables ou flottables et celles

---

(1) M. Rives, *Propriété des cours d'eau non navigables*, 1844.

(2) Cour de cassation et conseil d'État. — Dufour, tome IV, page 478.

(3) Championnière, *De la propriété des eaux courantes*.

(4) Art. 560 du Code Napoléon.

(5) L'art. 563 du Code Napoléon fournit aux partisans de la propriété de l'État ou de ceux du système de la jurisprudence un argument sérieux. Mais il est manifeste que cet article, qui attribue le lit abandonné aux propriétaires envahis par le changement survenu dans le cours des eaux, est une de ces dispositions comme on en trouve plus d'une dans les lois, que le législateur a admises *contra rationem juris* pour se montrer équitable. Sans vouloir blâmer les dispositions de cette nature, il ne faut pas oublier qu'on ne doit pas argumenter de ces articles-là : *Quod contrà rationem juris receptum est non est producendum ad consequentias*. (V. t. Ier, p. 681.

qui ne le sont pas a une très-grande importance au point de vue *des usines* qu'elles font mouvoir (1).

L'autorisation d'établir des usines sur les cours d'eau navigables doit, en principe, être accordée par décret impérial; mais, d'après le décret de décentralisation du 25 mars 1852, le préfet est compétent pour autoriser : 1° des établissements temporaires; 2° des établissements permanents lorsqu'ils ne doivent pas modifier sensiblement le régime des eaux. Pour les cours d'eau non navigables ni flottables, le préfet peut autoriser tout établissement temporaire ou permanent, qu'il modifie ou non le régime des eaux (2).

La permission du chef de l'État ou du préfet est exigée non-seulement pour l'établissement d'une usine, mais encore pour tous les *changements extérieurs* que l'usinier voudrait faire, lorsque ces modifications sont de nature à exercer quelque influence sur le régime ou l'usage des eaux. Il faudrait donc suivre toutes les formalités que les lois et règlements ont prescrites pour arriver à l'autorisation du chef de l'État ou du préfet, quelque petite que fût la modification faite à l'usine et au régime des eaux. C'est évidemment là une lacune dans la loi; car ces formalités sont tellement nombreuses et tellement lentes, que les usiniers, plutôt que de s'astreindre à les remplir, préféreront ou renoncer au changement ou le faire en contravention (3). L'autorisation est encore exigée toutes les fois qu'il s'agit de reconstruire une usine détruite (4).

En vertu du droit de police sur les eaux, l'administration peut ordonner la suppression d'une usine. Si une usine établie sur un cours d'eau navigable ou flottable était supprimée dans l'intérêt de la navigation, le propriétaire ne pourrait pas réclamer une indemnité; car l'établissement n'existait qu'en vertu d'une tolérance

---

(1) Tome Ier, pages 710-712.

(2) Tableau D, n° 4, « Autorisation sur les cours d'eau non navigables ni flottables de tout établissement nouveau, tel que moulin, usine, barrage, prise d'eau d'irrigation, patouillet, bocard, lavoir à mines. »

(3) Arrêté du 19 ventôse an VI. — Cette instruction est double. La première partie est faite au point de vue des parties intéressées et pour provoquer leurs réclamations. Quand elle est terminée, les pièces sont transmises à l'ingénieur, qui soumet la demande à un nouvel examen fait au point de vue des travaux d'art et du mouvement des eaux. — Si le préfet est compétent, il rend un arrêté pour autoriser; sinon, il transmet les pièces au ministre des travaux publics, qui envoie les pièces au conseil d'État avec un projet de décret, et l'empereur prononce par un décret rendu *dans la forme des règlements d'administration publique*. Les formalités de la double instruction se trouvent dans l'arrêté du 19 ventôse an VI et dans l'instruction du 19 thermidor de la même année.

(4) Il en serait autrement d'une *usine abandonnée*, pourvu qu'il ne fût pas nécessaire de refaire les travaux régulateurs. Autrement, il faudrait considérer qu'il s'agit d'une véritable reconstruction.

sujette à révocation, le domaine public étant inaliénable et imprescriptible tant qu'il ne cesse pas d'être affecté à un service public. Le droit à indemnité n'existe que pour les usines établies antérieurement à l'ordonnance de Moulins de 1566. — Quant aux usines supprimées sur les cours d'eau non navigables ni flottables, l'indemnité est due, à moins que dans les clauses et conditions de l'acte d'autorisation, on n'ait inséré la réserve que la suppression pourrait être ordonnée sans indemnité. Cette réserve est valable puisque le préfet ayant le droit de refuser l'autorisation, il peut, par la même raison ou *à fortiori*, ne l'accorder que *à condition* (*sub modo*).

L'autorisation d'établir une usine est toujours donnée, *sauf les droits des tiers*. En général, le droit de ces derniers se résout en une indemnité pour le dommage que leur fait éprouver le voisinage de cet établissement; ainsi les tribunaux ordinaires ne pourraient pas en ordonner la suppression, pour empêcher le renouvellement du préjudice. Car, une fois autorisé, l'usinier a un droit que l'autorité judiciaire ne peut atteindre que dans ses effets dommageables. Cependant si l'usinier avait, dans un acte privé, pris l'engagement de ne pas construire une usine rivale, celui envers lequel il a contracté pourrait demander aux tribunaux d'ordonner la suppression, en exécution d'une obligation de droit commun (1).

Chemins vicinaux (2). — Les chemins vicinaux sont des voies publiques qui mettent les communes en communication. On en distingue trois espèces : 1° les chemins vicinaux *de grande communication* qui traversent plusieurs communes ou même plusieurs cantons et vont ordinairement se relier, comme des routes départementales, avec les voies de communication des départements voisins. Ces chemins sont construits et entretenus par les communes traversées; mais le conseil général du département peut accorder une subvention pour leur entretien et pour les travaux extraordinaires. Le classement parmi les chemins vicinaux de grande communication est fait par délibération du conseil général, prise sur la proposition du préfet. Dans le langage de la pratique administrative, on appelle *grande vicinalité*, l'ensemble des chemins vicinaux de grande communication; 2° les *chemins vicinaux d'intérêt commun*. Lorsqu'un chemin vicinal intéresse plusieurs communes, le préfet peut, sur l'avis des conseils municipaux, prendre un arrêté pour désigner les communes qui contribueront

---

(1) Art. 1143 du Code Napoléon.

(2) Tome Ier, pages 677-680.

à la dépense de construction ou d'entretien et fixer la part que chacune d'elles supportera. Ces chemins forment la *moyenne vicinalité*, d'après l'expression employée dans la pratique (1); 3° les *chemins vicinaux ordinaires* qui vont d'une commune à une autre et qu'on appelle dans l'usage de *petite communication* ou de *petite vicinalité*. Ceux-ci ne traversent pas, comme les précédents, les bourgs et villages qu'ils mettent en communication; ils finissent aux portes de la commune. Pour qu'un chemin soit compté au nombre des chemins vicinaux, il faut qu'il ait été classé par arrêté du préfet; s'il ne l'a pas été, il est un simple chemin rural, et les ressources spéciales créées par la loi du 21 mai 1836 ne peuvent pas être appliquées à son entretien. Le classement résulte soit d'un arrêté portant *reconnaissance* d'un chemin vicinal, soit d'un arrêté portant *déclaration de vicinalité*, soit enfin d'un arrêté ordonnant *l'ouverture* d'un nouveau chemin vicinal ou le redressement d'un chemin déjà classé. — Quelle différence y a-t-il entre la reconnaissance, la déclaration et l'ouverture?

La *reconnaissance* d'un chemin vicinal suppose un fait ancien, c'est-à-dire l'existence d'un chemin qui, depuis longtemps, est livré à la circulation et qui aurait dû déjà être compris au nombre des chemins vicinaux (2).

La *déclaration* suppose simplement que le chemin est ouvert au public depuis une époque qui n'est pas ancienne et qui au moins est connue, tandis qu'il serait difficile de dire le moment où a commencé la fréquentation du chemin reconnu vicinal (3). Les arrêtés de reconnaissance et de déclaration attribuent immédiatement à la voie publique et, par conséquent, au domaine public de la commune, la propriété du *sol* compris entre les limites fixées par le préfet; le droit des propriétaires se change en une indemnité qui n'est fixée que postérieurement à l'expropriation (4). Du mot *sol*

(1) Art. 6 de la loi du 21 mai 1836.

(2) Conformément à l'art. 6 de la loi du 9 ventôse an XIII.

(3) La déclaration ne peut mettre dans la vicinalité qu'un véritable chemin. L'allée d'un château où on ne passe que pour aller au château n'est pas un chemin, et le préfet qui la déclarerait vicinale commettrait un *excès de pouvoir*. Il faudrait remplir les formalités exigées en cas d'ouverture d'un chemin nouveau.

(4) Art. 15 de la loi du 21 mai 1836. D'après la jurisprudence administrative, cet article s'applique : 1° à la déclaration de vicinalité relative à un chemin qui appartient à un particulier, mais livré au public ; 2° aux arrêtés d'élargissement pour les parcelles ajoutées au sol de la voie publique. Déc. du 24 janvier 1848. — Voir, en sens inverse, arrêt de la Cour de cassation du 9 mars 1847. D'après cet arrêt, l'art. 15 de la loi du 21 mai 1836 n'est applicable qu'aux arrêtés *d'élargissement* d'un chemin appartenant à la commune; il faudrait, d'après cette jurisprudence, recourir à l'expropriation pour rendre vicinaux les chemins appartenant aux particuliers.

qui est employé par la loi, on a conclu que cette expropriation, sans formes, sans indemnité préalable, n'est pas applicable aux maisons situées le long de la voie publique et que l'élargissement d'un chemin vicinal ne pourrait pas être fait sans expropriation, s'il comprenait une construction (1).

Pour l'*ouverture* et le *redressement* d'un chemin vicinal, il est indispensable de recourir aux formalités de l'expropriation pour cause d'utilité publique. L'utilité publique qui, en général, est déclarée par décret impérial l'est, en cette matière, par un arrêté du préfet; l'indemnité, au lieu d'être fixée par un jury composé de douze membres, l'est par un jury de quatre personnes (2).

Tous les chemins vicinaux classés dans la grande, dans la moyenne ou dans la petite vicinalité, appartiennent au domaine public de la commune et, comme tous les biens hors du commerce, ils sont imprescriptibles. L'article 10 de la loi du 21 mai 1836 le déclare formellement. Comme les exceptions doivent être limitées rigoureusement aux termes de la loi qui les consacre, il en résulte que les chemins non classés ne peuvent être mis au nombre des choses imprescriptibles. Ces chemins, appelés *ruraux*, sont de deux espèces. Les uns servent seulement à quelques propriétaires pour l'exploitation de leurs champs, les autres sont d'une utilité générale comme, par exemple, lorsqu'ils conduisent à une fontaine ou à un abreuvoir. Que les chemins ruraux soient affectés à l'utilité privée ou à l'utilité générale, nous pensons qu'ils sont prescriptibles par argument *à contrario* de l'article 10 de la loi du 21 mai 1836 (3).

Places, rues et passages (4). — Lorsqu'une place ou une rue sont la continuation d'une route impériale ou départementale,

---

(1) Déc. des 24 janvier 1856 et 18 mars 1858.

(2) Art. 15-17 de la loi du 21 mai 1836.

(3) Cet argument *à contrario* a une grande valeur, parce qu'il consacre le retour à un principe de droit commun. Arrêts de la Cour de cassation des 6 février 1845, 1ᵉʳ mars 1849 13 novembre 1849 et 3 juillet 1850. Décision du conseil d'État du 26 janvier 1850, et arrêt du tribunal des conflits du 27 mars 1851. — Conclusions conformes de M. Vuitry, commissaire du gouvernement. (Dufour, t. III, p. 400 et suiv.) — J'ai enseigné le contraire dans le *Journal de droit administratif*, 1ʳᵉ année, p. 518, en me fondant sur l'art. 479 du Code pénal, qui punit d'une amende de 11 à 15 francs l'*usurpation sur les chemins publics*, sans distinguer entre les chemins classés et ceux qui ne le sont pas. (Faustin Hélie et Chauveau, *Théorie du Code pénal*, 2ᵉ édit., sur l'art. 479 du Code pénal.) — Or, comment, disais-je, un fait qui est puni comme une contravention peut-il être une *manière d'acquérir la propriété?* Un nouvel examen de la question m'a conduit à changer de système et à me prononcer pour le retour au droit commun.

(4) Tome Iᵉʳ, page 677.

la grande voirie absorbe la petite, dans la traverse de la ville ou village. Mais cette règle n'est applicable que dans la mesure de ce qui est nécessaire ; aussi, lorsque une place est traversée, les portions non comprises dans la route continuent-elles à faire partie de la voirie urbaine. Les mêmes règles sont applicables aux chemins vicinaux de grande communication (1). Quant aux chemins vicinaux ordinaires qui s'arrêtent à l'entrée de la commune, il est impossible d'établir une règle invariable pour reconnaître avec certitude où commence la rue et où finit le chemin vicinal ; c'est là une question de fait dont la solution dépend des circonstances et de l'appréciation des juges.

L'ouverture des rues doit être proposée par l'autorité locale et approuvée par l'autorité supérieure. L'utilité publique est déclarée par l'empereur, conformément au sénatus-consulte du 25 décembre 1852. Les particuliers ne pourraient pas, même à leurs frais, ouvrir des rues sans autorisation du gouvernement. La raison en est que l'ouverture d'une rue nouvelle étend l'action de la police, la nécessité de paver et celle d'éclairer, et qu'il ne peut pas dépendre des particuliers de mettre ces obligations à la charge de l'administration, sans son consentement. Quant aux simples *passages* il faut, pour les ouvrir, avoir à Paris l'autorisation du préfet de police (2). Dans les autres villes, aucune autorisation n'est nécessaire, mais l'administration a le droit de veiller sur ces lieux, comme sur tous ceux que le public fréquente, et d'imposer au propriétaire les précautions qu'exigeront les besoins de la sécurité.

DOMAINE PRIVÉ DE L'ÉTAT, DES DÉPARTEMENTS, DES COMMUNES ET AUTRES ÉTABLISSEMENTS PUBLICS.

Les biens compris dans le domaine de l'État sont immobiliers ou mobiliers. Dans la première catégorie rentrent les hôtels des ministres, les palais (3), les forêts, les forges et fonderies et les mines de sel. Dans la seconde, se trouvent les meubles et le matériel des diverses administrations, les papiers, titres, registres et livres contenus dans les archives ou bibliothèques appartenant à l'État, le matériel de l'imprimerie nationale, les armes, chevaux et harnais destinés aux différents services de la guerre et de la marine. Il y a

(1) Avis du conseil d'État du 25 janvier 1837.

(2) Ordonnance de police du 20 août 1811.

(3) Quoique ces édifices soient consacrés à un service, on ne peut pas les ranger dans le domaine public inaliénable et imprescriptible ; car ils ne sont pas compris dans la définition de l'art. 538 du Code Napoléon.

aussi un *domaine de l'État incorporel*, qui se compose du droit de pêche dans les rivières navigables et flottables, des péages pour le passage des routes ou des rivières sur des ponts ou bacs et du droit de chasse dans les forêts.

Quelques-uns des biens immobiliers, tels que palais, parcs et forêts, ont été abandonnés en jouissance à l'empereur et forment la *dotation de la couronne*. La propriété appartient toujours à l'État puisque l'empereur n'en a que l'usufruit; mais ils ont été soumis à des règles spéciales, et notamment ils sont *inaliénables* et *imprescriptibles* soit directement, soit indirectement; *indirectement* en ce sens qu'ils ne peuvent pas être grevés par les engagements que contracterait l'Empereur ou les pensions qu'il accorderait. L'échange même ne peut être consenti qu'en vertu d'un sénatus-consulte; un sénatus-consulte est également nécessaire pour approuver les baux dont la durée dépasserait vingt-cinq ans (1).

Le domaine de la couronne est complétement indépendant du *domaine privé* de l'empereur; ce patrimoine se compose des biens qu'il acquiert à titre gratuit ou onéreux pendant la durée de son règne; il peut en disposer comme il l'entend et même, sans être soumis aux règles sur la quotité disponible; à sa mort, ces biens, s'il n'en a pas disposé, font retour au domaine de l'État. Les actions relatives au domaine de la couronne et au domaine privé de l'empereur sont intentées par et contre le ministre de la maison de l'empereur (2).

L'ordonnance de Moulins, de 1566, ne prohibait que l'aliénation irrévocable du domaine de la couronne, et ne faisait pas obstacle à ce que le roi en abandonnât la jouissance à prix d'argent, sous la condition perpétuelle du rachat. Ce contrat s'appelait *contrat d'engagement* et les biens qui en étaient l'objet, *domaines engagés* (3).

Les possesseurs précaires de ces domaines que la tolérance royale avait laissés tranquillement en possession jusqu'à la révolution, furent menacés de rachat, après 1789. La loi du 14 ventôse an VII consacra une transaction entre les droits du trésor et la position des engagistes, en prescrivant aux détenteurs, dans le mois qui suivrait la promulgation de la loi, de déclarer à l'administration du département, les biens faisant partie de l'engagement et, s'ils voulaient devenir propriétaires incommutables, de s'engager,

---

(1) Sénatus-consulte des 12-17 décembre 1852.

(2) Le concours du ministre des finances n'est pas nécessaire, ainsi que l'a décidé le sénatus-consulte interprétatif des 23 avril-1er mai 1856. (Tome Ier, p. 534 et suiv.)

(3) Tome Ier, page 523.

dans le mois suivant, à payer en numéraire métallique le quart de la valeur desdits biens. Comme les délais étaient très-courts, beaucoup de détenteurs ne se mirent pas en règle et demeurèrent placés sous le coup de la révocation. Une loi du 12 mars 1820 décida qu'après trente ans, à partir du 14 ventôse an VII, les engagistes ne pourraient plus être inquiétés; mais le 4 mars 1829, avant l'expiration du délai, l'administration des domaines fit signifier environ 10,000 actes interruptifs de prescription. Cette matière n'est pas complétement épuisée, et dernièrement encore les tribunaux ont statué sur des contestations introduites avant l'expiration du nouveau délai de trente ans, qui courait depuis 1829.

Le domaine privé du département se compose des bâtiments destinés aux services publics tels que tribunaux, préfectures, sous-préfectures, prisons, etc., etc. Un décret du 9 avril 1811 a fait passer la plupart de ces édifices du domaine de l'État dans celui du département, avec le motif apparent de faire une libéralité aux départements, mais, en réalité, dans le but de dégréver le trésor public de l'entretien de ces bâtiments. Le département peut aussi avoir des biens comme propriétaire et jouir du fermage qu'ils rapportent; mais rarement les biens départementaux ont ce caractère.

Le domaine privé de la commune se compose : 1° des biens que la commune afferme et dont le prix tombe dans la caisse municipale, pour être employé aux dépenses obligatoires ou facultatives; 2° des biens dont la jouissance est abandonnée aux habitants privativement. Quand on emploie simultanément les mots *biens communaux*, on désigne tous ceux qui composent le domaine privé de la commune; mais le mot *communaux* employé seul ne s'entend que des biens dont les habitants jouissent en nature. Le mode de jouissance de ces biens peut être changé par le conseil municipal. D'après la loi du 18 juillet 1837, art. 17, la délibération du conseil, à ce sujet, est exécutoire par elle-même, si le préfet ne l'a pas annulée dans les trente jours. Le droit du conseil municipal n'est pas sans limite et notamment il ne pourrait pas ordonner que les biens seraient partagés entre les habitants en toute propriété, de telle sorte que chacun pût disposer de la part lui revenant. Cette solution résulte de l'abrogation des lois révolutionnaires qui avaient prescrit ou permis le partage des communaux (1). Mais rien ne

---

(1) Une loi du 14 août 1792 avait prescrit comme obligatoire le partage des communaux. La loi du 10 juin 1793, en substituant le partage facultatif au partage obligatoire,

s'opposerait à ce que le conseil substituât la possession exclusive de lots déterminés à la possession promiscue de la totalité (1). On pourrait aussi céder aux habitants des parcelles moyennant une somme même inférieure à la valeur réelle; mais comme, dans ce cas, il y aurait plutôt une réunion de ventes qu'un véritable partage, la délibération du conseil municipal ne serait pas exécutoire par elle-même, sauf annulation; il faudrait qu'elle fût revêtue d'une approbation formelle par le préfet, comme en matière de vente (2).

DES BIENS QUI PEUVENT APPARTENIR AUX PARTICULIERS COMME AUX PERSONNES MORALES.

Bois et forêts (3). — Les bois et forêts appartiennent tantôt à l'État, tantôt aux communes ou autres établissements publics, tantôt enfin aux particuliers.

Les bois et forêts de l'État sont soumis au régime forestier, quels que soient leur étendue, la nature des essences qui les composent et le mode d'exploitation qu'ils comportent (4). Les bois des communes et des établissements publics, au contraire, n'y sont assujettis qu'autant qu'ils ont été reconnus susceptibles d'aménagements ou d'une exploitation régulière par l'autorité administrative, sur la proposition de l'administration forestière et d'après l'avis des conseils municipaux ou des administrateurs des établissements publics (5). Quant aux bois et forêts des particuliers, ils ne sont pas,

---

déclara que, lorsqu'il aurait lieu, le partage devrait être fait par tête. Mais cette loi, suspendue par celle du 21 prairial an IV, fut abrogée par celle du 9 ventôse an XII. — Cette abrogation implique la prohibition de semblables partages à l'avenir.

(1) C'est ce qui a lieu en Lorraine et en Alsace; dans certaines communes, les biens sont partagés par voie de *lotissement* par feu ou chef de ménage. Les habitants lotis ont la jouissance même transmissible à certaines conditions; mais ils n'ont pas le droit de disposer comme propriétaires.

(2) Tome II, pages 416 et suivantes.

(3) Dans le langage des gens du monde, les bois se distinguent des forêts; celles-ci sont plus étendues que les premiers et croissent en *futaies*, tandis que les bois croissent en *taillis*. Dans la langue du droit, ces deux mots sont synonymes (Cour cass., 1er mai 1830). (T. Ier, p. 575-595.)

(4) Code forestier, art. 1 à 90. — Les bois de l'État comprennent ceux qui font partie de la dotation de la couronne et ceux qui dépendent des apanages réversibles.

(5) Art. 90 à 117 du Code forestier. — L'art. 90 parle, d'une manière générale, de l'*autorité administrative*, sans dire quel est le fonctionnaire qui statuera. Nous pensons qu'il doit être statué par le chef de l'État, duquel émanent toutes les autorités administratives. (Meaume, sur l'art. 90, *Commentaire du Code forestier*.)

en principe, soumis au régime forestier, et il y a lieu seulement de leur appliquer les dispositions auxquelles la loi a formellement renvoyé (1). Pour bien nous rendre compte de la différence qui existe entre ces divers bois, il nous faut donc répondre à cette question : En quoi consiste le régime forestier?

Le régime forestier consiste d'abord en ce que l'exploitation des bois auxquels il s'étend appartient aux agents de l'administration forestière (2). L'aménagement une fois fixé par décret, les agents mettent les coupes en adjudication, suivant l'ordre déterminé. Quant aux *massifs ou quarts en réserve*, l'administration forestière ne peut en faire vendre les coupes qu'avec l'autorisation spéciale du chef de l'État (3).

Les propriétaires limitrophes des bois soumis au régime forestier ont le droit, suivant la loi commune, de demander le *bornage* devant les tribunaux. Mais ces actions doivent s'arrêter, du moment que l'administration déclare qu'elle fera procéder à la *délimitation générale* de la forêt, dans le délai de six mois (4).

Les bois soumis au régime forestier sont protégés par des mesures de police spéciales, par des servitudes légales et des peines qui frappent certains délits ou contraventions. La loi punit également certaines contraventions commises dans les bois des particuliers; mais ces dispositions étant communes à tous les bois en général, il en résulte que les bois soumis au régime forestier sont couverts par des pénalités générales et par des pénalités spéciales, tandis que les bois des particuliers ne le sont que par des dispositions applicables à tous.

Les bois soumis au régime forestier ne peuvent pas être grevés de *droits d'usage* pour l'avenir, et il y a deux moyens de les libérer de ceux qui ont été constitués dans le passé : le *cantonnement* et le *rachat*. Le cantonnement est une opération qui consiste à convertir le droit d'usage portant sur le tout en un droit de propriété restreint à une portion. Ce moyen n'est applicable qu'au *droit d'usage en bois*, non aux droits de pâturage ou glandage; on comprend, en effet, qu'il n'y aurait pas le même avantage pour l'usager à pouvoir faire pâturer sur un canton restreint dont il serait propriétaire,

---

(1) Art. 120 du Code forestier. Cet article est limitatif.

(2) C'est sur les propositions de l'administration forestière que l'*aménagement* est réglé par décret. Une fois l'aménagement fait, les agents ont le droit de faire procéder aux coupes des portions non réservées.

(3) Art. 16 du *Code forestier*.

(4) Art. 8-14 du même Code.

qu'à pouvoir conduire son troupeau sur toute l'étendue de la forêt. Aussi les droits de glandage et de pacage doivent-ils être rachetés en argent (1). Le cantonnement et le rachat appartiennent aux particuliers comme à l'État et aux communes; mais ce qui les distingue sous le rapport des droits d'usage, c'est que les bois des particuliers peuvent être, par des conventions, grevés de nouveaux droits d'usage, tandis que les bois soumis au régime forestier ne peuvent pas en être chargés. Les bois des particuliers sont aussi susceptibles d'affectations spéciales, soit au profit d'une commune, soit au profit d'un établissement industriel; de pareilles clauses seraient, au contraire, nulles s'il s'agissait des bois de l'État; quant aux biens des communes et des établissements publics, il faut les assimiler, sous ce rapport, aux bois des particuliers. Le Code, en effet, qui défend de les grever de *droits d'usage* ne fait aucune inhibition semblable en ce qui concerne les *affectations;* or les deux espèces de droits sont distinguées non-seulement par le texte de la loi, mais encore par leur nature (2), car l'*usage* est établi pour les besoins personnels ou domestiques de l'usager, tandis que l'affectation a plus particulièrement en vue les besoins de l'industrie.

Les bois soumis au régime forestier supportent la servitude de *martelage* pour les arbres propres aux constructions de la marine (3). Cette charge fut maintenue provisoirement par le Code forestier sur les bois des particuliers; mais aujourd'hui les agents de la marine n'ont plus le droit de marquer les arbres qu'ils jugeraient être propres aux constructions navales que dans les bois de l'État, des communes ou des établissements publics.

Il en est autrement des travaux d'*endigage* ou de *fascinage* du Rhin. A une distance de cinq kilomètres à partir de la rive, le préfet peut ordonner que les bois nécessaires seront pris d'abord dans les forêts de l'État, puis dans ceux des communes et établissements publics, enfin, et en cas de besoin, dans ceux des particuliers (4).

---

(1) Les formes à suivre pour le cantonnement ont été réglées par décret du 12 avril 1854.

(2) Cette proposition résulte de ce que l'art. 90, relatif au bien des communes, renvoie seulement aux six premières sections du titre 3, et l'art. 112 ne renvoie qu'à la huitième du titre 3 sur les droits d'usage. C'est précisément dans la septième section, à laquelle le Code ne renvoie pas, que se trouvent les articles 58 et suivants sur les affectations.

(3) Art. 136 et suiv. du Code forestier.

(4) Art. 136 et suiv. Tome Ier, page 583-584. Les autres *affectations* ont été supprimées par le Code forestier, sous la distinction suivante, dans les bois de l'État : 1° celles qui étaient postérieures à 1566 ne devaient durer que dix ans jusqu'en 1837 ; 2° celles

Les bois communaux sont quelquefois affermés par baux dont le prix tombe dans la caisse municipale ; le plus souvent, les habitants en ont la jouissance en nature. Cette jouissance consiste tantôt dans le droit au bois de chauffage ou *affouage* (1), tantôt dans le droit au bois de construction pour la réparation des maisons de la commune. Suivant quelle règle ce partage doit-il être fait ?

Pour l'affouage, l'art. 105 du Code forestier dispose que le partage doit être fait *par feu*, c'est-à-dire par chef de maison ou de famille (2). C'est l'abrogation de la règle fixée par la loi du 10 juin 1793, qui prescrivait le partage *par tête*. Cependant le Code forestier a réservé les titres ou usages contraires dans le cas où il en aurait survécu quelqu'un, par suite de l'inexécution de fait des lois révolutionnaires. Cet article en effet n'a pas eu pour objet de faire revivre les titres anciens qui avaient été abrogés par la soumission à la loi du 10 juin 1793, mais seulement de maintenir des titres ou des usages qu'avait conservés la puissance des mœurs, dans un temps où le Gouvernement n'avait pas le loisir nécessaire pour tenir la main à l'exécution d'une loi dont l'intérêt était secondaire, si on la compare aux préoccupations politiques de cette époque (3).

Quant aux bois de construction, le même article du Code forestier dispose que la valeur des bois délivrés sera fixée à dire d'experts, et que le prix en sera versé à la caisse municipale ; mais il réserve les titres et usages contraires, de sorte que les habitants y peuvent avoir droit gratuitement; c'est ce qui a lieu, par exemple, dans les communes de Franche-Comté, où les habitants prennent le bois de construction proportionnellement au *toisé des maisons* (4). C'est à ces règles en matière de partage des produits fores-

---

qui étaient antérieures à 1566 devaient durer même après cette époque, pourvu que les ayants droit eussent fait constater leur droit, par une instance judiciaire, dans l'année après la promulgation du Code forestier.

(1) Affouage vient de *ad focagium*, et *focagium* de *focus*. La division par *feux* dans les anciens titres, coutumes et documents, est très-usuelle.

(2) Le projet primitif ne portait que les mots *chefs de famille*. On y ajouta les chefs *de maison*, de peur que la première rédaction ne fut pas assez compréhensive pour embrasser les prêtres et les célibataires. Dans certaines communes, l'école a une part indépendante de celle que prend l'instituteur comme chef de famille.

(3) Cette question est très-controversée. M. Curasson (*Code forestier*, t. I, p. 434 et 435) décide que les usages revivent nonobstant l'application de la loi de la révolution, cette application n'ayant été que momentanée. Cette opinion est énergiquement combattue par M. Meaume, *Commentaire du Code forestier*, tome II, page 100.

(4) Proudhon, *Traité des droits d'usage*, n° 923; Meaume, *Opere cit.*, tome II, pages 11[illegible] et suiv.; Migneret, *Traité de l'affouage*, n°s 175 et 176. (V. t. II, p. 417.)

tiers que la loi du 18 juillet 1837, art. 17, recommande de se conformer.

Quelle est la nature soit de l'affouage, soit, dans les communes où il y a titre ou usage, du droit au bois de construction? Des jurisconsultes l'ont confondu avec les droits d'usage dans les forêts (1); mais cette doctrine est erronée, puisque les droits d'usage ne sont exercés que dans la mesure des *besoins de l'usager*, tandis que, en matière d'affouage, les habitants ont le droit de vendre tout ou partie de leur lot (2).

Quant aux bois des particuliers, s'ils ne sont pas soumis au régime forestier, certaines dispositions leur sont communes avec les bois de l'État, des communes et des établissements publics. Ainsi, les propriétaires peuvent s'affranchir des droits d'usage par voie de *cantonnement* ou de *rachat* (3). Les droits de pâturage, panage et glandée n'y sont exercés que lorsque le bois a été déclaré *défensable* par l'administration forestière et suivant la *possibilité* du bois. D'après les dispositions provisoires du titre XV, les particuliers ne peuvent défricher qu'à la condition de faire quatre mois à l'avance leur déclaration à la sous-préfecture. Pendant ce délai, le préfet a le droit de former opposition au défrichement pour six causes déterminées par la loi, de telle sorte qu'en dehors de ces cas, l'opposition constituerait un excès de pouvoir. Aucune opposition ne peut d'ailleurs être faite au défrichement des parcs ou enclos, ni à celui des bois ayant moins de quatre hectares ou des semis de moins de vingt années (4). Sous ce rapport, les particuliers diffèrent des communes et autres établissements publics, qui doivent toujours, pour défricher, obtenir l'autorisation du gouvernement d'une manière positive et formelle, non par voie de simple non-opposition (5). Mais les différences les plus saillantes entre les bois des particuliers et les bois soumis au régime forestier consistent en ce que *l'aménage-*

---

(1) M. Proudhon a fait cette confusion, ainsi que M. Curasson son annotateur, et cependant il est incontestable que l'art. 83 du Code forestier applicable aux droits d'usage ne l'est pas à l'affouage.

(2) Voici comment M. Favard de Langlade, rapporteur à la Chambre des pairs, établissait la différence : « On doit faire une grande différence entre les droits d'usage qu'ont les habitants d'une commune dans les forêts de l'État et celui qu'ils ont dans leurs bois communaux. L'un est un droit sur une chose qui ne leur appartient pas, et l'autre un droit réel *qui n'est qu'un mode de jouissance de leur propre chose*. » L'affouage est plutôt « le » partage d'une chose *commune* et *indivise* qu'un droit d'usage sur la chose d'autrui. »

(3) Art. 118 du Code forestier pour le cantonnement, et 120 pour le rachat.

(4) Révision du Code forestier, votée en 1859. (*Moniteur* du 9 mai 1859, p. 530.)

(5) Art. 91 du Code forestier. Tome Ier, pages 575-595.

ment est fixé, dans les premiers, par le propriétaire et dans les seconds, par l'administration forestière. D'un autre côté, l'adjudication et l'exploitation des coupes ont lieu suivant des formes spéciales dans les bois soumis au régime forestier, tandis que le particulier peut vendre de gré à gré, sans aucune formalité.

Marais (1). — Les marais qui s'étendent encore sur une surface d'environ 185,000 hectares appartiennent, soit à l'État, soit aux communes, soit aux particuliers (2). Cette espèce de propriété qui, en général, est soumise au droit commun, se rattache au droit administratif par le côté spécial du *desséchement*. D'après la loi du 16 septembre 1807, le gouvernement peut ordonner, dans l'intérêt de la salubrité et de l'agriculture, le desséchement d'un marais sans le consentement des propriétaires et sans recourir aux formalités ordinaires de l'expropriation pour cause d'utilité publique. Les lois sur l'expropriation d'utilité publique sont, en effet, des lois générales qui n'ont pas dérogé à la loi spéciale sur le *desséchement des marais* (3). On ne recourrait à cette mesure extrême qu'autant qu'elle serait devenue nécessaire par suite de l'opposition obstinée que les propriétaires feraient aux travaux de desséchement. En ce cas, il faudrait appliquer la loi du 3 mai 1841 et non celle du 16 septembre 1807.

Si les propriétaires veulent faire eux-mêmes le desséchement, ils doivent être préférés pourvu qu'ils se soumettent aux conditions déterminées par le gouvernement. Dans la pratique, on commence par les mettre en demeure, et ce n'est qu'à leur refus que la concession est accordée à un autre. Entre les divers demandeurs en concession, le gouvernement a le choix et son pouvoir est discrétionnaire; aucune voie de recours n'est ouverte contre l'usage qu'il en fait, à moins qu'il ne méconnût la préférence accordée par la loi au propriétaire, ce qui constituerait un véritable *excès de pouvoir*.

Avant le commencement des travaux, on procède à l'évaluation des terrains en nature de marais. L'estimation est faite par trois experts dont l'un est nommé par le propriétaire ou par le syndicat

(1) Rapport de M. Casabianca, sénateur, sur le projet de Code rural.

(2) M. Laferrière (t. Ier, p. 737) portait à 284,000 hectares l'étendue des marais, d'après la statistique officielle de 1836. M. Dufour (t. VI, p. 122) porte à 800,000 hectares l'étendue des marais. Le chiffre total de 185,460 hectares est donné par le tableau détaillé du *Moniteur* du 22 janvier 1860 (v. Appendice IV).

(3) *Specialibus per generalia non derogatur.* Cela résulte expressément des explications qui furent données à la chambre, par M. Legrand, dans la discussion de la loi de 1833.

des propriétaires, quand il y en a plusieurs; le second par le concessionnaire et le tiers expert par le préfet; cette évaluation est ensuite remise à une *commission spéciale* composée de sept membres nommés par décret impérial, parmi les personnes qui n'ont aucun intérêt dans les travaux. Quand les travaux sont terminés, l'évaluation des terrains desséchés est faite, après une semblable expertise, par la même commission. En comparant les deux estimations, on connaît la plus-value résultant des travaux de desséchement, et on peut facilement déterminer ce qui est dû aux concessionnaires. Le décret de concession fixe en effet d'avance la part qui doit leur revenir dans la plus-value. Pour se libérer, les propriétaires ont trois moyens à leur disposition : 1° abandonner en payement une partie des terrains desséchés; 2° payer en argent la partie de la plus-value à laquelle les concessionnaires ont droit; cette libération peut même se faire d'une manière partielle, pourvu que les fractions ne descendent pas au-dessous du dixième; 3° constituer au profit du concessionnaire une rente foncière à raison de 4 p. 100. Tant de facilités s'expliquent, il est vrai, par le respect dû à la propriété privée, à laquelle le législateur n'a voulu porter qu'une atteinte aussi modérée que possible; mais elles rendent également compte de l'inefficacité du décret sur le *desséchement des marais*. Comment trouver en effet des compagnies prêtes à faire l'avance de capitaux dont la rentrée sera si lente (1)?

Dans la prévision que des entrepreneurs manqueraient peut-être à de semblables entreprises, le décret de 1807 a disposé que le desséchement pourrait être fait par l'État. L'indemnité doit alors être fixée de manière à rembourser le gouvernement des dépenses faites pour le desséchement, sans aucune part dans les bénéfices. Dans ce cas, comme dans celui de concession, la plus-value est déterminée au moyen de deux estimations, l'une antérieure et l'autre postérieure aux travaux; seulement il y a ceci de particulier que le tiers expert est nommé par le ministre de l'intérieur, et les deux autres experts par les syndics, pour les propriétaires et par le préfet, pour l'État (2).

Mines, minières et carrières. — On entend par *mines* des gisements en couches, amas ou filons : 1° de métaux ou de substances métalliques; 2° de charbons, bois fossiles, bitumes, aluns et sulfates à base métallique (3). Les *minières* comprennent

(1) Rapport au Sénat, par M. Casabianca, sur le projet de Code rural.

(2) Art. 8, dernier alinéa du décret du 16 septembre 1807.

(3) Tome Ier, p. 720. D'après les termes de l'art. 2 du décret du 21 avril 1810, on com-

les minerais de fer dits d'alluvion, les terres pyriteuses propres à être converties en sulfate de fer, les terres alumineuses et les tourbes. Enfin les *carrières* renferment les ardoises, les grès, pierres à bâtir et autres matières semblables. Quoique la loi du 21 avril 1810 ait procédé, dans ses définitions, par voie d'énumération scientifique, nous ne pensons pas qu'elle soit limitative dans toutes ses parties. La définition des minières étant une création artificielle de la loi, nous la considérons comme exclusive tandis que la distinction entre les mines et les carrières étant tracée par la nature des choses, l'énumération, en ce qui les concerne, est, à nos yeux, purement énonciative.

Il y a grand intérêt à distinguer les mines, les minières et les carrières à cause du régime administratif auquel elles sont soumises. Les mines ne peuvent être exploitées qu'en vertu d'une concession par décret impérial, dans la forme des règlements d'administration publique. Le chef de l'État l'accorde discrétionnairement à celui des demandeurs en concession qui lui paraît offrir les meilleures garanties pour une bonne exploitation ; la qualité de propriétaire du sol où le gisement est situé n'est même pas une cause de préférence devant laquelle le Gouvernement soit tenu de s'arrêter, si le propriétaire ne lui paraît pas être dans des conditions de fortune, d'intelligence ou d'activité favorables à l'exploitation de la mine. Seulement, lorsque la concession est accordée à un étranger, le décret de concession attribue, à titre d'indemnité, au propriétaire qu'on dépouille de la propriété du dessous, une certaine part dans les produits de la mine.

Après la concession, il y a, pour ainsi dire, deux propriétés superposées, mais complétement distinctes l'une de l'autre. Comme elles appartiennent à des propriétaires différents, elles sont aussi le gage exclusif des créanciers de chacun d'eux, et la loi dispose formellement que les deux immeubles pourront être grevés séparément d'hypothèques (1). Quant à la propriété du dessus, on y réunit la redevance fixée à titre d'indemnité par le décret de concession et elle demeure affectée à la sûreté des créanciers ayant hypothèque sur la surface (2).

Une fois accordées, les concessions ne peuvent pas être retirées ar-

---

mence par compter au nombre des mines certains métaux nominativement désignés, avec cette addition : « *et toutes autres substances métalliques.* » On y ajoute ensuite le soufre, le charbon, les aluns, bitumes, sulfates et bois fossiles.

(1) Art. 19 du décret du 21 avril 1810.

(2) Art. 18 du décret du 21 avril 1810. — Pour les formes à suivre dans les demandes en concession de mines, voir les art. 22 à 31 du décret.

bitrairement par le gouvernement; mais il y a certains cas prévus par la loi où elles deviennent révocables. Ainsi, d'après la loi du 27 avril 1838 sur l'asséchement des mines, le concessionnaire qui ne paye pas, dans le délai de deux mois, sa part contributive dans les frais communs est réputé faire l'abandon de sa concession, et le ministre peut en prononcer le *retrait* (1). Cette *résolution* qui permet de procéder à l'adjudication publique de la concession résiliée ne doit pas être confondue avec la *suspension simple* prononcée par le préfet, en vertu du pouvoir de surveillance et de police qui lui a été conféré par la loi, dans l'intérêt de la sécurité publique (2).

Quant aux *minières*, il faut distinguer si elles sont exploitées à *ciel ouvert* ou par *galeries souterraines*. Dans le premier cas, tout propriétaire a le droit de les exploiter, à la condition seulement d'en faire la déclaration à la préfecture (3). Si le propriétaire ne veut pas faire l'exploitation de la minière, les maîtres de forges ont le droit, après l'avoir mis en demeure, de se substituer en son lieu et place, avec l'autorisation du préfet (4). Lorsque l'exploitation est faite par galeries, une concession est nécessaire et elle s'obtient en suivant les mêmes formes qu'en matière de mines (5).

L'exploitation des *carrières* n'est soumise à aucune permission et le propriétaire a seul le droit d'exploiter, à l'exclusion de tout autre, sauf les entrepreneurs de travaux publics qui, en vertu d'une subrogation aux droits de l'État, peuvent prendre des matériaux sur les propriétés voisines des travaux (6). Les carrières sont seulement soumises à la surveillance de la police, et sous ce rapport, il y a une distinction à faire. La carrière est-elle exploitée à *ciel ouvert*, la surveillance à laquelle elle est soumise est celle des autorités ordinaires générales ou locales. Que si, au contraire, elle est exploitée par *galeries souterraines*, la police et la surveillance s'exercent comme en matière de mines (tit. V, du décret du 21 avril 1810).

(1) Art. 6 de la loi du 27 avril 1838.

(2) Décret du 3 janvier 1813 et ordonnance du 23 mars 1843. Le *retrait* ne pouvant être prononcé que dans les cas déterminés par la loi donne ouverture au recours contentieux; la suspension, en vertu du droit de police, est une mesure d'*administration pure*.

(3) Art. 59 du décret du 21 avril 1810.

(4) Art. 60 du décret du 21 avril 1810.

(5) Art. 68 du décret du 21 avril 1810.

(6) Loi du 28 pluviôse an VIII, art. 4. — Art. 81 et suiv. du décret du 21 avril 1810.

CHOSES QUI APPARTIENNENT AUX PARTICULIERS.

Ateliers et établissements dangereux, incommodes ou insalubres (2). — Le voisinage de certains établissements est tellement dangereux ou incommode que le législateur en a soumis la formation à l'autorisation préalable et à la surveillance de l'administration. On en distingue trois classes : 1° ceux qui doivent être éloignés des habitations, parce qu'aucune précaution ne peut leur enlever le caractère d'incommodité ou d'insalubrité qu'ils portent; 2° ceux qui ne peuvent être rapprochés des habitations que moyennant certaines mesures de précaution qui leur font perdre ou du moins atténuent sensiblement leurs inconvénients; 3° ceux qui peuvent être établis dans l'intérieur des villes, même sans précautions, mais qui cependant doivent être soumis à une certaine surveillance. A chacune de ces classes d'établissements correspondait, avant le décret de décentralisation, une autorité chargée de donner l'autorisation. Pour la première classe, il fallait un décret impérial en conseil d'État ; pour la seconde, c'était le préfet qui était compétent et, pour la troisième, la permission était délivrée par le sous-préfet qui devait prendre préalablement l'avis des maires (2).

Le décret du 25 mars 1852 a donné compétence au préfet pour autoriser les établissements de première et de deuxième classe. Est-ce à dire pour cela que la distinction entre les deux classes n'ait plus aucun intérêt? Nullement ; car, si l'intérêt a disparu, au point de vue de la compétence, il s'est conservé en ce qui concerne *l'instruction*. Avant la décentralisation, la forme de procéder à l'instruction n'était pas la même pour la première que pour la deuxième classe, et cette différence subsiste malgré l'unité de la compétence. Ainsi la demande doit, pour la pemière classe, être affichée pendant un mois, dans les communes à cinq kilomètres de distance, condition qui n'est point exigée pour la deuxième classe (3).

L'autorisation fait-elle obstacle aux demandes en dommages-intérêts formés par les tiers que léserait le voisinage de cet établissement? — Il semble que le fabricant, une fois qu'il a obtenu l'autorisation, n'a pas à répondre des conséquences produites par

---

(1) Tome Ier, page 448.

(2) Décret du 15 octobre 1810 et ordonnance du 14 janvier 1815. D'après le décret du 15 octobre 1810, l'autorisation pour la troisième classe devait être donnée par le maire. C'est l'ordonnance qui a fait passer la compétence du maire au sous-préfet.

(3) Instruction ministérielle du 22 novembre 1811.

l'exercice de son droit : *neminem lædit qui jure suo utitur*. Mais le droit de chacun est limité par le droit d'autrui, et la jurisprudence a toujours décidé que l'autorisation administrative est accordée *sauf la réserve des droits des tiers*. Quand est-ce que l'atteinte sera suffisante pour servir de fondement à une action en dommages-intérêts ? C'est une question de fait qui doit être jugée suivant les circonstances ; seulement, comme règle servant de guide dans l'appréciation des affaires, on peut dire qu'une indemnité sera due toutes les fois que le dommage souffert par le propriétaire voisin dépassera les limites de ce qu'imposent les relations de bon voisinage (1).

Brevets d'invention (2). — Toute nouvelle découverte ou invention, dans tous les genres d'industrie, donne à son inventeur le droit exclusif d'exploitation pendant un certain temps, à la condition de demander un brevet ; le privilége appartient à quiconque fait à la préfecture de son département une déclaration dont il lui est donné acte. Cette demande est transmise par le préfet au ministère de l'agriculture avec : 1° la description des procédés qui constituent la découverte ; 2° les dessins ou échantillons propres à faciliter l'intelligence de la demande ; 3° un bordereau des pièces produites. Le brevet est délivré par le ministre de l'agriculture et du commerce, *sans examen préalable*. Aussi n'est il pas garanti par le gouvernement, et la loi exige même, sous certaines pénalités, que toute publication du brevet par affiches ou annonces soit accompagée de la mention : *Sans garantie du gouvernement* (3).

Le principe du non-examen préalable n'a pas cependant été admis d'une manière absolue, et la loi a déterminé deux inventions pour lesquelles la déclaration ne doit pas être reçue : ce sont les *remèdes* et les *combinaisons financières*. Toutes les autres découvertes sont brevetables en ce sens que la déclaration doit être reçue et le brevet délivré ; seulement la validité du privilége pourra être contestée par les parties intéressées devant les tribunaux ordinaires (4).

Pour que le brevet soit valable, il faut qu'il ait pour objet une *invention* ou une *découverte nouvelles*, et l'on considère comme

(1) Jurisprudence de la Cour de cassation, arrêt du 20 février 1849. — M. Dufour (t. II. p. 695 et suiv.) combat la doctrine consacrée par la Cour de cassation. Il n'accorde de dommages-intérêts que pour le préjudice *direct et matériel*, tel que la perte de récolte, et cite comme favorable à son opinion un arrêt de la Cour de cassation du 27 novembre 1844. A ses yeux, l'autorisation administrative a jugé la question de savoir si l'atelier est ou non conforme aux relations de bon voisinage.

(2) Tome II, pages 235 et suivantes.

(3) Art. 33 de la loi du 5 juillet 1844. La peine consiste en une amende de 50 à 1,000 francs.

(4) Art. 1er de la loi du 5 juillet 1844

telles : 1° l'invention de nouveaux produits industriels; 2° l'invention de nouveaux moyens ou l'application nouvelle de moyens connus, pour l'obtention d'un résultat ou d'un produit industriel (3). Ces termes excluent d'abord toutes les conditions *négatives* et ne permettent d'accorder le privilége qu'aux découvertes *positives* consistant en un *produit*, un *résultat* ou un *moyen*. Le *produit* est un objet susceptible d'entrer dans le commerce; le *résultat* s'entend de tout effet utile de nature à faciliter ou à améliorer la fabrication des produits; le *moyen* est une expression qui comprend tous les agents ou procédés capables d'amener un résultat industriel. Les méthodes et découvertes scientifiques ne donnent pas lieu à la délivrance d'un brevet valable, à moins que l'inventeur n'en ait indiqué les applications industrielles.

Tout breveté peut demander un certificat d'addition à son brevet pour un changement ou un perfectionnement de sa découverte; lorsqu'il se borne à demander un certificat d'addition, le brevet accessoire n'a que la durée du brevet principal et ne vaut que pour le temps qui reste à courir. S'il y trouvait plus d'avantage, le breveté pourrait, pour son perfectionnement, prendre un nouveau brevet principal pour cinq, dix ou quinze années, conformément aux règles ordinaires. En ce qui concerne la durée du privilége, l'avantage est évident; mais il y a aussi cette différence que le certificat d'addition ne donne droit qu'à la perception d'un droit fixe de 20 fr., tandis que le brevet principal de perfectionnement n'est accordé que moyennant le payement de 100 fr. par an.

Tout individu autre que le breveté primitif peut prendre un brevet de perfectionnement après l'expiration de la première année; quand il forme sa demande avant l'expiration de ce délai, elle reste déposée sous cachet au ministère de l'agriculture et du commerce et n'est ouverte qu'à la fin de l'année; on examine, à cette époque, si le breveté primitif ou les ayants-cause n'ont pas demandé un certificat d'addition ou un brevet de perfectionnement. S'ils l'ont fait, on leur accorde la préférence; sinon, le brevet est délivré à l'autre demandeur.

Les étrangers peuvent obtenir, en France, des brevets d'invention (2); la loi leur accorde également le droit de prendre des brevets, en France, pour les découvertes déjà brevetées à l'étranger; mais la durée du privilége français ne dépasse pas celle du privilége conféré à l'inventeur dans son pays (3).

(1) Art. 3 de la même loi.
(2) Loi du 5 juillet 1844, art. 27.
(3) Art. 29 de la loi du 5 juillet 1844.

Lorsque l'inventeur prend le brevet, il doit déclarer s'il entend lui assigner une durée de cinq, dix ou quinze ans. Quel peut être l'intérêt de cette déclaration, puisque les droits ne sont payés que par annuité de 100 fr, et que le breveté a toujours la faculté de réduire la durée en discontinuant de payer le droit? Le breveté n'aura-t-il pas toujours intérêt à fixer la durée la plus longue, sauf à laisser périmer son brevet? Il n'y a pour l'inventeur avantage à fixer un délai plus court que pour la *cession* du brevet (1). En effet, la première condition de la transmission consiste dans l'acquittement de toutes les annuités, et c'est, d'après la déclaration primitive, que leur nombre est fixé.

Les brevets d'invention peuvent être attaqués soit par voie d'action, soit par voie d'exception pour cause de *nullité* ou de *déchéance*. La nullité est concomitante de la délivrance du brevet et se fonde sur des circonstances qui, dès l'origine, ont affecté le prétendu droit de l'inventeur. Ainsi le brevet est nul si la découverte n'était pas nouvelle, si l'invention était dangereuse pour l'ordre public, si elle avait déjà été publiée à l'étranger, etc., etc. (2). — La déchéance, au contraire, résulte d'un fait postérieur à la délivrance du brevet; par exemple, le breveté qui ne paye pas les annuités avant le commencement de chaque année, ou celui qui aura tardé à exploiter son brevet plus de deux ans, depuis la signature, ou celui qui aurait introduit de l'étranger en France des produits semblables à ceux pour lesquels il a obtenu son brevet en France, peuvent être déclarés déchus à partir du moment où est survenu le fait productif de la déchéance.

Les parties intéressées ont le droit de demander la *nullité* ou la *déchéance*, par voie d'action principale, devant le tribunal civil de

---

(1) La cession du brevet ne peut être faite que par acte notarié; il faut en outre, pour être valable à l'égard des tiers, qu'elle soit enregistrée au secrétariat de la préfecture du département dans lequel l'acte de cession a été fait. Art. 20 de la loi du 5 juillet 1844. De la contexture de cet article il résulte que l'acte notarié est exigé pour que la cession soit valable entre les parties contractantes (*inter partes*), puisque la loi ajoute que c'est par l'enregistrement à la préfecture qu'il produit des effets « *à l'égard des tiers.* » Il faut conclure de là que la loi a créé ici un contrat solennel dans lequel les formalités extrinsèques sont exigées *ad solemnitatem non ad probationem tantum.* Il se peut que le législateur n'ait pas eu tout à fait cette pensée; mais cette conclusion s'évince de la rédaction de l'art. 20 soumis aux règles d'interprétation juridique.

(2) Art. 30. Lorsque le produit ou résultat industriel est breveté à l'étranger, l'inventeur étranger est le seul qui puisse obtenir un brevet en France. Si la découverte a été publiée à l'étranger sans que l'inventeur ait pris de brevet, nul ne peut être breveté en France; car 1° les Français ne peuvent pas obtenir brevet pour un produit ou un résultat connu à l'étranger (art. 31 de la loi de 1844); 2° les étrangers ne peuvent obtenir de brevet en France qu'à la condition d'être brevetés dans leur pays (art. 29 de la même loi).

première instance qui déclare le brevet nul ou périmé. Ces deux moyens sont également opposables par voie d'exception, soit à une demande civile en dommages-intérêts contre le fabricant de produits similaires, soit dans une instance correctionnelle en contrefaçon ; le défendeur ou l'accusé repousseront la demande en dommages-intérêts ou l'action correctionnelle en invoquant la nullité ou la déchéance (1). Les actions en nullité ou déchéance appartiennent aux parties intéressées ; le ministère public peut, dans tous les cas, se porter partie intervenante et, dans quelques-uns, la loi lui donne le pouvoir d'agir principalement (2). Quant à l'action publique en contrefaçon, le ministère public ne peut l'exercer que sur la plainte de la partie lésée (3).

SERVITUDES D'UTILITÉ PUBLIQUE.

La proximité du domaine public impose aux propriétés voisines plusieurs servitudes légales d'utilité publique, qui, en principe, ne donnent droit à aucune indemnité. La plus grande partie viennent du voisinage des voies de communication, chemins, rues, routes, rivières ou canaux ; quelques-unes très-onéreuses pèsent sur les fonds situés à une certaine distance des places de guerre et des cimetières.

Les riverains des routes étaient autrefois soumis : 1° à l'obligation de faire curer les fossés ; 2° à celle de supporter le rejet des terres sur leur fonds. La première de ces deux servitudes a été supprimée par la loi du 12 mai 1825, et comme la loi n'a rien dit de la seconde, il faut en conclure que les propriétaires doivent recevoir le rejet des terres (4). Les riverains sont également tenus de supporter les eaux qui coulent de la route sur leur fonds, sans pouvoir rien faire qui détermine le reflux ; cette servitude n'est pas l'application pure et simple de l'article 640 du Code Napoléon, suivant lequel le propriétaire du fonds inférieur est astreint à recevoir les eaux qui coulent du fonds supérieur ; cet article ne parlant que des eaux qui « *s'écoulent naturellement sans que la main de l'homme y ait contribué* » ne serait pas applicable à la chaussée d'une route qui est construite de manière à faciliter le mouvement des eaux ; c'est

---

(1) Art. 46 de la loi du 5 juillet 1844.

(2) Art. 37 de la loi du 5 juillet 1844. Il peut agir par action principale dans les cas prévus aux nos 2, 3, 4 et 5 de l'art. 30. Dans le cas prévu au no 1 il ne peut agir qu'à titre de partie intervenante.

(3) Loi du 5 juillet 1844, art. 45.

(4) Une déclaration formelle, en ce sens, fut faite à la chambre en 1825.

donc une servitude d'utilité publique autre que celle de droit commun (1).

Lorsqu'une grande route traverse un bois, l'administration a le droit d'exiger que les arbres et taillis soient *essartés*, c'est-à-dire arrachés sur une largeur de soixante pieds; si cette étendue n'est pas absorbée par la largeur de la chaussée et des fossés, l'essartement s'étendra de chaque côté, de manière à dégager les abords de la route, dégagement profitable qui aura le double avantage d'empêcher l'humidité qu'entretiendraient des arbres trop rapprochés et de rendre le chemin plus sûr, en éloignant les retraites des malfaiteurs (2).

Une autre servitude qui peut être considérée comme la contrepartie de la précédente est celle qui permet à l'administration d'exiger que les riverains plantent des arbres sur leur propre fonds, à la distance de 1 mètre du bord extérieur du fossé; ces plantations ont pour objet d'aider à reconnaître le chemin en temps de neige, dans les endroits où la route est de niveau avec les champs voisins (3).

Nulle voie de communication n'impose aux propriétaires riverains un plus grand nombre de servitudes que les chemins de fer. Il en faut distinguer deux catégories : 1° celles qui leur sont communes avec les routes; 2° celles qui leur sont propres. Les premières sont énumérées dans l'art. 3 de la loi du 15 juillet 1845 et, cette énumération étant limitative, on ne doit pas l'étendre aux servitudes qui n'en font pas partie; nous n'avons à nous occuper ici que des secondes (4).

Il est défendu, en premier lieu, aux propriétaires riverains de construire tout bâtiment *autre qu'un mur de clôture* à une dis-

---

(1) Tome Ier, page 675.

(2) Cette servitude résulte de l'édit de juillet de 1607, reproduit par les art. 1 et 3 de l'ordonnance de 1669 : « Tous bois, épines et broussailles qui se trouveront dans l'espace de soixante pieds *ès grands chemins*, servant au passage des coches et carrosses....., seront essartés et coupés *en sorte que le chemin soit libre et plus sûr.* » L'interprétation de cette disposition a donné lieu à trois systèmes. D'après le premier, consacré par avis du conseil d'État, en date du 18 novembre 1824, il faudrait essarter à 60 pieds de chaque côté, à partir du bord extérieur du fossé. Comme ordinairement la route et les fossés occupent une largeur de 60 pieds, l'essartement dans cette opinion se serait étendu sur 180 pieds. Un second système comptait les soixante pieds de chaque côté, mais avec le milieu de la chaussée pour point de départ, ce qui, en tout, faisait 120 pieds (Isambert, *Voirie*, t. I, p. 265). Enfin le troisième système énoncé au texte a été adopté par un nouvel avis du conseil d'État, en 1850, et dans une circulaire du ministre des travaux publics, du 31 janvier 1850.

(3) La législation a plusieurs fois changé sur ce point. D'après une ordonnance de 1720, les riverains étaient obligés de planter sur leur propre fonds. — D'après un règlement plus ancien de 1583, c'était sur le sol de la route que la plantation devait être faite. Cette disposition, reproduite par la loi du 9 ventôse an XIII, fut abrogée par le décret du 16 décembre 1811, d'après lequel la plantation doit être faite sur les propriétés des particuliers, à 1 mètre du bord extérieur du fossé.

(4) Tome Ier, page 668.

tance moindre de 2 mètres, à partir de l'arête inférieure du remblai ou de l'arête supérieure du déblai ou enfin, dans les parties qui ne sont ni en remblai ni en déblai, à partir de 1m.50 des rails extérieurs de la voie. L'exception qui est faite pour les murs de clôture s'explique par deux motifs : 1° la loi voulant que les chemins de fer soient clos de chaque côté, un mur remplit plus complétement son vœu que ne pourrait le faire un simple grillage ; 2° on n'a pas à craindre pour ces murs, comme pour les maisons habitées, le jet sur la voie de matières propres à causer des accidents. Les raisons qui ont fait établir cette servitude conduisaient à ordonner la démolition des maisons déjà construites à cette distance ; mais comme on n'aurait pu le faire, sans injustice, qu'en remplissant les formalités de l'expropriation pour cause d'utilité publique, le législateur, afin d'éviter une énorme dépense, a préféré disposer que *« les constructions pourraient être entretenues dans l'état où elles se trouvaient »* au moment de la création du chemin de fer (1).

Une autre disposition de la même loi défend d'établir, à une distance de 20 mètres d'un chemin de fer desservi par des machines à feu, des dépôts de matières inflammables, à l'exception seulement des récoltes pendant la moisson. Ces deux prohibitions ont ce caractère commun qu'elles ne peuvent pas être levées par l'autorité supérieure, tandis que les suivantes sont susceptibles d'exceptions.

Dans les localités où le chemin de fer est en remblai de plus de 3 mètres au-dessus du terrain naturel, il est interdit aux propriétaires de pratiquer, *sans autorisation préalable*, des excavations dans une zone de largeur égale à la hauteur verticale du remblai. Cette permission ne peut pas être accordée sans que les fermiers ou concessionnaires de l'exploitation aient été entendus.

D'un autre côté, dans une distance de 5 mètres, aucun dépôt de pierres ou matières non inflammables ne peut être établi sans l'autorisation du préfet, et cette autorisation est toujours révocable. L'autorisation n'est pas nécessaire : 1° pour former dans les localités où la route est en remblai des dépôts de matières non inflammables, à la condition cependant que leur hauteur n'excède pas celle du remblai. On n'a pas alors à craindre, en effet, comme dans

---

(1) Ces mots : « *entretenus dans l'état*, etc., etc., » ont donné lieu à une double interprétation. A la Chambre des députés, il fut dit que l'on pourrait faire aux maisons dont il s'agit ici toutes les réparations, *confortatives ou non*, et que la loi ne prohibait que la reconstruction totale. A la Chambre des pairs, il fut entendu que la disposition serait prise dans le sens des règlements de voirie, et que, par conséquent, le propriétaire ne pourrait faire que les réparations d'entretien, à l'exclusion des *travaux confortatifs*. Dans le doute, nous pensons qu'il faut se prononcer contre la servitude en faveur du propriétaire (V. Jousselin, *Servitudes d'utilité publique*, t. II, p. 389).

le cas où le chemin est en déblai ou même de niveau avec le sol, que les éboulementes des matières déposées parviennent jusqu'à la voie; 2° l'autorisation n'est pas exigée non plus pour former des dépôts temporaires d'engrais et autres objets nécessaires à la culture des terres C'est ainsi que nous avons déjà vu une exception faite dans l'intérêt de l'agriculture à la servitude qui éloigne les matières inflammables au delà de 20 mètres.

Pour tous les cas dont nous venons de parler, lorsque les besoins de la sûreté le permettent, les distances que fixe la loi peuvent être abrégées par décrets impériaux rendus après enquête.

Les servitudes dont il nous reste à parler méritent des développements plus étendus que les précédentes; ce sont: 1° l'alignement; le chemin de halage; 3° le voisinage des places de guerre; 4° le voisinage des cimetières.

Alignement (1). — On entend par alignement l'acte au moyen duquel l'administration fixe la ligne séparative entre la voie publique et les propriétés riveraines. Dans ce bornage, l'autorité administrative n'est pas astreinte, comme les tribunaux ordinaires, à faire l'application des titres de propriété; elle a le droit de supprimer les *plis et coudes*, de manière, soit à redresser, soit à élargir la voie publique. Cette délimitation est faite de deux manières, par *alignement général* ou par *alignement partiel.*

Le plan général d'alignement est arrêté et homologué d'avance, il sert de règle aux alignements individuels que les riverains sont tenus de demander, quand ils veulent faire une construction le long des chemins publics, conformément aux édits encore en vigueur de décembre 1607 et du 27 février 1765. L'obligation de demander l'alignement partiel est imposée aux propriétaires, soit qu'il existe un plan général, soit qu'il n'y en ait pas. — Pour faciliter l'étude de cette importante matière, il faut considérer successivement la voirie urbaine, les chemins vicinaux et les grandes routes.

En matière de voirie urbaine, le plan général était autrefois approuvé par le chef de l'État, le conseil d'État entendu; le décret de décentralisation a substitué l'homologation par le préfet à la forme ancienne (2).

Quel est l'effet produit, en matière de voirie urbaine, par le plan d'alignement?—Les maisons situées sur la partie retranchable sont à l'instant, grevées d'une servitude qui empêche le propriétaire de les réparer de manière à en prolonger la durée; tous *travaux confor-*

(1) Tome Ier, page 670.

(2) Décret du 25 mars 1852, tableau A, n° 50.

tatifs ou *réconfortatifs* sont donc prohibés, et les propriétés bâties sont condamnées à subir l'action insensible de la vétusté. Quand viendra le moment de la démolition, la ville ne payera au propriétaire que la valeur du sol réunie à la voie publique, et ne lui donnera pas d'indemnité pour le préjudice qu'il a éprouvé par suite de la destruction forcée de sa maison.

Si, au lieu d'attendre l'action du temps, la commune voulait immédiatement faire reculer les riverains, elle serait obligée de recourir aux formalités de l'expropriation pour cause d'utilité publique, et de payer une indemnité non-seulement pour la valeur du terrain mais encore pour celle de la construction. — Remarquons ici que la législation sur l'alignement n'est applicable qu'au *redressement* et à l'*élargissement* des rues déjà ouvertes; on ne pourrait pas *ouvrir* une rue nouvelle autrement qu'en suivant les formes de l'expropriation d'utilité publique.

Pour assurer l'exécution de cette disposition, les règlements ont obligé les propriétaires qui veulent soit construire, soit faire des travaux au mur de face, à demander l'autorisation au maire; celui-ci doit donner, en cas de construction, l'alignement conforme au plan général et, en cas de réparations au mur de face, ne permettre que les travaux non confortatifs. Celui qui construit, sans autorisation, est condamné à l'amende, même quand il n'empiète pas sur la voie publique; s'il empiète, il est en outre condamné à démolir (1). La même distinction devrait conduire à décider que si le propriétaire fait, sans autorisation, des réparations non confortatives, il sera condamné seulement à l'amende, et que si elles étaient confortatives il y aurait lieu de le condamner tout à la fois à l'amende et à la démolition. La jurisprudence de la Cour de cassation (2) a cependant décidé que, dans tous les cas, il faut ordonner la destruction de la *besogne mal plantée*, sans distinction entre les travaux confortatifs et ceux qui ne le sont pas. Mais la démolition étant la réparation du dommage causé, nous ne pourrons jamais nous habituer à la pensée de la réparation d'un dommage qui n'existe pas (3).

---

(1) Arrêts de la Cour de cassation du 2 janvier 1847 et du 8 décembre 1849. — Elle a changé par ces deux arrêts la jurisprudence qu'avaient consacrée les arrêts des 21 juin 1844 et 20 septembre 1845.

(2) Arrêts des 26 juin et 19 septembre 1845, 17 décembre 1847, 4 mai 1848, 6 août et 14 octobre 1852.

(3) Le motif déterminant de cette jurisprudence est tiré de ce que l'amende de simple police étant trop peu élevée, les propriétaires aimeraient mieux la supporter que de subir le refus de l'autorité municipale. — L'amende, pour les contraventions de voirie urbaine, est prononcée par le juge de paix, et c'est pour cela que nous avons sur cette matière une jurisprudence de la Cour de cassation.

Le maire doit délivrer les alignements partiels qu'on lui demande, conformes au plan général; s'il s'en écartait, il porterait atteinte à un droit (1). S'il n'y a pas de plan général, le maire délivre l'alignement partiel suivant son appréciation des besoins de la circulation; lui aussi peut ordonner le redressement des *plis et coudes* (2), et obliger les propriétaires à reculer (3).

En matière de voirie vicinale, le préfet était compétent pour approuver les plans généraux d'alignement, même avant le décret de décentralisation; ce droit résultait de sa compétence pour *reconnaître* ou *déclarer* la vicinalité. Seulement, en ce qui concerne les chemins de grande communication, la compétence du préfet est subordonnée à l'approbation du Conseil général.

La distinction entre les chemins vicinaux ordinaires et les chemins de grande communication est encore plus grande relativement aux alignements partiels. Pour les premiers, il doit être demandé au maire dont l'autorisation n'est du reste définitive qu'après avoir été approuvée par le sous-préfet (4). Le long des chemins vicinaux de grande communication, l'alignement doit être demandé au préfet dont la compétence s'étend sur la traverse des villes; car il faut, avec la jurisprudence administrative, considérer les rues traversées comme étant la continuation des chemins de grande communication. La moyenne vicinalité formée par les chemins d'intérêt commun ne rentre pas dans les attributions du préfet, sous le rapport de l'alignement; c'est au maire, sauf l'approbation du sous-préfet, qu'il faut s'adresser, comme pour les chemins vicinaux ordinaires (5).

---

(1) Cette atteinte, à un droit acquis par un acte administratif, aurait, d'après les principes que nous exposerons plus tard, donné ouverture au recours contentieux; mais, par exception, l'art. 52 du décret du 16 septembre 1807 a disposé que le pourvoi serait porté *devant le conseil d'État administrativement*.

(2) Expressions employées par l'édit de décembre 1607.

(3) Lorsque le maire délivre un alignement individuel, en l'absence d'un plan général, il fait un acte d'administration pure, contre lequel les parties peuvent se pourvoir, par la voie hiérarchique, jusqu'au ministre; mais le recours au conseil d'État, par la voie contentieuse, ne leur est pas ouvert. Voir décret contentieux du 19 juillet 1855.

(4) Cela résulte de l'instruction en forme de règlement, du 21 juillet 1854, art. 281 et suivants. Ces dispositions forment le droit commun partout où il n'y a pas été dérogé par quelque arrêté local pris en vertu de l'art. 21 de la loi du 21 mai 1836. Voir le Commentaire de ce règlement par M. Grandvaux, tome II, page 62 et suivants. La largeur légale n'est plus des six mètres fixés par la loi du 9 ventôse an XIII. Elle est fixée par département, suivant un tableau qui est annexé à l'art. 2 du règlement (t. Ier, p. 19), et varie entre 5 et 10 mètres pour les chemins vicinaux ordinaires, et entre 6 et 12 pour ceux de grande communication.

(5) Art. 6 de la loi du 21 mai 1836. Le préfet n'est compétent que pour déterminer les communes intéressées, et fixer la part suivant laquelle chacune sera tenue de contribuer à la dépense.

En matière de grande voirie, les plans généraux doivent être approuvés par décret impérial rendu dans la forme des règlements d'administration publique. Pour la portion où le chemin traverse une ville, le décret doit être précédé de la délibération du Conseil municipal qui, du reste, n'est appelé à donner qu'un simple avis. Cette formalité s'ajoute à l'enquête locale qui est ouverte sur l'ensemble du plan (1).

Les alignements partiels sont délivrés par le préfet qui doit se conformer au plan général lorsqu'il y en a un; s'il s'en écartait, il violerait un droit acquis (2).

Une circulaire ministérielle a, pour éviter les lenteurs, délégué aux sous-préfets l'alignement dans les rues-traverses des villes (3).

Quand il n'a pas été dressé de plan général, le préfet donne l'alignement sans être tenu de se conformer aux titres et à la possession; il peut élargir la voie publique, en prenant sur les propriétés riveraines, et le droit des propriétaires se résout en une indemnité (4).

En résumé, pour la voirie urbaine, le plan général est homologué par le préfet et l'alignement partiel est donné par le maire, soit qu'il y ait un plan général, soit qu'il n'y en ait pas. Quand il ne se conforme pas au plan général, il viole un *droit acquis* et, si le recours par la voie contentieuse n'est pas ouvert, c'est que l'art. 52 du décret du 16 septembre 1807 a voulu, par exception, que le pourvoi fût porté administrativement devant le conseil d'État. Lorsqu'il n'y a pas de plan général, l'alignement partiel est un acte

---

(1) *Instructions* du ministre de l'intérieur, du 13 thermidor an VI; du directeur général des ponts et chaussées, des 22 juin 1809, 3 août et 16 décembre 1833; et enfin du ministre des travaux publics, du 27 décembre 1849. Voir la loi du 3 mai 1841, tit. 2.

(2) Il y aurait, par conséquent, ouverture à recours par la voie contentieuse, conformément aux principes généraux. L'art. 52 du décret du 16 septembre 1807, qui crée un recours en la forme administrative devant le conseil d'État, lorsque l'alignement partiel n'est pas conforme au plan général, ne s'applique qu'à la voirie urbaine. Les préfets ne tiennent d'ailleurs pas leurs attributions, en cette matière, du décret de 1807, mais de la loi des 22 décembre 1789-janvier 1790, qui donne aux corps administratifs, remplacés aujourd'hui par les préfets, l'administration de la grande voirie. Or, cette loi ne contient aucune disposition spéciale sur le recours à exercer, et il faut conséquemment s'en tenir aux principes généraux.

(3) Circulaire du 18 mai 1849, du ministre des travaux publics.

(4) Les propriétaires peuvent-ils se pourvoir, par la voie contentieuse, contre un alignement partiel donné en l'absence du plan général? — Non, d'après Serrigny (*Questions et traités*, p. 149). — Oui, d'après Boulatignier (*École des communes*, 1846, p. 206 et 208). M. Serrigny applique ici le recours administratif devant le conseil d'État ouvert par l'art. 52 du décret du 16 septembre 1807.

d'administration pure, qui ne peut pas être déféré au conseil d'État par la voie contentieuse et auquel n'est plus applicable le recours administratif devant le conseil d'État (1).

En matière de voirie vicinale, le plan général est arrêté par le préfet; l'alignement partiel est délivré par le maire, 1° pour les chemins de *moyenne* et de *petite communication*; 2° par le préfet pour ceux de grande communication.

L'alignement général de grande voirie est approuvé par décret impérial, en conseil d'État. Les alignements partiels sont donnés par le préfet qui doit se conformer au plan; s'il s'en écarte, il y a violation d'un droit acquis et ouverture à recours par la voie contentieuse. S'il n'existe pas de plan général, l'alignement est un acte d'administration pure, qui ne donne pas lieu à recours par la voie contentieuse. — Dans les rues-traverses des villes, l'alignement est donné par le sous-préfet, en vertu d'une délégation.

Chemin de halage. — L'art. 7 du titre XXVIII, de l'ordonnance de 1669, lequel est toujours en vigueur, oblige les propriétaires riverains des cours d'eau navigables ou flottables à laisser d'un côté un chemin de 24 pieds, pour le passage des hommes ou animaux employés à tirer les bateaux et trains de bois; en outre, les riverains ne peuvent pas, du même côté, planter des arbres dans la distance de 6 pieds à partir du chemin de halage, de sorte que la propriété est grevée de servitudes sur une étendue de 30 pieds, à compter de la rive. En face, les propriétaires sont tenus de laisser un chemin moins large appelé *marchepied*. L'administration ayant le droit de déterminer de quel côté sera le *marchepied*, et de quel côté sera le *chemin de halage*, aucun des propriétaires ne serait admis à réclamer contre un arrêté ordonnant l'établissement d'un chemin de halage sur les deux côtés. Il faut reconnaître que ce raisonnement perdrait toute sa force dans les cas où la même personne serait propriétaire des deux rives; pourrait-on sans injustice la frapper des deux côtés, en vertu d'une loi qui ne permet d'établir le chemin de halage que sur l'un d'eux? — Il serait, en ce cas, plus équitable d'accorder une indemnité au propriétaire

---

(1) Le décret du 19 juillet 1855, rendu au contentieux, a décidé que le décret du 27 juillet 1808, d'après lequel les alignements partiels délivrés en l'absence de plans généraux, devaient être jugés par le conseil d'État, sur le rapport du ministre de l'intérieur, c'est-à-dire par la même autorité que l'art. 52 du décret du 16 septembre 1807 chargeait d'approuver les plans généraux eux-mêmes, a été abrogé par l'art. 6 du décret de décentralisation. (*Contra* Serrigny, *Questions et traités*, v° Alignement, n°s 64 et 65.)

si les besoins de la navigation nécessitaient l'établissement d'un chemin de halage bilatéral (1).

L'effet de cette servitude est restreint à ce qu'exige le service du halage des bateaux, et les propriétaires ne sont pas astreints à rien supporter au delà. Ils auraient donc le droit d'empêcher tout ce qui est étranger au service de la navigation, s'il en résultait une aggravation de la servitude. Spécialement, le propriétaire pourrait s'opposer à la construction de stations ou de remises par le fermier de la navigation, ainsi qu'au dépôt et même au déchargement de matières sur le chemin de halage (2).

La servitude de halage ne donne pas droit à indemnité, même dans le cas où le mouvement des eaux, en corrodant la rive, forcerait à reculer sur le fond, pour conserver au chemin de halage sa largeur légale. Cependant, quand à la suite d'un pareil accident, il devient nécessaire d'abattre une maison, l'administration, par une bienveillance digne d'être approuvée, accorde au propriétaire de la maison une indemnité qui, à la rigueur, ne serait pas due. Un décret du 22 janvier 1808 consacre le droit à indemnité au profit du riverain d'un cours d'eau non navigable ni flottable, qu'une mesure nouvelle classe parmi les rivières navigables ou flottables; en ce cas, l'indemnité est due, tandis que dans le précédent, elle est accordée *benigniter* par l'administration.

Servitudes défensives. — Parmi les dépendances du domaine public, nous avons vu qu'il fallait compter, dans les places de guerre, les fortifications et terrains accessoires. La limite extérieure du terrain militaire (3) est, selon l'importance des places, de 30, 40ou 60 mètres à partir du parement des murs de clôture (4).

Au delà du terrain militaire, s'étend le rayon de défense divisé en trois zones. La première zone est de 250 mètres à partir de la limite du terrain militaire; la deuxième zone est de 487 mètres, et la troisième de 974. Les servitudes qu'impose aux propriétaires le voisinage des places de guerre sont moins lourdes à mesure que les zones s'éloignent. Ainsi, dans la première zone, la servitude légale

---

(1) Législation sur la matière. Ordonnance de 1669, tit. 28, art. 7. — Loi des 15-28 mars 1790, tit. 2, art. 13, qui prononce l'abolition de la servitude de halage; mais cette abrogation n'était relative qu'aux *droits de halage seigneuriaux*. — Arrêté du 18 ventôse an V. — Loi du 29 floréal an X sur les contraventions. — Ordonnance du 26 août 1818. — Art. 650 du Code Napoléon.

(2) Art. 3 du décret du 22 janvier 1808.

(3) Loi du 17 juillet 1819, art. 2.

(4) Tome Ier, pages 657 et suivantes.

emporte défense de construire et d'élever une clôture autre qu'une clôture à haie sèche ou en planches à claire-voie ; dans la deuxième zone, les propriétaires ne peuvent élever que des constructions ou des clôtures en terre ou en bois; enfin dans la troisième, il est défendu d'établir un chemin, une chaussée ou une levée dont la position et l'alignement n'auraient pas été concertés avec les officiers du génie. Ces servitudes comportent deux exceptions : 1° lorsque les constructions existaient avant la fixation du rayon militaire, elles sont provisoirement conservées et la suppression n'en est ordonnée que moyennant une indemnité; 2° les moulins et usines peuvent être établis avec l'autorisation du génie militaire; mais ce n'est là qu'une tolérance, et la suppression ne donne pas lieu à indemnité (1)

Lorsqu'une place de guerre est établie, les propriétaires que grèvent les servitudes défensives sont-ils fondés à réclamer une indemnité? — Les servitudes légales d'utilité publique ne donnent lieu à indemnité qu'autant qu'un texte formel le décide ; or en matière de servitudes défensives, il n'existe aucune disposition expresse et il faut, par conséquent, s'en tenir au principe général (2).

Voisinage des cimetières. — D'après le décret du 23 prairial an XII (3), il doit y avoir, hors de chaque ville ou bourg, à une distance de 35 à 40 mètres au moins de leur enceinte, des terrains spécialement consacrés à l'inhumation des morts.

Le voisinage d'un cimetière emporte prohibition d'élever aucune construction ou de creuser aucun puits à une distance de moins de 100 mètres des cimetières transférés hors des communes (4).

---

(1) Tome Ier, page 659.

(2) Jousselin, *Servitudes d'utilité publique*, tome Ier, pages 63 et suivantes. La majorité des auteurs, la jurisprudence administrative et la jurisprudence judiciaire reconnaissent la vérité de ce principe. Elle a même été, à plusieurs reprises, reconnue dans les chambres notamment dans la discussion de la loi du 3 avril 1841, sur les fortifications de Paris, à la Chambre des pairs. — M. Serrigny (*Droit public*, t. II, p. 465) veut qu'on distingue entre « les *servitudes positives* qui obligent le propriétaire du fonds servant à souffrir l'exercice d'actes qui diminuent sa jouissance, et les servitudes purement *négatives* qui empêchent le propriétaire d'avoir le libre usage de son fonds. » Il accorde une indemnité pour les premières, non pour les secondes. Cette distinction n'a été admise que dans les cas où la servitude implique une *occupation matérielle* du fonds servant. Il y aurait lieu à indemnité, par exemple, pour l'établissement d'un aqueduc public à travers le fonds d'un particulier (ord. des 27 oct. 1819 et 5 sept. 1835).

(3) Art. 2 du décret et ordonnance du 6 décembre 1843, qui le rend applicable à toutes les communes.

(4) Décret du 7 mars 1807, art. 1 et 2. La question de savoir si les servitudes résultant du voisinage des cimetières donne droit à indemnité s'est présentée devant les tribunaux, qui ont repoussé la demande d'indemnité. Voir arrêt de la Cour de Nancy, du 30 mai 1843.

Les réparations aux bâtiments existants doivent être autorisées, et les puits peuvent, après expertise contradictoire, être comblés en vertu d'un arrêté du préfet pris sur la demande de l'autorité locale.

Il est difficile de concilier la prohibition de construire à une distance de 100 mètres avec la prescription de porter les cimetières seulement à 35 ou 40 mètres de l'enceinte des villes ou bourgs. Cette difficulté s'explique par la différence des époques auxquelles les deux dispositions ont été faites; elle a pour effet de grever d'une servitude négative les maisons de la ville ou du bourg sur un espace de 60 ou 65 mètres, et de faire obstacle soit aux réparations des maisons, soit au creusement des puits. Il serait facile de mettre ces deux dispositions en harmonie par un article qui ordonnerait le transférement des cimetières à 100 mètres, et ferait ainsi disparaître la servitude sur les propriétés bâties, c'est-à-dire la partie la plus onéreuse de cette charge.

SECTION III.

DES DIFFÉRENTES MANIÈRES D'ACQUÉRIR.

Les manières d'acquérir ordinaires s'appliquent aux matières administratives, sauf quelques modifications de forme qui ont été apportées au droit commun, dans l'intérêt de l'administration générale et des personnes morales. Nous avons déjà vu, en traitant de la capacité des personnes morales, quelles précautions le législateur avait prises pour prémunir les établissements publics contre les chances de lésion. Nous ne nous occuperons ici que des manières d'acquérir spéciales au droit administratif; les unes sont tellement propres aux matières administratives qu'elles n'offrent aucune analogie avec les institutions de droit civil. De ce nombre sont : 1° l'impôt, 2° la concession, 3° l'expropriation pour cause d'utilité publique. D'autres, au contraire, ont leurs analogues dans le droit commun. Ainsi, d'après l'art. 711 du Code Napoléon, la propriété s'acquiert *par l'effet des obligations*. Il existe aussi, en matière administrative, des contrats et obligations *sui generis*, dont l'effet conduit l'administration ou les particuliers à l'acquisition de la propriété. Tels sont : 1° les adjudications de *travaux publics*; 2° les *marchés de fournitures*; 3° les constitutions de *rentes perpétuelles* ou *consolidées*; 4° les *rentes viagères* ou *pensions de retraite*; 5° les prescriptions et déchéances sont le couronnement des matières administratives comme des matières de droit commun. Reprenons ces divisions.

IMPÔTS (1).

Les contributions peuvent être comparées à la cotisation payée par les membres d'une société pour acquitter les frais généraux.

Cette prime, moyennant laquelle le gouvernement assure les personnes et les propriétés contre les risques de la révolte, n'est pas volontaire, comme la prime d'assurance payée aux compagnies; c'est une dette qui est contractée par quiconque participe aux avantages de la vie sociale, sous un gouvernement protecteur.

On distingue les contributions *directes* et les contributions *indirectes.* Au point de vue de l'économie politique, elles sont directes quand elles sont payées par le contribuable qui doit en définitive les supporter; indirectes, quand celui qui les paye en fait seulement l'avance et se rembourse sur d'autres, au moyen d'une élévation du prix des denrées. Dans cette classification, la patente payée par le commerçant serait un impôt indirect parce que, selon l'expression de Franklin « *le négociant met la patente dans sa facture.* » En d'autres termes, les économistes disent que l'impôt est direct ou indirect, suivant que son *incidence* a l'un ou l'autre caractère (2). Mais, au point de vue administratif, on appelle *contributions directes* celles qui sont exigibles au moyen de rôles nominatifs et par voie de contrainte, saisie et vente; aussi l'impôt des patentes est-il placé dans cette catégorie. On nomme indirectes celles qui sont perçues au moyen d'une augmentation dans le prix d'achat, et ne sont payées qu'au fur et à mesure de la consommation. Les premières ont l'avantage de pouvoir être établies proportionnellement, tandis que les secondes sont payées en vertu d'un tarif uniforme pour tous, quelle que soit la fortune des contribuables. Les impôts de consommation sont, à un autre point de vue, préférables, parce que : 1° pour les denrées qui ne sont pas de première nécessité, l'impôt est facultatif comme la consommation, et qu'on peut s'y soustraire en ne consommant pas ou en consommant moins; 2° même lorsqu'il est assis sur des objets

---

(1) Tome II, pages 1 et suivantes.

(2) On entend par *incidence* la direction que l'impôt tend à prendre pour aller frapper celui qui, en définitive, doit le supporter, les contribuables qui en font l'avance ayant le moyen de le rejeter sur d'autres. Déterminer l'incidence de l'impôt c'est répondre à cette question : *Sur qui doit-il tomber définitivement ?*

utiles ou nécessaires à la santé, le payement ayant lieu par fractions très-faibles est bien plus approprié aux habitudes des classes pauvres qu'un impôt payable à échéance fixe par sommes assez fortes et qui implique, de la part du contribuable, une prévoyance trop peu répandue.

Les impôts se divisent, d'un autre côté, en impôts de *répartition* et impôts de *quotité*. Le produit que doivent donner les premiers est fixé d'avance, et les cotes individuelles sont déterminées au moyen de répartitions successives entre les départements, les arrondissements, les communes et les contribuables. Les impôts de quotité sont, au contraire, perçus en vertu de tarifs, et le revenu total qu'ils donnent varie, suivant l'étendue de la consommation dans l'année. Tous les impôts indirects sont de quotité. Parmi les impôts directs, les uns sont de répartition, les autres de quotité, comme nous le verrons par les développements qui vont suivre.

On distingue quatre contributions directes : 1° l'impôt foncier; 2° l'impôt personnel et mobilier; 3° l'impôt des portes et fenêtres; 4° l'impôt des patentes.

CONTRIBUTIONS DIRECTES.

Impôt foncier. — L'impôt foncier est assis sur le *revenu net* des propriétés, tant bâties que non bâties, sans exception ni privilége au profit d'un propriétaire quel qu'il soit. L'empereur lui-même y est soumis pour les biens de son domaine privé et, si on n'impose pas les biens domaniaux, c'est qu'il a paru inutile de le faire, l'État étant à la fois créancier et débiteur. Quant aux biens qui composent la dotation de la couronne, ils en ont été dispensés parce que l'on n'a pas voulu, par ce moyen, réduire indirectement la liste civile qui venait d'être fixée suivant l'appréciation de ce qui convenait au chef (1) d'un grand État; il aurait été plus simple de diminuer le chiffre de la liste civile. La loi exempte également tous les *bâtiments dont la destination a pour objet l'utilité publique*, soit que ces biens appartiennent à l'Etat, aux départements, aux communes, ou même aux particuliers, quand leurs bâtiments sont gratuitement affectés à un *service public* (2). Quant aux biens des communes ou des départements, même servant à l'utilité générale, ils ne sont exemptés qu'autant qu'ils sont non *productifs de revenus*;

---

(1) Ces biens supportent cependant les charges *départementales* et *communales*.

(2) Art. 103 et 105 de la loi du 3 frimaire an VII, et décret du 11 août 1808. Ce décret, qui n'a jamais été promulgué officiellement, a développé l'exemption portée dans l'art. 105 de la loi du 3 frimaire an VII (*Recueil des lois et instructions pour les contributions directes*, p. 74). — Le conseil d'État ne vise jamais le décret du 11 août 1808.

ainsi un abattoir communal serait imposable, si les bouchers n'y avaient accès que moyement le payement de taxes d'abatage (1).

Les exemptions dont nous venons de parler sont *permanentes;* il en est d'autres que la loi accorde pour un certain temps seulement, afin de favoriser l'agriculture ou l'industrie du bâtiment ; on les appelle, à raison de leur durée, *exemptions temporaires* (2).

L'impôt foncier est un impôt de répartition ; la somme qu'il doit rapporter au trésor est fixée chaque année par une loi qui détermine, en même temps, le contingent à fournir par chaque département. Le conseil général est chargé de répartir entre les arrondissements le contingent du département. Comme il prononce sur les réclamations élevées par les conseils d'arrondissement, la session ordinaire de ces derniers conseils a été divisée en deux parties, dont la première se tient avant et l'autre après la réunion du conseil général. Dans la session antérieure, le conseil d'arrondissement formule ses réclamations ; la session postérieure est consacée à répartir, entre les communes, le contingent de l'arrondissement fixé par le conseil général. Dans cette sous-répartition le conseil d'arrondissement est également obligé de se conformer aux décisions du conseil général sur les réclamations élevées par les communes contre la répartition qui jusqu'alors les a surtaxées.

Dans la commune, la répartition est faite entre les contribuables par une commission de répartiteurs composée de sept membres que nomme le sous-préfet. Parmi ces sept membres, il y a cinq contribuables ; les deux autres sont le maire et l'adjoint ou des conseillers municipaux. La répartition entre les contribuables n'est du reste pas faite arbitrairement; elle doit avoir lieu au marc le franc des évaluations cadastrales.

Cadastre (3). — Le cadastre est l'état descriptif des parcelles qui composent la propriété foncière en France, commune par commune, avec l'estimation des revenus que produit chacune d'elles. Cette expression vient de *capitastrum*, mot latin de la dé-

---

(1) Décret du 12 décembre 1851. — Il en serait de même, d'après ce décret, si les taxes d'abatage avaient été remplacées par une augmentation du droit d'octroi sur les viandes de boucherie.

(2) Art. 111 à 116 de la loi du 3 frimaire an VII. — Art 225 du Code forestier. — Loi du 13 juillet 1848. — Instruction du ministre des finances, en date du 29 juillet 1848. — Décret du 3 mai 1848. — Loi du 4 août 1851, art. 3. — Cette dernière loi exempte, pendant vingt ans de la contribution foncière, les maisons construites en façade sur la rue de Rivoli, prolongée du Louvre à l'hôtel de ville. Le décret du 3 mai 1848 avait exempté pour sept ans les maisons nouvelles qui seraient construites sur la prolongation de la rue de Rivoli jusqu'à la rue Saint-Antoine.

(3) Tome II, pages 31 et suivantes.

cadence qui dérive lui-même de *capita*, *caput* ou tête. Les Romains, en effet, cadastraient non-seulement les propriétes bâties, mais aussi les esclaves et les animaux : *hominum capita notabantur*. Avant 1789, il y avait, dans certaines provinces, des *cadastres* ou *péréquaires* qui servaient à la répartition des tailles ; mais outre que ces registres étaient fort incomplets, leur institution n'était pas générale et ils ne pouvaient pas servir sous le régime qui donna au pays une administration uniforme.

La Constituante et la Convention votèrent successivement (1) la confection d'un cadastre général ; mais les agitations révolutionnaires ne permirent pas de mener à sa fin une entreprise qui demandait plus de calme dans les esprits.

On reprit la question sous le Consulat (2), et une Commission fut chargée de donner à cette grave question une solution aussi prompte que possible. Un instant on s'arrêta à l'idée de procéder par *grandes masses de cultures* et de cadastrer 1800 communes disséminées dans toute l'étendue de la France, pour déterminer par analogie le revenu des autres communes. Mais le projet fut abandonné bientôt après, sur la demande des préfets eux-mêmes et sur l'insistance du duc de Gaëte, ministre des finances, qui proposa l'exécution d'un cadastre parcellaire. En conséquence, la loi du 15 septembre 1807 prescrivit la confection de cet immense travail qui n'a été terminé qu'en 1850.

Dans la pensée des législateurs de 1807, cette évaluation générale devait servir de base aux quatre degrés de répartition ; mais il a été impossible de fonder la division des contingents entre les départements, les arrondissements et les communes sur des évaluations faites à des époques diverses et par des agents qui n'avaient pas la même commune mesure, de telle sorte que l'application du cadastre a toujours été limitée, dans la commune, à la détermination des cotes à payer par les contribuables. — Dans la commune, en effet, l'erreur sur l'estimation n'a pas le même inconvénient, parce qu'ayant été commise à la même époque et par les mêmes agents, elle porte sur tous les revenus proportionnellement, et ne peut pas vicier la répartition (3).

---

(1) Lois des 21 août-16 octobre 1791 et du 28 mars 1793.

(2) Instruction du 22 janvier 1801. Cette instruction prescrivait la refonte générale des matrices, sans arpentage préalable. Sur les réclamations qui s'élevèrent contre ce mode de procéder, fut instituée la commission qui proposa le cadastre par grandes masses de culture.

(3) Voir les Mémoires du duc de Gaëte, tome II, page 256 à 324. Gaudin expose, dans

Les opérations cadastrales sont de deux sortes : 1° celles qui, confiées à des géomètres, ont pour but d'arriver à un état descriptif exact des parcelles et de leur contenance; 2° celles qui ont pour objet l'estimation du revenu de chaque parcelle.

Les premières sont au nombre de trois, la *délimitation*, la *triangulation* et l'*arpentage*. Il faut d'abord bien établir les limites de la commune. Les bornes une fois bien déterminées, un agent est chargé de la triangulation. On entend par là une opération qui consiste à couvrir de triangles tout le territoire de la commune; ces triangles sont des points de repère qui dirigent les géomètres dans la levée des plans parcellaires et servent à contrôler l'arpentage, au point de vue de la contenance. On verra par la contenance qu'a trouvée le triangulateur, si les arpenteurs ont exactement mesuré les parcelles dont l'addition doit donner un résultat égal (1).

Lorsque la délimitation a été approuvée par le préfet et que la triangulation a été vérifiée, on procède à l'arpentage des parcelles et à la levée des plans. Après avoir terminé le plan parcellaire, le géomètre construit, d'après la triangulation et en réduisant les feuilles du parcellaire, un tableau d'assemblage présentant la circonscription de la commune, la division en sections, les principaux chemins, les montagnes, les rivières, la position des chefs-lieux et les forêts de l'État et des communes (2).

Les opérations de la seconde espèce ont pour objet l'estimation du revenu imposable, et sont confiées à des personnes qui représentent les contribuables. Elles sont également au nombre de trois, la classification, le classement et le tarif des évaluations.

La *classification* a pour but de déterminer en combien de classes chaque nature de propriété doit être divisée, à raison du degré de fertilité du terrain. Cette division ne doit pas dépasser le nombre de cinq classes pour les propriétés non bâties, et de dix pour les propriétés bâties. Celles-ci ne sont même divisées en classes que dans les communes rurales; car, dans les villes, bourgs et communes très-peuplés, il n'y a pas lieu à classification des maisons,

---

ce passage, comment il entendait faire de l'impôt foncier un impôt de quotité, en prélevant annuellement, au profit du trésor public, un *trentième du revenu net* porté à la matrice cadastrale. — Voyez loi du 31 juillet 1821, art. 19 et 20.

(1) Règlement du 15 mars 1827, art. 8.

(2) Règlement du 15 mars 1827, et *Recueil méthodique*. En cas de contestation sur les limites entre deux communes, le différend est vidé par le préfet si les communes sont du même département, ou par le chef de l'État si elles appartiennent à des départements différents. Ordonnance du 3 octobre 1821, art. 3.

et chacune doit être estimée séparément. En quelque lieu qu'elles soient situées, les manufactures et usines reçoivent une évaluation particulière.

Les classificateurs sont choisis parmi les propriétaires par le conseil municipal, augmenté des plus fort imposés en nombre égal à celui des membres qui le composent. Avant de procéder à la classification, ils sont tenus de faire une reconnaissance générale du territoire de la commune avec l'inspecteur des contributions directes. Les règlements (1) veulent que les classificateurs et inspecteurs indiquent nominativement les deux fonds qui, dans chaque classe, ont été pris pour types supérieur et inférieur, et dont ils prennent la moyenne pour déterminer la relation entre les classes, sous le rapport de la fertilité. La classification est, du reste, arrêtée par le conseil municipal tout entier, et les propriétaires classificateurs ne sont que des experts dont l'avis peut être suivi ou modifié.

Le *classement* détermine la classe à laquelle chaque propriété doit être rattachée; c'est une opération en quelque sorte concrète, tandis que la classification est la fixation abstraite d'un certain nombre de classes. Il est fait par les propriétaires classificateurs, assistés du contrôleur, qui opèrent successivement sur chaque parcelle du territoire communal.

Lorsque les parcelles ont été classées, le conseil municipal, avec les plus imposés en nombre égal à celui de ses membres, fixe le *tarif des évaluations*. Cette opération consiste à attribuer un revenu proportionnel aux diverses classes de chaque nature de propriétés. Pour bien établir la relation qui existe entre les différentes espèces de culture, la loi veut que l'assemblée municipale commence par faire l'évaluation de la première classe dans chaque nature de propriété, et qu'elle ne passe aux classes inférieures qu'après avoir établi le rapport entre les terres labourables, les prés, les vignes et les bois par l'évaluation de la première classe.

Le tarif est soumis au préfet, *en conseil de préfecture*, qui l'approuve ou le modifie.

Avec ces éléments, il est possible de déterminer le revenu de chaque propriété, puisqu'on sait à quelle classe elle appartient, et quel est le revenu de la classe à laquelle cette parcelle se rattache. Il ne reste plus qu'à coordonner tous ces faits, et ce soin est confié aux agents de la direction des contributions directes. Le directeur dresse : 1° les *états de section;* 2° la *matrice du rôle*. Les états de section contiennent les parcelles comprises dans la section, avec

(1) Règlement du 10 octobre 1821, art. 20, et du 15 mars 1827, art. 66.

indication du nom du propriétaire, du numéro, de la situation et du revenu des propriétés. Pour connaître la totalité des biens qu'un propriétaire possède dans la commune, il faut relever, dans les états de sections, les parcelles portées sous son nom ; c'est là l'objet de la *matrice du rôle*, espèce de grand livre (1) où chaque contribuable est porté par ordre alphabétique, et où l'on additionne sous son nom les parcelles dont il est propriétaire dans chaque section. On peut aussi facilement connaître la contenance des biens qu'un contribuable possède dans la commune, et la contenance des parcelles qu'il a dans chaque espèce de culture. Deux chiffres placés dans les deux dernières colonnes indiquent l'un la somme du *revenu* et l'autre la *contenance totale* des parcelles (2).

Le contingent de la commune étant déterminé ainsi que le revenu foncier de chaque contribuable, la répartition n'est plus qu'une simple opération d'arithmétique. Le directeur dresse chaque année le *rôle cadastral*, c'est-à-dire un état nominatif des contribuables de la commune, avec l'indication de la cote d'impôts attribuée à chacun d'eux. C'est le préfet qui l'approuve et le rend exécutoire.

On voit par les développements précédents que le Cadastre est une opération fort complexe, et qu'il ne peut être remanié qu'à des époques éloignées. La fixité du Cadastre a même été considérée comme la meilleure condition où puisse se trouver la propriété foncière, soit parce qu'elle éloigne la crainte de l'arbitraire, soit parce qu'il importe au propriétaire de connaître à l'avance l'impôt qui sera exigé de lui, soit enfin parce qu'il ne faut pas décourager les agriculteurs en frappant, dès qu'elle se produit, la plus légère amélioration dans la culture. A ce dernier point de vue, la fixité du Cadastre équivaut à une exemption temporaire pour l'augmentation du revenu provenant du progrès agricole. C'est le système qui a été consacré par la législation française; car elle ne permet aux contribuables de se pourvoir contre le classement que dans les six mois qui suivent la mise en recouvrement du premier rôle cadastral (3). Les réclamations fondées sur un défaut de contenance

(1) La matrice présente la plus grande analogie avec le grand-livre des commerçants. On sait, en effet, que les commerçants commencent par porter leurs opérations, jour par jour, sur leur livre-journal, et qu'ensuite, dans le grand livre, ils ouvrent à chaque personne avec laquelle ils ont des relations d'affaires, un article particulier qui leur permet d'embrasser d'un regard la situation de la maison avec cette personne.

(2) La matrice est certifiée par le directeur, vérifiée et arrêtée par le préfet. (*Recueil méthodique*, art. 811.)

(3) Loi du 15 mars 1807, art. 37 et 38, et ordonnance du 10 octobre 1810. Ces articles

doivent également être formées dans le même délai de six mois, à peine de déchéance.

Mais la fixité cadastrale n'est relative qu'aux propriétés non bâties et elle est étrangère aux propriétés bâties. Pour les premières, le contribuable ne peut pas se pourvoir en surtaxe pour erreur dans le classement, fausse évaluation ou exagération de contenance et, d'un autre côté, les répartiteurs ne peuvent pas élever le revenu imposable. Pour les secondes, au contraire, le contribuable est recevable chaque année à réclamer contre la surtaxe dont il se prétendrait grevé, en raison de ses propriétés bâties et les répartiteurs ont aussi le droit d'augmenter la cote, en raison des nouvelles constructions. Mais, entre le contribuable et les répartiteurs, il y a cette différence que le premier peut réclamer tous les ans, même pour erreur dans l'ancienne évaluation cadastrale, tandis que les seconds ne peuvent élever la cote qu'à raison de constructions nouvelles (1).

En présence du principe de la fixité du cadastre, que signifient les exemptions temporaires accordées par la loi du 3 frimaire an VII ? Les art. 111 à 116 en disant que, dans les cas qu'ils prévoient, l'impôt foncier ne pourra pas être augmenté pendant dix, vingt ou trente ans, semblent dire une chose évidente, puisque déjà la fixité cadastrale mettait obstacle à toute augmentation. Ces exemptions ont d'abord été applicables dans les communes où le Cadastre a été fait lorsque le propriétaire était encore dans les délais; elles le seraient encore si l'on venait à refaire le Cadastre, soit intégralement, soit partiellement. Ainsi le principe de la fixité conduit à exempter le contribuable non pas pendant dix ou vingt ans, mais jusqu'à la reconfection du Cadastre (2).

---

prévoient cependant certaines réclamations fondées sur des causes postérieures à la mise en recouvrement du premier rôle cadastral.

(1) Le conseil d'administration des contributions directes a soutenu que le contribuable n'avait le droit de se pourvoir annuellement dans les trois mois de la publication du rôle, que pour la part de cotisation relative aux constructions nouvelles, et qu'ils ne peuvent pas plus réclamer, pour les anciennes constructions cadastrées, que s'il s'agissait de propriétés non bâties. Cette opinion a été constamment repoussée par le conseil d'État. Voir notamment l'ordonnance du 21 mai 1847. Le conseil d'État décide également que les répartiteurs n'ont pas le droit, en ce qui concerne les constructions cadastrées, d'augmenter le revenu (ord. du 7 septembre 1848), et qu'ils n'ont ce droit qu'en matière de constructions nouvelles.

(2) L'art. 225 du Code forestier ne se borne pas à dire que l'impôt foncier ne pourra pas être augmenté, mais que les *semis et plantations de bois sur les montagnes ou les dunes seront exempts de tout impôt pendant vingt années*. Toutes les communes étant

C'est ici la place de quelques observations sur une question qui a fait grand bruit, et qui n'est pas encore résolue, la *péréquation de l'impôt.* Elle est relative à la fixation du contingent des départements, des arrondissements et des communes. On sait que le Cadastre ne sert de base qu'à la répartition individuelle, et que la répartition aux trois premiers degrés a été faite d'après des actes de vente ou des baux. Mais les déplacements de richesse ont fait disparaître la proportionnalité, en admettant qu'elle ait jamais été suivie avec exactitude, et il est certain qu'aujourd'hui il y a des parties surchargées et d'autres qui sont légèrement imposées. On entend par *péréquation* une opération qui aurait pour but de ramener l'égalité entre les départements, les arrondissements et les communes, soit en faisant disparaître les erreurs commises dans l'évaluation primitive, soit en tenant compte des déplacements de richesse qui se sont produits. Cette opération a été blâmée par certains économistes sur ce fondement que, les propriétés ayant à peu près toutes été vendues, l'impôt avait été calculé dans le prix et que le réduire ce serait faire à l'acquéreur une pure libéralité (1). Mais ce raisonnement spécieux n'est autre chose que la négation de l'impôt proportionnel et la consécration des erreurs qui ont été commises; si on le suit, il n'y a plus d'impôt forcier établi d'après le revenu net.

La question soulevée plusieurs fois n'a pas encore reçu de solution en ce qui concerne les propriétés non bâties. Mais relativement aux propriétés bâties, elle a été tranchée par la loi du 17 août 1835 d'après laquelle les *nouvelles constructions* sont cotisées, en dehors du contingent communal, de manière que l'augmentation de la matière imposable profite au trésor. Réciproquement, lorsque des propriétés bâties sont démolies, la part d'impôt foncier qui était afférente à leur revenu est déduite du contingent communal, afin que le rejet de ces portions de la taxe ne grève pas les propriétés non bâties. Avant la loi, au contraire, une double injustice était commise : 1° dans les pays riches, les propriétés non

---

cadastrées depuis 1850, il faut admettre de deux choses l'une, ou que l'art. 225 n'est plus susceptible de recevoir d'application qu'en cas de reconfection du cadastre, ou que la fixité cadastrale ne fait pas, dans la pensée de la loi, obstacle à ce qu'exceptionnellement la décharge soit accordée en cas de semis ou de plantation de bois. C'est à ce dernier parti qu'il faut s'arrêter, parce que c'est le seul qui assure aux plantations forestières un encouragement sérieux ; or, la loi ayant accordé l'exemption d'impôt à titre d'encouragement, ce serait méconnaître sa pensée et sa volonté que de la paralyser par la fixité du cadastre.

(1) Hipp. Passy, *Dictionnaire d'économie politique*, v° Impôt, et d'Hauterive, *Considérations sur la dette et l'impôt*, pages 22-23.

bâties étaient dégrevées à mesure que les constructions nouvelles prenaient de l'extension ; 2° dans les pays pauvres où l'on démolissait plutôt qu'on ne construisait, le contingent restant le même, la taxe des maisons démolies retombait sur les propriétés non bâties. En d'autres termes, l'augmentation de la matière imposable ne profitait pas au trésor, et elle retombait sur les contribuables les plus pauvres.

Taxe des biens de mainmorte (1). — On appelle biens de mainmorte ceux qui appartenant à des personnes morales n'acquittent aucun droit de mutation, parce que leurs propriétaires ne meurent pas et que les aliénations entre-vifs sont fort rares. Pour remplacer les droits auxquels leur amortissement les soustrait, une loi du 20 février 1849 a imposé sur les immeubles cotisables à la contribution foncière et appartenant à ces personnes, 62 centimes 1/2 pour 100 par addition au principal de l'impôt foncier. Trois conditions sont exigées pour qu'il y ait lieu à percevoir cette taxe : 1° qu'il s'agisse d'immeubles; 2° que ces immeubles soient passibles de l'impôt foncier ; 3° qu'ils appartiennent à une des personnes énumérées par la loi, savoir : les départements, communes, hospices, séminaires, fabriques, congrégations religieuses, consistoires, établissements de charité, bureaux de bienfaisance, sociétés anonymes et *tous établissements publics légalement autorisés* (2). L'immeuble est soumis à la taxe de mainmorte, même quand il n'appartient à l'établissement qu'en nue propriété. Seulement, comme les droits de mutation sur les transmissions de la nue propriété ne sont que de la moitié, les 62 centimes 1/2 ne s'ajoutent, en ce cas, qu'à la moitié du principal de la contribution foncière. Quant aux biens dont les établissements n'ont que l'usufruit, il n'y a pas lieu de les imposer, parce que ces biens n'appartiennent pas aux personnes de mainmorte. C'est aussi parce que les chemins de fer n'appartiennent pas aux compagnies, mais au domaine public qu'elles ne sont pas de ce chef passibles de la taxe de mainmorte ; elles ne la doivent que pour les immeubles qui leur appartiennent en dehors de la voie publique (3).

---

(1) Tome II, page 157.

(2) Art. 1er de la loi du 20 février 1849.

(3) Cette jurisprudence du conseil d'État est vivement combattue par M. Serrigny, *Questions et traités*, page 296. Suivant lui, le chemin de fer n'est dans le domaine public qu'au point de vue de la police, de l'inaliénabilité et de l'imprescriptibilité. La compagnie en devient propriétaire au point de vue des *droits utiles*. La preuve en est, ajoute-t-il, qu'une loi du 15 juillet 1840, en autorisant des prêts faits, au nom de l'État, à des compagnies concessionnaires, a déclaré que la compagnie affectait hypothécairement à la sûreté de

Contribution personnelle et mobilière (1). — La contribution personnelle est une imposition fixe égale à la somme de trois journées de travail et due par tout habitant français ou étranger, de quelque sexe qu'il soit, jouissant de ses droits, non *réputé indigent*. Sont considérés comme jouissant de leurs droits, les veuves et les femmes séparées de corps, les garçons et filles majeurs ou mineurs ayant des *moyens suffisants d'existence*, soit par leur fortune personnelle, soit par leur profession, lors même qu'ils habitent avec leurs père, mère, tuteur ou curateur. Quant à l'indigence, le conseil municipal est juge souverain de la question, et l'exemption ne s'applique qu'à ceux que le conseil municipal a portés sur sa liste. Cette contribution est une capitation, c'est-à-dire un impôt établi par tête, d'une manière égale pour tous et sans proportion avec la fortune des contribuables ; d'un autre côté, c'est un impôt de *quotité*, puisqu'il est fixé d'après un tarif et que la somme de son produit n'est pas connue à l'avance. Mais elle est alliée à l'impôt mobilier qui est un impôt de répartition. Comment se combinent deux impôts dont l'un est de quotité et l'autre de répartition? Un exemple le fera comprendre :

Supposons que la somme à fournir, pour le contingent de la commune, soit de 40,000 fr., dont 10,000 fr. pour la contribution personnelle et mobilière. Le nombre des personnes non indigentes qui doivent la contribution est de 400, et la valeur de la journée de travail a été fixée à 1 fr. par le conseil général. En multipliant 400, nombre des contribuables, par 3, valeur des trois journées, on

---

la dette le chemin de fer lui-même et toutes ses dépendances. Art. 11 et 20 de la loi du 15 juillet 1840.

L'application de la loi du 20 février 1849 soulève d'autres questions : 1° la taxe est-elle due pour les immeubles que la compagnie achète avec intention de les revendre? — Oui, car la loi ne fait aucune distinction. (Décrets du 12 décembre 1851 et du 7 mai 1852.)

2° La loi s'applique-t-elle aux sociétés autres que les *sociétés anonymes*, quand elles ont un caractère purement privé et ne constituent pas des *établissements publics ?* — Non ; quelle que soit leur durée, ces sociétés sont en dehors du texte de l'art. 1er de la loi du 20 février 1849. (V. décrets des 15 avril, 14 juin et 15 décembre 1852.)

3° Lorsque la question de propriété est contestée, le conseil de préfecture doit-il surseoir jusqu'à ce que la question ait été résolue par l'autorité judiciaire? — C'est ici le cas d'appliquer la maxime que *le juge de l'action est en même temps juge de l'exception.* Il ne s'agit pas d'examiner la question de propriété entre deux parties contendantes, mais uniquement au point de vue de perception de la taxe ; la décision à intervenir n'aura l'autorité de la chose jugée qu'au point de vue de l'impôt. Comment exiger, d'ailleurs, que le percepteur ou le préfet soutiennent un procès devant les tribunaux ordinaires, uniquement pour arriver à la solution d'une question d'impôt et du payement d'une taxe, qui, relativement, est assez faible. La question de compétence n'a pas encore été soulevée, du moins à ma connaissance.

(1) Tome II, pages 39 et suivantes.

obtient 1,200 fr. pour produit de la contribution personnelle; on les déduit du contingent de 10,000 fr. et les 8,800 fr. qui restent, après cette déduction, sont demandés à l'impôt mobilier, par voie de répartition.

L'impôt mobilier est assis sur la *valeur du loyer;* le législateur a pensé que, d'après ce signe extérieur, on peut conclure le chiffre probable du revenu mobilier, parce qu'ordinairement on se loge d'une manière appropriée aux rentes dont on jouit. Il est vrai que cette relation n'est pas toujours suivie, et que le loyer n'est pas le signe certain du revenu, parce que l'avarice ou la prodigalité dérangent cette proportion; mais, à moins de rechercher les fortunes à l'aide d'intolérables vexations, il fallait s'arrêter à un signe apparent et appuyer la présomption sur le fait le plus ordinaire. Toutefois, en excluant les recherches curieuses, la loi n'a pas entendu consacrer l'arbitraire. Ce serait donc dépasser et violer la loi que d'aller au delà du signe apparent, tel qu'il résulte de la valeur locative et d'établir l'impôt mobilier, d'après les *facultés présumées* du contribuable. Ce mode, qui a été suivi quelquefois, ne repose que sur des données purement hypothétiques, et le contribuable surtaxé pourrait se pourvoir avec la certitude du succès contre une répartition établie d'après cette base (1).

Les locaux destinés à l'habitation personnelle doivent seuls être considérés pour l'assiette de l'impôt mobilier; il ne faut donc pas faire attention aux magasins, boutiques, ateliers et autres locaux servant à l'industrie. Par la même raison, il faudrait ne pas tenir compte du cabinet d'un avocat, et c'est assurément ce qu'on déciderait si ce cabinet était séparé de l'habitation personnelle, comme dans le cas où l'avocat logeant à la campagne n'aurait en ville qu'un cabinet. Si l'on a quelquefois décidé autrement, cela tient à ce que dans le cas dont il s'agissait, le cabinet faisait partie de l'appartement, et qu'il était impossible de le considérer comme ne servant pas à l'habitation personnelle.

Le principe de *l'annalité* est suivi, en matière d'impôt personnel et mobilier, ce qui signifie d'abord qu'en cas de décès, les héritiers du contribuable mort ne sont pas recevables à demander la décharge des douzièmes non encore échus. C'est en vertu de la même règle que les fonctionnaires révoqués doivent l'impôt personnel et mobilier pour toute l'année, alors même qu'ils auraient été imposés dans la commune où ils se sont retirés après leur révocation. Mais dans ce dernier cas, ils auraient le droit de demander leur décharge

(1) La répartition, d'après les facultés présumées, a été condamnée par la jurisprudence du conseil d'État. (Décision du 22 juillet 1848 et décret du 8 avril 1852.)

dans la nouvelle commune (1). C'est le contraire qui a lieu, en cas de double imposition, par suite de changement de domicile; le contribuable doit demeurer imposé au lieu de la nouvelle résidence et peut demander la décharge de la cote de son ancien domicile. La différence entre les deux cas est sensible. Le fonctionnaire révoqué payait probablement une contribution plus forte au lieu où il exerçait ses fonctions, et c'est pour cela qu'on ne lui reconnaît, en vertu de l'annalité, que le droit de se faire décharger dans la commune de sa nouvelle résidence, c'est-à-dire de la cote la plus faible. Au contraire, en cas de changement de domicile, les deux cotes sont à peu près les mêmes et, comme il n'y a pas d'intérêt à conserver le contribuable sur le rôle de la commune qu'il a quittée, on a suivi le parti le plus naturel, en le déclarant imposable au lieu de son nouveau domicile (2).

Dans les villes où il y a un octroi, la contribution personnelle et mobilière peut être convertie en une somme payable par la caisse municipale. Cette conversion n'a lieu qu'autant qu'il y a une délibération du conseil municipal qui en fasse la demande et un décret impérial qui l'approuve. Elle est totale ou partielle; quand elle est partielle, la portion non couverte doit être répartie au prorata des loyers d'habitation, après exemption des faibles loyers que les conseils municipaux croiront devoir exempter de la cotisation; elle peut aussi, aux termes de la loi du 3 juillet 1846, art. 3, être faite *d'après un tarif gradué en raison de la progression ascendante de ces loyers*; c'est ce dernier système qu'on suit à Paris, où la progression s'élève de 3 p. 100 à 9 p. 100, suivant le chiffre du loyer (3).

La question de péréquation s'est présentée, en matière de contribution *personnelle et mobilière* comme en matière *d'impôt foncier;* car les déplacements de population que le mouvement industriel produit fréquemment chez nous fait varier les forces contributives des départements, arrondissements et communes. Pour s'en rendre compte, on eut d'abord recours à des recensements quinquennaux et plus tard décennaux. Mais on y renonça à cause des troubles qu'amena le recensement de 1841, et on le remplaça par un système qui conduisait à peu près au même résultat, sans les mêmes inconvénients. Une loi du 4 août 1844 disposa qu'à partir du premier

(1) Décision des 22 février et 15 mars 1850. Le conseil d'État a décidé, dans la première, que l'imposition était due pour toute l'année, même par le fonctionnaire révoqué, qui avait été imposé dans sa nouvelle résidence.

(2) Une circulaire du ministre de l'intérieur, en date du 17 septembre 1852, a décidé pour les préfets et sous-préfets que le fonctionnaire révoqué et son successeur devaient payer la contribution mobilière au *prorata* du temps pendant lequel ils restent en fonctions.

(3) Voir Serrigny, *Questions et traités*, p. 327.

janvier 1846, le contingent des communes serait diminué des cotes afférentes aux maisons détruites et augmenté proportionnellement à la valeur locative des maisons nouvellement construites. — Cependant ce moyen de procéder ne résout la question de la péréquation qu'au point de vue de la taxe mobilière, nullement en ce qui concerne les variations de population, ou du moins elle n'atteint ces changements que d'une manière indirecte et éloignée. Il eut peut-être été bon de combiner les recensements avec le système ingénieux de la loi de 1844, de manière à suivre tous les changements soit dans les valeurs locatives, soit dans la population.

Contribution des portes et fenêtres (1). — Il est certain que les maisons étant recherchées par les locataires en raison directe des agréments qu'elles procurent, la taxe des portes et fenêtres est un moyen d'atteindre par des signes extérieurs la fortune présumée des contribuables ; elle conduit au même but que l'impôt personnel et mobilier. Il y a cependant entre les deux cette différence, au point de vue de l'incidence, que l'impôt personnel et mobilier est exigible contre les locataires, tandis que l'impôt des portes et fenêtres est payable par le propriétaire, sauf recours contre les locataires. La répétition n'est même admise que relativement aux ouvertures dont chaque locataire profite spécialement ; quant aux ouvertures dont l'usage est commun à tous ceux qui habitent la maison, la taxe est définitivement supportée par le propriétaire. Cette contribution peut donc être considérée tantôt comme une addition à l'impôt personnel et mobilier, tantôt comme une augmentation de l'impôt foncier.

Pour fixer le tarif des portes et fenêtres, le législateur a pris en considération trois éléments, la *population*, le *nombre* des ouvertures et leur *qualité*. Il est évident, en effet, que la richesse prouvée par les ouvertures est d'autant plus grande que la population est plus nombreuse, la quantité des ouvertures plus étendue et leur qualité plus commode. L'étage où elles sont situées entre dans les éléments qui servent à déterminer la qualité des ouvertures. Toutes ces distinctions sont parfaitement raisonnables et cependant elles sont loin d'être complètes ; car leur application conduit à établir le même tarif pour tous les quartiers de la même ville, tandis qu'il est évident que la valeur des maisons et des loyers varie de rue à rue, de place à place. Un décret spécial a, pour remédier aux inconvénients qu'offre cet état de choses, autorisé la commission municipale de la ville de Paris à établir un tarif spécial combiné de

(1) Tome II, pages 45 et suivantes.

manière à tenir compte à la fois de la valeur locative et du nombre des ouvertures (1). L'inégalité consacrée par la législation actuelle a, du reste, été reconnue officiellement à plusieurs reprises, et des lois ont ordonné des mesures en vue d'amener un changement dans les bases du tarif (2).

De ce que l'impôt des portes et fenêtres est perçu, d'après un tarif, faut-il conclure que c'est un impôt de quotité? Nullement. On commence par déterminer ce que donne l'application du tarif aux ouvertures de la commune, et si cette somme n'est pas égale au contingent, la différence s'obtient au moyen d'une répartition au *prorata* du revenu matriciel des propriétés bâties.

Trois espèces d'exemptions ont été consacrées par la loi. Elle exempte : 1° les portes et fenêtres servant à aérer les granges, bergeries, caves et autres *locaux non destinés à l'habitation des hommes*; 2° les portes et fenêtres employées à un *service public* civil, militaire ou d'instruction, ou aux hospices (3); 3° les portes et fenêtres des *manufactures* (4) qui ne servent pas à l'habitation personnelle des propriétaires, de leurs concierges ou de leurs commis. — Indépendamment de ces causes d'exemption permanentes, plusieurs lois ont consacré des exemptions temporaires (5).

---

(1) Décret du 17 mars 1852. Pour appliquer cette disposition, la commission municipale de Paris a, le 11 août suivant, adopté une proposition qui consiste à établir deux droits : 1° un droit fixe multiplié par le nombre des ouvertures; 2° un droit proportionnel plus ou moins élevé, suivant l'importance du revenu cadastral.

(2) Loi du 4 août 1849, art. 2, et du 7 août 1850.

(3) La première de ces trois exemptions est écrite dans la loi du 4 frimaire an VII, art. 5, qui l'avait « étendue à toutes les ouvertures du comble ou toiture de maisons habitées. » Mais, sur ce dernier point, la loi a été corrigée par celle du 21 avril 1832, art. 27, § 4, qui soumet à l'impôt les *mansardes* et généralement toutes les ouvertures du toit ou comble « *lorsqu'elles éclairent des appartements habitables.* » Sur la seconde exemption, il faut remarquer que les ouvertures employées aux *établissements d'instruction* ne sont dispensés qu'autant qu'il s'agit d'un *service public*. (Décret du 15 décembre 1852.)

(4) Quant à la troisième espèce d'exemption, il faut savoir ce qu'on doit entendre par *manufactures*. La jurisprudence de la section du contentieux entend par là les établissements où le *travail humain* est prédominant; le mot usine désigne ceux où les moteurs mécaniques sont la principale force employée. Cette distinction est assez conforme à l'esprit de la loi, qui a voulu, dans un intérêt d'humanité et de salubrité, dispenser les ouvertures servant à l'aération des locaux où se font de grandes agglomérations d'ouvriers. En imposant les *manufacturiers* à raison de ces ouvertures, elle aurait craint de les pousser à une économie meurtrière. Arrêts du 24 mars 1849, du 29 juin 1850, et décret du 11 janvier 1853.

(5) 1° Loi du 13 avril 1850, art. 8, qui exempte, pendant trois ans, les ouvertures pratiquées pour les travaux relatifs à l'assainissement des logements insalubres; — 2° décret du 3 mai 1848, art. 6; lois des 13 juillet 1848 et 4 août 1851.

Patentes (1). — Les patentes sont une contribution directe de quotité exigible de toutes les personnnes qui exercent un négoce, une industrie ou un métier; c'est un prélèvement pris par le trésor sur les bénéfices présumés de la profession du contribuable. On voit par là combien il est inexact de considérer l'imposition à la patente comme le signe et la preuve de la qualité de commerçant; cette idée est tellement fausse que certaines professions sont imposables quoiqu'elles soient, d'après les règlements, incompatibles avec le négoce.

Afin de suivre autant que possible les bénéfices des contribuables et proportionner l'impôt avec leur importance, la loi a établi deux espèces de droit : 1° le *droit fixe*; 2° le *droit proportionnel*. Le premier est déterminé par les tableaux annexés à la loi du 25 avril 1844 et à quelques autres lois postérieures, d'après la nature des opérations et le nombre de la population; la même profession, en effet, est plus ou moins lucrative suivant l'étendue des villes où le patentable réside. Cette proposition n'est cependant pas vraie dans tous les cas, et il y a des industries qui ne peuvent prospérer qu'à la campagne, soit parce que leur présence dans les villes présenterait des dangers, soit parce que les matières premières et surtout la nourriture des ouvriers sont plus chères dans les grands centres; de ce nombre sont les forges et hauts-fourneaux, et c'est pour cela que le législateur les a tarifiés avec quelques autres industries analogues, sans tenir compte de la population.

Lorsque la même personne cumule plusieurs professions, il est de principe qu'elle ne doit que le droit fixe le plus élevé. Si l'on n'a pas exigé autant de droits que le patentable fait d'espèces de profits, cela tient à ce que, pour atteindre les propriétaires des grands bazards où sont réunis toutes les variétés des marchandises, on aurait écrasé du même coup les petits commerçants qui, dans les villages, sont obligés pour vivre de cumuler plusieurs professions. Ce principe a cependant reçu un tempérament d'après lequel les patentables qui exercent plusieurs professions dans des *établissements séparés* sont tenus de payer, en sus du droit fixe le plus élevé, autant de demi-droits que d'établissements, sans que ces demi-droits ajoutés puissent dépasser le double de la taxe principale (2).

Le droit fixe étant établi pour les patentables de la même ville d'une manière uniforme, est sans proportion avec l'importance des affaires; la mesure est rétablie par le *droit proportionnel* assis sur la valeur locative des locaux destinés à l'exercice de la profession

(1) Tome II, pages 47 et suivantes.

(2) Loi du 18 mai 1850, art. 19.

et même de l'habitation personnelle ; car il est naturel de présumer que la richesse des magasins et appartements est le signe des bénéfices que fait le patentable.

Ce n'est, il est vrai, qu'une présomption et souvent les faits se chargent de la démentir ; mais il vaut mieux s'exposer à quelques erreurs en suivant une présomption fondée sur les signes apparents de la fortune que d'arriver à un résultat plus exact en employant des recherches inquisitoriales. Le droit fixe n'est dû qu'une fois, même quand le patentable possède, dans quelques communes, des établissements de même espèce ; quant au droit proportionnel, il est exigible en raison de tous les locaux servant à l'exercice de la profession, en quelques lieux qu'ils soient situés. En général, le droit proportionnel est du vingtième de la valeur locative ; mais, dans certains cas, il descend au vingt-cinquième (1re partie du tableau C), et dans certains autres, au trentième, quarantième ou cinquantième. Il existe même des professions pour lesquelles il n'est pas dû de droit proportionnel, et telles sont celles qui forment les septième et huitième classes du tableau A, dans les villes au-dessous de 20,000 âmes. Enfin il y a des patentables, comme les avocats, les médecins, etc., etc., etc., qui sont imposés au quinzième de la valeur locative des locaux destinés à l'exercice de leur profession ; mais cette élévation du droit proportionnel est la compensation du droit fixe que ces contribuables n'ont pas à payer (1).

L'assiette du droit de patente, en cas de société, a donné lieu à plusieurs dispositions exceptionnelles, suivant les diverses espèces d'association. Dans les sociétés en *nom collectif*, l'associé principal paye le droit fixe en entier et chacun des autres un demi-droit. Par suite d'une disposition bienveillante, les associés secondaires ne payent qu'un vingtième du droit fixe, dans les sociétés ouvrières. Dans les sociétés en *commandite* ou *anonymes*, les commanditaires ne sont pas imposables à la patente ; car, en réalité, ils ne sont pas associés et ne représentent que des capitaux. Le gérant de la société anonyme paye seul un droit qui est supporté par la société elle-même ; quant aux associés solidaires de la société en commandite, ils sont tenus, comme s'ils étaient associés en nom collectif. Dans ces divers cas, le droit proportionnel est assis sur les locaux employés par la société et le logement de l'associé principal ; on ne fait pas entrer en ligne de compte les appartements occupés par les associés secondaires.

En principe, toutes les professions donnent lieu au droit de pa-

---

(1) Loi du 18 mai 1850 : tableau G annexé à cette loi.

tente, et cette règle est tellement étendue que les métiers ou industries non énumérés dans la loi doivent être imposées au droit de la profession dont elles se rapprochent le plus, en vertu d'un *arrêté de classement* rendu par le préfet. Quelque absolue qu'elle soit, cette disposition a cependant reçu plusieurs restrictions et elle n'est obligatoire que s'il n'y a pas été dérogé expressément. Sont exempts : 1° les fonctionnaires et employés salariés, soit par l'État, soit par les administrations départementales ou communales, en ce qui concerne seulement l'exercice de leurs professions. La raison de cette exemption est que la patente appliquée aux fonctionnaires équivaudrait à une diminution de traitement et qu'il serait plus économique de procéder par voie de réduction sur les salaires, puisqu'on éviterait les frais de perception ; 2° certaines *professions libérales.* Cette catégorie comprenait autrefois des états qui ont été soumis à la patente par la loi du 18 mai 1850 ; ce sont les avocats, les médecins, les vétérinaires, les architectes, les maîtres de pensions, les officiers ministériels. Mais cette loi n'a pas fait disparaître toutes les causes d'exemption, et il y a des professions libérales qui, à ce titre, sont encore dispensées; tels sont les professeurs de belles-lettres, sciences et arts d'agrément, les instituteurs primaires, les éditeurs de feuilles périodiques et les artistes dramatiques (1) ; 3° les laboureurs et cultivateurs seulement pour la vente et la manipulation des récoltes et fruits provenant des terrains qui leur appartiennent ou par eux exploités, et pour le bétail qu'ils y élèvent, qu'ils y entretiennent ou qu'ils y engraissent. Les concessionnaires de mines pour le seul fait de l'extraction et de la vente des matières par eux extraites ; — les propriétaires ou fermiers des marais salants ; — les propriétaires ou locataires louant accidentellement une partie de leurs habitations personnelles ; — les pêcheurs, même lorsque la barque qu'ils montent leur appartient (2).

---

(1) L'impôt des patentes qu'on a critiqué comme frappant la richesse, en voie de formation, peut se défendre par cette raison qu'il est assis sur un capital industriel *actuel* et *transmissible* par cession ou autrement. (Dupuynode, *Du crédit, de la monnaie et de l'impôt*, t. II, p. 219, et David (du Gers), *Journal des économistes*, 15 mai 1850.) On comprend, dès lors, qu'on ait exempté les professions libérales qui sont l'exercice d'un talent personnel intransmissible, et ne supposent pas un *capital industriel.* Mais alors quelle raison plausible y a-t-il pour imposer les avocats, les médecins et les officiers de santé? Ont-ils un capital industriel, et ne sont-ils pas restreints, comme les professeurs de belles-lettres, sciences et arts, aux produits de leur talent? Nous n'apercevons pas la cause de cette différence.

(2) Loi du 25 avril 1844, art. 13, n° 4.

Quant à la manipulation des produits agricoles, l'exemption n'est accordée qu'autant qu'elle a lieu par l'action des instruments qui servent aux travaux habituels de l'agriculture; la patente serait due par les laboureurs ou cultivateurs qui emploieraient des agents chimiques ou des ustensiles spéciaux (1) pour transformer leurs produits; 4° d'autres exemptions fondées sur l'exiguïté des bénéfices que produisent certaines industries sont écrites dans l'art. 13, n° 6 de la loi du 25 avril 1844; nous citerons parmi ceux que la loi dispense, les commis et toutes les personnes travaillant à gages, à façon ou à la journée dans les magasins et ateliers des personnes de leur profession, les écrivains publics, etc., etc., etc.

L'impôt des patentes est dû pour toute l'année, alors même que le contribuable cesserait l'exercice de sa profession; c'est ce qu'on appelle le principe de *l'annalité de la contribution*. Cette règle établie au profit du trésor ne peut pas lui être opposée par les patentables. Aussi ceux qui s'établissent dans le cours de l'année, peuvent-ils être repris par un rôle supplémentaire et obligés de payer les douzièmes à échoir. Des exceptions ont cependant été faites, et il est certains cas de force majeure où la cessation de l'industrie ou métier emporte libération du droit de patente pour l'avenir; c'est ce qui arrive lorsque les magasins sont fermés pour cause de *faillite déclarée* ou de *décès*. Il ne suffit pas qu'il y ait décès ou faillite, et la loi veut, en outre, que la cessation de la profession ait suivi. En cas de cession, la patente est transférée sur la tête du cessionnaire et payable au *prorata* du temps pendant lequel le cédant et le cessionnaire sont restés à la tête des affaires (2). Mais comme le successeur n'est imposable au droit proportionnel que d'après la valeur locative des appartements ou magasins qu'il occupe, il en résulte que si le cédant avait des locaux plus considérables et plus chers, il ne serait libéré à l'égard du trésor que jusqu'à concurrence du droit payable par le cessionnaire; c'est là une conséquence du principe de l'annalité de l'impôt des patentes.

(1) Loi du 18 mai 1850, art. 18. Ceux qui extraient de la pierre des carrières ou du minerai des minières et qui vendent les matières extraites sont-ils soumis au droit de patente? Oui, quand ils extraient sur le fonds d'autrui; non, quand ils tirent le produit de leur propre fonds. — En ce dernier cas ils doivent être considérés comme des cultivateurs extrayant et vendant les produits de leur sol. La distinction est repoussée par la jurisprudence du conseil d'État, qui, dans tous les cas, exige le droit (décret du 18 janvier 18[illegible]). Cette jurisprudence est avec raison critiquée par Serrigny, *Questions et traités*, p. [illegible].

(2) Le cabaretier qui cesse son commerce parce qu'il est suspendu peut-il réclamer la décharge des douzièmes à échoir? Il y a cas de force majeure; mais comme il est de principe que l'impôt est annuel et qu'aucune exception n'a été faite pour ce cas, le conseil d'État a décidé qu'il doit l'impôt pour toute l'année.

Réclamations en matière de contributions directes; — fonds de secours et de non-valeurs[1]. — On distingue les demandes en *décharge* ou *réduction* et les demandes en *remise* ou *modération*. Les premières sont fondées sur la violation d'un droit et les secondes tendent à l'obtention d'un secours ou d'une faveur. Un contribuable prétend-il qu'il a été imposé indûment, soit parce qu'il n'est pas propriétaire du fonds sur lequel le droit est assis, soit parce qu'on lui a attribué à tort une profession qu'il n'exerce pas, il agit par voie de demande en décharge. Soutient-il que la valeur locative de son appartement a été exagérée par rapport aux locations voisines, il demande une réduction et un rappel à l'égalité proportionnelle; ainsi, entre la *décharge* et la *réduction* il y a la différence du tout à la partie. Ces deux espèces de réclamations sont portées devant le conseil de préfecture et en appel au conseil d'État; elles doivent être formées dans le délai de trois mois à partir de la publication des rôles, dans la commune. Lorsque la décharge est fondée, comme en matière de patentes, sur la fermeture des magasins pour cause de faillite ou de décès, le délai ne court qu'à partir de l'événement qui donne lieu à la libération des douzièmes à échoir.

Les demandes en remise ou modération sont formées par ceux qui ayant, à la suite d'un sinistre, perdu leur récolte font un appel à l'administration pour obtenir le dégrèvement total ou partiel de l'impôt; c'est le préfet qui est compétent pour statuer en cette matière, et les décisions qu'il rend sont des actes de pure administration.

Puisque le produit des contributions directes de répartition est connu d'avance et qu'elles doivent produire une somme déterminée, comment peut-on concilier ce caractère avec les demandes en décharge, réduction, remise ou modération? — Pour l'impôt foncier et l'impôt personnel mobilier, les cotes dont les contribuables obtiennent la décharge ou la réduction sont réimposées par voie de répartition entre les autres imposables. On aurait pu procéder de la même manière, en ce qui touche l'impôt des portes et fenêtres, puisqu'il est assis par répartition; mais comme il fut à l'origine une taxe de quotité, on ne put pas l'assimiler, sous le rapport qui nous occupe, aux deux autres impôts, et cette lacune n'a jamais été comblée depuis qu'il a été transformé en impôt de répartition. Les cotes dont la décharge ou la réduction sont prononcées s'imputent sur les *fonds de non-valeurs* pour l'impôt des portes et fenêtres.

Les *fonds de non-valeurs* s'obtiennent au moyen de centimes addi-

1. T. II, p. 36 et suiv.

tionnels aux quatre contributions directes, en raison de un centime pour l'impôt foncier et l'impôt personnel mobilier, de trois centimes pour les portes et fenêtres, et de cinq centimes pour les patentes. Pour les portes et fenêtres et pour les patentes, les cotes dont la décharge ou la réduction est prononcée par le conseil de préfecture sont imputables sur les fonds de non-valeurs, ainsi que les remises et modérations, et c'est à cause de la réunion de ces deux espèces de réclamations que le législateur a augmenté le nombre des centimes additionnels destinés à former les fonds de non-valeurs. Pour la contribution foncière et la contribution personnelle mobilière, on n'impute sur les fonds de non-valeurs que les remises ou modérations et les cotes irrecouvrables; aussi n'ajoute-t-on, pour les former, qu'un centime au principal des deux contributions.

Il ne faut pas confondre les fonds de non-valeurs avec les fonds de secours, qui sont également formés par l'addition d'un centime au principal de l'impôt foncier et de l'impôt personnel mobilier. Cette institution est tout à fait étrangère aux portes et fenêtres et aux patentes. Ce n'est pas la seule différence qui existe entre ces deux espèces de fonds; ainsi dans la distribution du fonds de secours, on tient compte non-seulement des pertes éprouvées, mais encore de la fortune du réclamant, tandis que pour la répartition du fonds de non-valeur, l'administration ne considère que le préjudice souffert. De même, celui qui a obtenu d'une compagnie d'assurance l'indemnité de ses pertes n'a pas droit au fonds de secours; il est, au contraire, compris dans la répartition du fonds de non-valeurs. La distribution des secours est dans les attributions du ministre de l'agriculture, et celle du fonds de non-valeurs, dans la compétence du ministre des finances. Ordinairement, le tiers du fonds de non-valeurs est mis à la disposition du préfet, et les deux autres tiers forment un fonds commun que le ministre répartit entre les départements suivant l'étendue des malheurs qui les ont frappés (1).

Recouvrement des contributions directes(2).—Le recouvrement est confié à des percepteurs nommés par le ministre des finances et rétribués au moyen de primes proportionnelles à la

(1) « Le fonds de non-valeurs, dit M. Serrigny, forme donc une espèce de *société d'assurances mutuelles*, par laquelle les contribuables se garantissent les pertes éprouvées par grêle, inondation ou autres cas de force majeure, dans une limite restreinte; c'est-à-dire que le maximum de l'indemnité ne dépasse pas le chiffre de l'impôt de ceux des associés qui ont éprouvé des sinistres. Il suffirait d'augmenter la mise de fonds pour que la société devînt une *association* parfaite *d'assurances mutuelles* par actions, couvrant tous les sinistres et indemnisant les assurés de toutes leurs pertes. » (*Questions et traités*, p. 412.)

(2) T. II, p. 51.

quantité de fonds qui rentrent par leurs soins. Tous les dix jours, les percepteurs versent à la caisse du receveur particulier de l'arrondissement, et celui-ci, à son tour, verse chez le receveur général du département. Le receveur particulier et le receveur général reçoivent, à titre de rétribution : 1° un traitement fixe; 2° la *bonification des intérêts* en matière de contributions directes. Comme les échéances où l'impôt sera exigible sont connus d'avance, on peut fixer aux receveurs une époque après laquelle ils seront tenus de payer les intérêts des sommes qui ne seraient pas rentrées. Mais réciproquement si, par leur zèle et leur activité, les receveurs parviennent à faire rentrer les impôts avant l'époque assignée, la loi les considère comme étant en avance, et leur accorde les intérêts de ces sommes pendant tout le temps de l'anticipation. Ainsi, le traitement éventuel des receveurs est, en même temps, une prime d'encouragement offerte à leur diligence, et un moyen de les intéresser à la rentrée régulière des contributions (1).

Les contributions directes étant payables par douzièmes, le percepteur pourrait, après chaque échéance, commencer les poursuites contre les retardataires. Ordinairement, les contribuables prennent des dispositions pour payer en quatre termes, et les voies de rigueur ne sont employées qu'autant qu'ils sont en retard sur ces termes principaux. En quoi consistent ces voies d'exécution ? Il y en a de spéciales à la matière et dont le caractère est administratif; il y en a d'autres qui sont régies par les principes du droit commun, et qui s'emploient pour toutes sortes de créances : nous n'avons à nous occuper que des premières.

Le percepteur qui veut agir contre un contribuable en retard est obligé de faire remettre une sommation gratuite, huit jours avant le premier acte de poursuite donnant lieu à des frais. Si, dans les huit jours qui suivent la sommation gratuite, les contribuables ne se sont pas libérés, le percepteur peut employer la garnison collective ou individuelle; quand il commence par la garnison collective, il peut ensuite recourir à la garnison individuelle, comme plus efficace. Que si, au contraire, il juge à propos d'employer tout d'abord la garnison individuelle, il ne peut pas ensuite revenir à la garnison collective qui ne saurait réussir puisque la garnison individuelle a été sans effet (2).

---

(1) M. Thiers, *Histoire du consulat et de l'empire*, tome I, page 3.

(2) La garnison individuelle ne peut être employée que trois jours après la garnison collective. Il faut que la contribution totale soit d'au moins 40 fr. et que l'arriéré s'élève à la somme fixée par le préfet (ord. du conseil d'État 18 juillet 1832).

La garnison est collective lorsqu'elle est décernée contre plusieurs contribuables en retard et que les frais en sont supportés par tous; elle est individuelle si elle est relative à une seule personne, en ce cas le garnisaire est établi au domicile du retardataire poursuivi. Il est facile de voir par ces définitions que la garnison individuelle doit être beaucoup plus efficace que la garnison collective soit parce qu'elle est plus coûteuse, soit parce que l'arrivée du garnisaire à domicile doit avoir un grand pouvoir d'intimidation. Aussi, le percepteur ne peut-il pas toujours et pour une somme quelconque, débuter par la garnison individuelle; il faut que les sommes arriérées s'élèvent à un chiffre qui est fixé par le préfet. De même, les règlements veulent que le percepteur défère à l'ordre que le receveur particulier lui donnerait de commencer par la garnison collective.

Si la garnison est demeurée inefficace, le percepteur peut, trois jours après, faire au contribuable un commandement qui ouvre la série des poursuites judiciaires; mais, avant de faire cet acte, il doit obtenir du receveur particulier une *contrainte* où le contribuable à poursuivre soit désigné nominativement, et qui contienne l'ordre de procéder à la poursuite, si le débiteur ne s'est pas libéré dans les trois jours à partir de la signification du commandement. Cette contrainte doit être visée par le sous-préfet. Les voies d'exécution qui suivent sont la saisie et la vente des meubles; la saisie immobilière ne peut être poursuivie, pour le payement des impôts, qu'avec une autorisation du ministre des finances.

Des agents spéciaux ont été créés pour le recouvrement des impôts directs : ce sont les *porteurs de contraintes* et les *garnisaires*. Les premiers sont habiles à instrumenter dans les cas où on emploie les seconds; mais la réciproque n'est pas admise, et les garnisaires ne rempliraient pas valablement le rôle de *porteurs de contraintes*. Le tarif des frais à leur payer est fixé par le préfet, dans chaque département; cette taxe n'est obligatoire que pour les agents spéciaux des contributions directes; si donc les huissiers étaient requis pour faire des significations en cette matière, ils devraient prêter leur ministère; seulement, on ne pourrait pas les forcer à subir le tarif des préfets, ils auraient le droit d'exiger les émoluments ordinaires du tarif en matière civile.

Les droits du trésor sont garantis par un privilége spécial qui porte : 1° pour la contribution foncière de *l'année échue et de l'année courante* sur les récoltes, fruits, loyers et revenus des biens immeubles sujets à la contribution; 2° pour l'année échue et l'année courante des autres contributions directes, sur tous les meubles et autres effets mobiliers appartenant aux redevables, *en quelque lieu qu'ils se trouvent* (1). Mais quelle que soit l'étendue de ces dernières expressions, il faut toujours, pour que le privilége existe, que les meubles soient la propriété du redevable : lorsqu'ils ont été aliénés sans fraude, ils sont affranchis du privilége du trésor, et l'acquéreur peut invoquer la maxime : *en fait de meubles, possession vaut titre* à l'égard de l'État, comme il le pourrait envers un particulier. Quant au privilége affecté à la garantie de la contribution foncière, remarquons qu'il ne porte pas sur l'immeuble lui-même, mais seulement sur les fruits, récoltes et revenus; si donc, le fonds était vendu avec l'autorisation du ministre des finances, le trésor ne serait pas colloqué par préférence sur le prix d'adjudication (2).

CONTRIBUTIONS INDIRECTES (3).

Les impôts indirects comprennent les droits sur les boissons, sur les sels, sur les sucres, les douanes, les taxes sur les cartes, quelques autres droits moins importants que nous passerons sous silence, et les monopoles des postes, des tabacs, des poudres et salpêtres. — Quant à l'impôt de l'*enregistrement et du timbre*, sa classification est rendue difficile par la nature mixte des caractères qui le distinguent ; aussi figure-t-il toujours au budget des recettes sous une rubrique spéciale. En effet, s'il est vrai que le droit d'enregistrement n'est exigible qu'au fur et à mesure des mutations ou actes à enregistrer, s'il est vrai que le contribuable peut s'y soustraire en restreignant ses transactions, il est incontestable aussi que certains faits venant à se produire (et parmi eux il y en a d'inévitables, comme les mutations par décès), le droit d'enregistrement est dû nominativement

(1) C'est le texte de la loi du 12 novembre 1808 qui a développé et organisé l'art. 2098 du Code Napoléon.

(2) On s'est demandé s'il aurait privilége sur les fruits et récoltes de l'immeuble vendu lorsqu'il est entre les mains de l'acquéreur. La Cour de cassation a décidé que ce droit appartient au trésor *pour l'année échue et pour l'année courante* (arrêt du 6 juillet 1852), de telle sorte que, d'après cette jurisprudence, le privilége du trésor produit non-seulement le droit de préférence contre les autres créanciers mais encore le droit de suite contre le tiers acquéreur. — Cette doctrine est combattue par M. Serrigny, qui propose de distinguer entre *l'année échue* et *l'année courante*. Il accorde le droit de suite pour *l'année courante*, parce que l'acquéreur en est personnellement tenu ; mais il le refuse pour *l'année échue* qui n'est due personnellement que par le vendeur. Il est vrai que les priviléges sur les immeubles produisent le droit de suite ; mais il ne s'agit pas ici d'un privilége sur les immeubles, puisqu'il ne porte que sur les revenus en provenant. D'un autre côté, le droit de suite ne se comprend qu'avec la faculté de purger. Comment l'acquéreur pourrait-il purger un privilége réel donné au trésor, non sur l'immeuble, mais sur les revenus? Serrigny, *Questions et traités*, p. 430.)

(3) T. II, p. 6[illegible]

par le contribuable et exigible par voie de contrainte, ce qui le fait ressembler à une contribution directe de quotité. Ces observations ne sont point applicables au timbre qui est incontestablement un impôt indirect puisqu'il n'est pas séparé de la consommation.

Boissons (1).— La manière la plus sûre d'atteindre cette denrée consisterait à faire inventorier les caves, quelque temps après la récolte, et à imposer chez le propriétaire les quantités constatées, déduction faite d'une partie pour la consommation de famille. L'inventaire pouvant facilement être fait avec estimation, on arriverait par ce moyen à imposer les boissons proportionnellement à leur qualité et à leur valeur vénale (*ad valorem*). Mais ce procédé n'aurait pas en pratique le mérite qu'il paraît avoir en théorie, et il a été condamné par l'expérience comme vexatoire (2). Le législateur, au lieu de rechercher les vins dans les caves, a mieux aimé les saisir au moment où ils sortent pour aller du producteur chez le consommateur, et les attendre à leur entrée dans les villes. Telle est la base du droit de *circulation* et du droit *d'entrée.*

Le droit de circulation est dû à chaque enlèvement ou déplacement du liquide avec destination quelconque ; la loi ne fait que peu d'exceptions (3). Il est perçu d'après un tarif gradué suivant les départements, de manière à frapper la denrée proportionnellement à sa valeur établie par des présomptions. Dans ce but, les départements sont divisés en quatre classes, et dans chacun le droit est d'autant plus élevé qu'on s'éloigne davantage des pays viticoles. La règle se justifie par cette considération que la cherté doit augmenter à mesure qu'on s'éloigne des lieux de production, et que, par conséquent, il faut élever le droit si l'on veut atteindre la valeur de la denrée et la fortune probable du consommateur (4).

---

(1) T. II, p. 70.

(2) C'est le système qui fut établi par la loi du 5 ventôse an XII, et qu'abrogea la loi 28 avril 1816.

(3) Ces exemptions sont accordées 1° au propriétaire qui fait transporter sa denrée du pressoir au cellier ; 2° au propriétaire qui fait transporter sa denrée d'un cellier à un autre, soit dans le même département, soit dans un des arrondissements limitrophes ; 3° à un marchand qui expédie les boissons d'un magasin à un autre. (Loi du 17 juillet 1819.)

(4) Loi du 28 avril 1816, art. 19.

		Taxe par hectolitre.
Vins en cercles et en bouteilles à destination des départements. . .	1re classe.	0 f. 60 c.
	2e —	0 80
	3e —	1 »
	4e —	1 20

(Loi du 12 décembre 1830 : tarif annexé.)

Le droit de circulation est perçu, en général, au moment de l'enlèvement; car le liquide imposable ne peut pas voyager sans être accompagné d'un *congé* que les receveurs des contributions indirectes délivrent moyennant l'acquittement préalable de la taxe. — Si le déplacement ne donnait pas lieu à la perception d'un droit de circulation, par exemple en cas de transport du pressoir au cellier, le propriétaire se munirait d'un *passavant* délivré gratuitement par le receveur. Il pourrait se faire qu'il n'y eût pas de bureau au point de départ, et qu'on ne pût pas se procurer un *passavant*; en ce cas, la denrée voyagerait avec un simple *laissez-passer* délivré par l'expéditeur, à la charge cependant de le faire convertir en *passavant* au premier bureau qui se trouvera sur le passage du convoi.

Le *droit d'entrée*, qui n'est perçu que dans les villes ayant au moins 4,000 habitants de population permanente (c'est-à-dire la population flottante non comprise) s'élève comme le droit de circulation, suivant la classe du département; mais il est gradué d'après un second élément qui est le chiffre de la population de la ville. La loi présume avec raison que la cherté est plus ou moins grande suivant l'importance de l'agglomération, et que les avantages de la vie commune augmentant en proportion du nombre des habitants, elle pouvait frapper d'autant plus les objets de consommation (1).

Il serait injuste de soumettre au droit d'entrée les boissons qui entrent pour ressortir, au lieu de passer dans la consommation locale. C'est pour cela qu'ont été créés le *passe-debout* et le *transit*. Le passe-debout a lieu lorsque le séjour dans la ville ne doit pas durer plus de vingt-quatre heures; en ce cas, le conducteur n'a pas le droit de décharger. S'il veut prolonger son séjour au delà de

(1) Le tarif établi par la loi du 12 décembre 1830. L'art. 14 du décret du 17 mars 1852 réduit de moitié les articles du tarif. Voici le tableau qui est annexé à ce décret.

POPULATION DES COMMUNES (Paris excepté).	TAXE PAR HECTOLITRE (ou principal). VINS EN CERCLES OU EN BOUTEILLES dans les départements de				HYDROMELS, CIDRES, POIRÉS.
	1re cl.	2e cl.	3e cl.	4e cl.	
Communes de. . . 4,000 à 6,000 hab.	» f. 30	» f. 40	» f. 50	» f. 60	» f. 25
— de. . . 6,000 à 10,000 —	» 45	» 60	» 75	» 90	» 40
— de. . . 10,000 à 15,000 —	» 60	» 80	1 »	1 20	» 50
— de. . . 15,000 à 20,000 —	» 75	1 »	1 25	1 50	» 65
— de. . . 20,000 à 30,000 —	» 90	1 20	1 50	1 80	» 75
— de. . . 30,000 à 50,000 —	1 05	1 40	1 75	2 10	» 90
— de. . . 50,000 et au-dessus. .	1 20	1 60	2 »	2 40	1 »
Remplacement aux entrées de Paris. . . .	8 f. »				4 f. »

vingt-quatre heures, il est tenu de faire une déclaration de *transit*. A la sortie, les quantités sont vérifiées et les droits restitués, si l'on ne trouve pas de manquants ; au cas où on constaterait des manquants, la restitution n'aurait lieu que sous la déduction des droits dus pour la différence. Si, au lieu de consigner les droits, le conducteur avait donné une caution pour en garantir le payement, cette caution serait libérée par la sortie sans fraude.

Le payement définitif de l'impôt retombe sur le consommateur, et le marchand s'indemnise ordinairement par une élévation dans le prix de la denrée. Mais, comme l'obligation d'en faire l'avance est par elle-même une lourde charge, le législateur a donné aux marchands la faculté de s'en affranchir, au moyen de l'*entrepôt*. L'entrepôt est *réel* ou *fictif*. Le premier n'est autre chose que le dépôt des marchandises dans un magasin public ; les droits sont perçus à mesure qu'on les enlève, pour les verser dans la consommation. Dans les villes où il n'y a pas d'établissement public, les magasins privés peuvent être fictivement considérés comme des lieux d'entrepôt, à la condition qu'ils seront soumis à l'*exercice*, c'est-à-dire que les agents de la régie y pourront entrer à volonté, pour constater les quantités et exiger les taxes sur les manquants.

La vente en gros des vins, cidres, poirés et hydromels ne donne lieu qu'aux droits de circulation et d'entrée ; mais la *vente au détail* est frappée d'un droit de 15 pour 100 par hectolitre sur la valeur vénale. La perception de ce droit ne peut être assurée qu'au moyen de l'*exercice ;* car, si la régie n'avait pas le droit de descendre à chaque instant dans les caves du débitant, il serait aisé de soustraire à la perception du droit la plus grande partie des quantités consommées. C'est pour éviter les inconvénients et vexations des visites domiciliaires que les détaillants ont été admis à la faculté de l'*abonnement*, moyennant une somme déterminée. L'abonnement est *individuel* ou *collectif ;* celui-ci peut avoir lieu *par commune* ou *par corporation*.

L'abonnement individuel est fait tantôt pour une somme fixe, tantôt à tant par hectolitre. Dans le premier cas, si la régie et le débitant ne sont pas d'accord, il est statué par le préfet, en conseil de préfecture, sauf recours au conseil d'État ; la taxe est payable par mois et d'avance. Dans le second, le débitant n'est affranchi que de l'obligation de déclarer son prix et demeure soumis à l'*exercice*, en ce qui touche la vérification des quantités. Cette espèce d'abonnement ne peut être fait que pour deux trimestres au plus (1).

---

(1) On passe au débitant une différence de 3 p. 100 pour déchet et consommation de famille.

L'abonnement *par commune* substitue aux droits de détail et de circulation dans l'intérieur de la commune, le payement d'une somme payable de quinzaine en quinzaine par la caisse municipale. En cas de retard, la commune est poursuivie par voie de contrainte sur le receveur municipal et de saisie des revenus communaux. Le traité entre la commune et la régie n'est définitif qu'autant qu'il a été approuvé par le ministre des finances sur l'avis du préfet et le rapport du directeur général des contributions indirectes. — L'*abonnement par corporation* ne remplace que le droit de détail et laisse subsister le droit de circulation. Quand il a été voté par les deux tiers des débitants, l'abonnement approuvé par le ministre des finances est obligatoire pour tous, même pour les opposants. Si la régie et la corporation ne sont pas d'accord, le différend est vidé par le préfet en conseil de préfecture, sauf recours au conseil d'État. Le traité n'est obligatoire que pour une année ; mais, pendant ce délai, il confère aux abonnés une espèce de monopole commercial, nul détaillant ne pouvant s'établir avant l'expiration de l'année. Comment sera déterminée la part due par chaque débitant dans la somme totale portée au traité? Au moyen d'une répartition qui fixe la cote de chaque contribuable; la perception a lieu ensuite en vertu d'un rôle, dressé par le syndic des débitants, rendu exécutoire par le maire et remis au receveur de la régie (1).

Puisque les marchands en détail sont soumis à ce rigoureux régime, il importe de bien déterminer en quoi consiste cette qualité. Il faut distinguer d'abord certaines professions qui emportent par elles-mêmes la présomption que ceux qui les exercent font le métier de débitants, tels que les cabaretiers, restaurateurs, maîtres d'hôtels, etc., etc., etc. Aucune preuve n'est exigée, en ce qui les concerne, pour démontrer qu'ils font le commerce des boissons en détail (2). Quant à ceux qu'aucune présomption semblable ne caractérise, on les considère comme marchands en détail lorsqu'ils

---

(1) En cas de difficulté sur la répartition entre un débitant et le syndic, le conseil de préfecture est-il compétent ? — Le conseil d'État qui l'avait décidé depuis 1822 jusqu'à 1848 s'est écarté de sa jurisprudence par décision du 24 juillet 1848. — Cette décision porte annulation de l'arrêté du conseil de préfecture, pour incompétence sur ce fondement que la loi du 28 avril 1816 ne donne compétence au préfet, en conseil de préfecture, que pour fixer le montant général de l'abonnement. Qui donc est compétent? — La décision est muette sur ce point. Mais les syndics soutenaient que leur décision sur la répartition était souveraine et c'est probablement le système qui a été accueilli par le conseil, quoiqu'il ne le soit pas *in terminis*. M. Foucart combat le nouveau système du conseil d'État. (T. II. p. 505.)

(2) Loi du 23 avril 1836.

vendent par cercles ou paniers contenant moins de 25 litres (1).

Le droit de détail sur les eaux-de-vie et liqueurs est de 50 pour 100. Quant aux alcools, qui ne passent pas par l'intermédiaire du détaillant, ils sont soumis au payement d'une taxe dite de *consommation* fixée également à 50 pour 100, pour tout l'empire. Les quantités expédiées par les marchands en gros sont soumises à ce droit qui, en général, est payable au lieu de destination et sur le prix de la denrée en cet endroit; la taxe peut aussi être payée au départ par les expéditeurs.

Les marchands bouilleurs et distillateurs doivent, à peine d'amende, se munir d'une *licence* pour chaque établissement qu'ils dirigent; ce droit ne se confond pas avec la patente (2).

La difficulté de pratiquer l'exercice a fait établir des dispositions spéciales à la ville de Paris. Le droit de détail est réuni au droit d'entrée, et il se perçoit aux barrières, au moyen d'une taxe unique qui comprend les deux. Des lois postérieures ont permis d'étendre aux villes de 4,000 habitants ce régime exceptionnel que la loi du 20 avril 1816 avait créé pour la capitale. Mais les villes autres que Paris ne sont pas soumises, de plein droit, à cette conversion qui ne peut être faite que sur la demande de leurs conseils municipaux (3).

L'exercice n'a cependant pas pu être complétement supprimé à Paris et la loi l'admet encore, pour la perception du droit de *fabrication sur les bières;* ce droit est de 2 fr. 40 cent. par hectolitre pour les bières fortes et de 0 fr. 60 cent. pour les petites bières (4). Afin d'en assurer la perception, les brasseurs sont tenus, à Paris comme partout ailleurs, de laisser vérifier la contenance de leurs vaisseaux, et chaque fois qu'ils veulent mettre le feu sous une chaudière, d'en faire la déclaration vingt-quatre heures à l'avance. La loi a cependant apporté un tempérament à ce régime rigoureux, en permettant aux brasseurs de faire avec la régie un traité d'*abonne-*

---

(1) Loi du 17 mai 1852, art. 16.

(2) Loi du 21 avril 1832, art. 44.

(3) Loi du 28 avril 1816, art. 92 et 93. — La loi du 21 avril permit de convertir les droits d'entrée, de détail et même de circulation, en une taxe unique reportée aux barrières. Mais comme la suppression du droit de circulation favorisait la fraude, la loi du 25 juin 1841 a décidé que la conversion votée par le conseil municipal ne pourrait plus comprendre le droit de circulation.

(4) Pour comprendre la différence entre les *bières fortes* et les *petites bières*, il faut connaître le procédé de fabrication. On jette de l'eau sur les mêmes matières à plusieurs reprises, et on obtient ainsi des *trempes* dont la force diminue à mesure qu'on s'éloigne de la première. C'est après la troisième trempe que commence la fabrication de la *petite bière*

ment par corporation; cette convention n'est valable qu'après avoir reçu l'approbation du ministre des finances, et le législateur n'a pas permis qu'elle durât plus d'une année, parce qu'elle confère une espèce de monopole commercial à ceux qui étaient en exercice au moment où elle a été faite. Aucune brasserie nouvelle ne peut, en effet, être fondée pendant l'année et celles qui existaient au commencement ne peuvent pas augmenter leurs moyens d'action. L'abonnement est autorisé non-seulement à Paris, mais encore dans les villes de 50,000 habitants.

Sels. — Les sels sont soumis à une taxe de consommation fixée à 10 fr. par 100 kilogr. Ce droit est applicable aux sels français de toute origine et à ceux qui viennent des colonies ou de l'Algérie. Quant aux sels étrangers, ils acquittent, à leur introduction en France, un droit de douane qui varie, suivant la zone par laquelle ils pénètrent sur notre territoire, plus une surtaxe sur ceux qui arrivent sous pavillon étranger (1).

Sucres. — Les sucres ont une triple provenance et, à ce point de vue, on distingue les sucres des colonies, les sucres étrangers et les sucres indigènes. L'industrie indigène des sucres de betterave fut protégée à l'origine par l'exemption des taxes qui frappaient les sucres des colonies. A la faveur de cette protection, la fabrication du sucre de betterave qui avait d'abord été dédaignée comme une industrie à peine viable, prit tant d'extension que les colonies s'émurent et réclamèrent l'établissement d'un droit sur le sucre français. Plus tard l'émancipation des noirs fit renchérir la production aux colonies à ce point que, par une remarquable interversion de rôles, il fallut protéger l'industrie coloniale contre sa rivale. Le décret du 27 mars 1852 a fixé à 45 fr. par 100 kilogr. le droit sur les sucres indigènes et accordé aux sucres des colonies un dégrèvement de 7 fr. Quant aux sucres étrangers, ils sont au contraire grevés d'une surtaxe de 12 fr. qui porte le droit à 57 fr. par 100 kil. (2).

(1) Loi du 10 juillet 1850. — Les sels bruts qui arrivent par les ports de l'Océan ou de la Manche acquittent la taxe de 1 fr. 75 c. sous pavillon français, et de 2 fr. 25 c. par 100 kilog. sous pavillon étranger. Les sels blancs ou raffinés qui viennent par la frontière de Belgique ou par les ports de l'Océan et de la Manche, sous pavillon français, payent 2 fr. 75 c. par 100 kilog. et 3 fr. 25 c. sous pavillon étranger. (T. II, p. 79.)

(2) Ce droit est fixé pour le premier type; mais il s'élèverait de 3 fr. par 100 kilog. pour les types d'une nuance supérieure au type normal. (Loi du 13 janvier 1849; T. II, p. 83.) Le décret du 27 mars 1852 n'avait accordé le dégrèvement au sucre des colonies que pour quatre ans; mais ce régime transitoire est devenu définitif par le décret du 20 décembre 1854 et la loi du 29 décembre 1855 qui maintiennent les *droits actuels*, en ce qui concerne les colonies au delà du cap de Bonne-Espérance et d'Amérique.

— Le droit sur les sucres étrangers et coloniaux est un droit de douane. Quant à celui qui grève les sucres indigènes, c'est un impôt de *fabrication* : aussi les fabriques sont-elles, pour en assurer la perception, soumises à l'*exercice* des agents de la régie.

La raffinerie des sucres est une industrie que le législateur a voulu favoriser; dans ce but, il a ordonné que les droits perçus à l'entrée sur les sucres bruts seraient restitués à la sortie des sucres raffinés (*drawback*). Seulement, à cause du déchet que produit l'opération du raffinage, il a fallu établir la proportion du rendement. Un règlement d'administration publique, en date du 1er septembre 1852, l'a fixée à 86 kilogr. de sucre raffiné pour 100 kilogr. de sucre brut, de telle sorte qu'à l'exportation, on restitue pour 86 kilogr. de sucre raffiné la taxe perçue sur 100 kilogr. de sucre brut. — Comme les procédés de fabrication permettent d'extraire une quantité plus grande que celle qui a été officiellement arrêtée, les raffineurs n'obtiennent pas seulement la restitution de ce qu'ils ont payé, mais encore une véritable prime sur la différence entre le rendement effectif et le rendement officiel. Cette prime n'étant accordée que sur les sucres exportés, on s'explique comment il se fait que le sucre français soit moins cher à l'étranger qu'en France, malgré les frais de transport (1).

Douanes (2).— On entend par douanes des droits qui sont perçus aux frontières à l'importation ou à l'exportation de certaines denrées ou marchandises ; je dis *certaines*, parce que tous les produits ne sont pas tarifés, et que ceux qui ne sont pas formellement imposés entrent ou sortent en franchise.

Cette taxe a un double caractère : 1° c'est un impôt; 2° c'est une mesure qui, dans certains cas, a pour objet de protéger l'industrie nationale, en éloignant de notre marché les produits de l'étranger, ou en ne leur permettant de s'y présenter que dans des conditions égales de concurrence. Au premier point de vue, il a tous les défauts et aussi toutes les qualités des contributions indirectes; aussi n'a-t-il pour adversaires que les partisans systématiques de l'impôt direct sur le capital ou le revenu ; mais comme droit protecteur, il est blâmé par tous les économistes, par beaucoup de publicistes,

(1) Cette anomalie a été signalée, à plusieurs reprises, par la presse périodique. Voir aussi le mot *Sucres*, par M. Horace Say, dans le *Dictionnaire d'économie politique*. Notons ici, quoiqu'elle soit étrangère à la matière de l'impôt, une disposition qui prohibe, dans l'intérêt de notre industrie, l'introduction des sucres raffinés à l'étranger. (Loi du 13 janvier 1849 et décret du 27 mars 1852.)

(2) T. II, p. 102.

et il faut reconnaître que, dans la pratique, il tend à disparaître par l'abaissement insensible des tarifs. Pendant les huit dernières années, le droit a été atténué en plusieurs points et, aujourd'hui, l'attention publique est portée sur un traité de commerce entre la France et l'Angleterre, duquel sortira inévitablement une révolution économique. Malgré ces modifications, le droit protecteur est et sera longtemps encore une branche importante de notre système financier, et il faut en faire connaître les bases.

Certaines industries françaises ont pour objet de transformer des produits qui sont, à leur égard, considérés comme des *matières premières*. Un tarif qui éloignerait les matières premières venues de l'étranger ne protégerait donc l'industrie nationale qui produit de semblables matières premières qu'en frappant d'autres industries occupées à les transformer ; un pareil droit favoriserait les uns en opprimant les autres et la loi ne pourrait pas l'établir, sans s'éloigner de l'impartialité qu'elle doit avoir à l'égard de tous les nationaux. C'est pour cela que, depuis Colbert, il est de principe qu'un tarif protecteur doit épargner, autant que possible, les *matières premières* venues de l'étranger et ne frapper que les *produits fabriqués* (1). Quant à ces derniers, les uns sont écartés de notre marché par des droits prohibitifs, les autres ne payent que des droits protecteurs. Les droits prohibitifs sont ceux qui, par leur élévation, équivalent à une sorte de prohibition, parce qu'ils rendent impossible à l'industrie étrangère la concurrence contre nos produits similaires. Cependant, le droit prohibitif et la prohibition sont choses différentes, puisque le premier fait seulement plus coûteuse l'introduction que la seconde rend tout à fait impossible ; aussi, les marchandises frappées de taxes prohibitives sont-elles présumées avoir acquitté les droits lorsqu'elles ont franchi le *rayon frontière*, tandis que les marchandises prohibées ne sont pas couvertes par une semblable présomption, et la saisie peut en être faite, partout où on les trouve; car il est certain qu'elles sont entrées en contrebande (2).

---

(1) Ce principe vrai, en général, n'a cependant pas été appliqué d'une manière absolue. Ainsi les laines, matière première des fabriques de drap, sont encore frappées d'un droit de 5 p. 100 *ad valorem*. Encore cette taxe a-t-elle été réduite par le décret du 19 janvier 1856, avant lequel elle s'élevait à 20 p. 100. De même, les cotons en laine, matière première de la filature et de la fabrique d'étoffes, payent encore 20 fr. par 100 kilog. Il n'y a d'exception que pour les cotons d'Inde ou d'Égypte, qui, d'après le décret du 5 janvier 1859, ne payent que 5 fr. par 100 kilog. Un rapport du ministre des travaux publics, de l'agriculture et du commerce, inséré au *Moniteur* du 19 février 1860, propose la suppression de ces droits, en laissant subsister seulement une surtaxe, au profit de notre marine, sur les laines et cotons venus sous pavillon étranger.

(2) Loi du 28 avril 1816, tit. 6, art. 59 et suivants.

Les droits simplement *protecteurs* ont pour objet d'établir des conditions égales de concurrence entre les produits fabriqués de deux pays, de manière que l'invasion des marchandises du dehors n'ait pas pour effet d'éteindre notre industrie. Parmi ces droits, les uns sont établis sur la valeur des marchandises (*ad valorem*); l'estimation des objets, se fait sur la déclaration des parties; mais les agents de la régie ont le droit, s'ils soupçonnent que la déclaration est frauduleuse, de prendre la marchandise au prix indiqué. Ce droit de *préemption* doit être exercé dans les trois jours pour les laines, et dans les quinze jours pour les autres matières (1); les délais passés, la perception du droit ne peut être faite que d'après la valeur déclarée. La denrée préemptée est vendue au compte de l'État, qui profite du bénéfice jusqu'à concurrence d'un sixième. Les cinq sixièmes restants forment une sorte de fonds commun à distribuer aux agents de saisie dont le concours a été le plus utile au trésor dans l'année. Remarquons que les sixièmes ne sont calculés que déduction faite de trois vingtièmes attribués au fonds de retraite.

Tous les droits ne sont pas *ad valorem*, et même le plus grand nombre sont établis sur des quantités (par 100 kilogr.), sans distinction de valeur vénale. Les animaux supportent un droit par tête, suivant l'espèce à laquelle ils appartiennent, quels que soient leur poids et leur prix. Enfin, certaines denrées payent un droit presque insignifiant qui n'est ni un impôt ni une protection, mais seulement une manière de constater la quantité des importations et des exportations; c'est ce qu'on appelle un *droit de balance*, par allusion à la théorie célèbre connue sous le nom de *balance du commerce* (2).

Les marchandises importées doivent être déclarées au bureau de

---

(1) Lois du 4 floréal an IV et du 2 juillet 1836.

(2) Cette théorie aujourd'hui abandonnée ou à peu près, et connue aussi sous le nom de *système mercantile*, considérait comme une cause d'enrichissement national la supériorité des exportations sur les importations, parce que la différence était soldée en numéraire; or, le numéraire passait pour être la richesse par excellence. A beaucoup de points de vue, cette théorie était erronée. Il est cependant tel concours de circonstances où elle serait exacte. Que l'on suppose, par exemple, que par suite d'un énorme excédant d'importations, la sortie du numéraire soit tellement considérable, que ce qui en resterait dans le pays ne fût pas suffisant pour former le fonds de roulement nécessaire aux transactions de notre commerce, il en résulterait une gêne au moins momentanée, très-préjudiciable à notre industrie. — En Angleterre, on perçoit un droit de balance de 11 cent. sur le blé : quelque faible qu'il soit, ce droit produit 12 millions au trésor anglais par suite du nombre considérable des importations.

la douane où elles sont vérifiées; après la vérification, le conducteur des objets reçoit contre payement des droits, une quittance avec laquelle les denrées peuvent librement voyager; cependant le récépissé indique le bureau où le porteur devra se présenter pour faire contrôler son acquit.

Afin de prévenir, autant que possible, la fraude aux lois douanières, le législateur a déterminé une zone de quatre lieues qui s'étend parallèlement à la frontière, et qu'on appelle *rayon-frontière*. Cette partie du territoire est soumise à plusieurs règles spéciales; ainsi aucune marchandise portée au tarif d'importation ou d'exportation ne peut circuler dans cet intervalle, sans être accompagnée d'un *congé* délivré par les agents de la douane. Lorsque les objets tarifés voyagent dans le *rayon-frontière*, avec destination sur une localité située en France, il est délivré aux conducteurs des *passavants*, sans acquittement de droits. Du côté de la mer, le rayon-frontière appelé *maritime* s'étend aussi à quatre lieues de la côte; dans cet intervalle, les agents ont le droit de monter à bord et d'exiger des capitaines de vaisseaux la production de leur manifeste.

Comme pour les contributions indirectes, le législateur a établi, en matière de douanes, la faculté d'*entrepôt* et de *transit*.

En cas d'entrepôt, les marchandises sont déposées en franchise dans des magasins où elles sont placées sous la surveillance de l'administration; l'entrepôt est *réel* ou *fictif*, suivant qu'il est fait dans les édifices publics sous la clef de l'administration, ou à domicile dans les magasins privés soumis à l'exercice. Ce dépôt ne peut pas durer plus d'une année à l'expiration de laquelle le droit est payé, même sur les marchandises non vendues, à moins que le propriétaire ne prenne le parti de les réexporter.

Les denrées qui passent *en transit* empruntent seulement le territoire de la France pour se rendre à l'étranger; comme elles ne font pas concurrence à notre industrie et qu'elles peuvent, au contraire, servir à développer notre commerce des transports, la loi serait faite bien aveuglément si elle frappait les marchandises en *transit*. Aussi s'est-elle bornée à prendre des précautions pour éviter la fraude. Les conducteurs doivent se munir à l'entrée d'un *acquit-à-caution*, qui leur est donné moyennant l'engagement qu'ils contractent de faire sortir les marchandises par le point indiqué et de représenter l'acquit-à-caution avec un certificat de décharge, à peine de payer un droit quadruple et une amende (1).

---

(1) Voir, sur toute cette matière, la *Douane française*, par M. T. Duverger, ancien directeur des douanes, et spécialement le chapitre sur les *prohibitions*, pages 67 et suivantes.

Fabrication des cartes à jouer (1). — Cette fabrication a été abandonnée à l'industrie privée; ceux qui veulent en faire leur profession doivent seulement obtenir une *licence* de l'administration. Le gouvernement s'est réservé cependant la fourniture des moules et celle du papier filigrané; à ce point de vue, c'est un véritable monopole et un impôt qui consiste dans la différence entre le prix de vente et le prix de revient.

Monopole du tabac (2). — Ce monopole ne repose que sur des lois transitoires, dont la dernière a fixé l'année 1863 pour terme à ce régime; mais on peut, sans trop de hardiesse, prédire que de nouvelles prorogations seront accordées, ou peut-être qu'une loi définitive mettra ce monopole parmi nos institutions financières. La consommation de cette substance est tellement peu digne d'intérêt que, malgré les vices de l'impôt par voie de monopole, aucune réclamation sérieuse ne s'est élevée contre la vente des tabacs par l'État. Voici les caractères qui distinguent cet impôt : 1° L'importation des tabacs étrangers est, en général, prohibée, à moins qu'elle ne soit faite pour le compte de la régie; quelques exceptions très-rares permettent l'importation pour les particuliers. 2° La culture du tabac n'est permise que dans certains départements déterminés; les produits doivent ou être vendus à la régie ou exportés. 3° La vente est faite par des agents commissionnés aux prix fixés par l'administration. Quant à l'impôt, il consiste dans la différence entre le prix de vente et le prix de fabrication, déduction faite d'une somme représentant le bénéfice probable que ferait l'industrie privée, si la fabrication du tabac était libre.

Poudres et salpêtres. — Appliqué à la fabrication de ce produit, le monopole se justifie principalement par des raisons tirées de la sûreté publique et très-accessoirement par des motifs de fiscalité. Le produit de la fabrication et de la vente privilégiée de ces matières est d'ailleurs à peu près insignifiant, si on le compare à celui des tabacs et des postes.

Postes (3). — Le transport des dépêches est tellement lié à l'ordre public et aux besoins d'une société civilisée que le monopole soit directement par les agents de l'État, soit indirectement par une compagnie concessionnaire et privilégiée, sera considéré comme une nécessité par tout esprit sérieux et pratique. Sans cela, jamais nous

(1) Tome II, page 87.
(2) Tome II, pages 85 et 86.
(3) Tome II, page 88.

ne serions sûrs d'avoir un service régulier avec des entreprises commerciales, exposées aux hasards de la concurrence. Continu sur les grandes lignes, le transport des dépêches serait délaissé sur les voies qui conduisent aux hameaux isolés; c'est grâce au monopole que le service rural a pu être organisé ; il ne l'aurait jamais été par l'industrie privée qui ne dépasse pas les limites de l'intérêt personnel et ne s'élève pas aux considérations d'ordre et d'intérêt général.

Le droit sur les dépêches consiste dans une taxe uniforme, quelle que soit la distance entre le lieu d'expédition et le lieu de destination; il s'élève seulement avec le poids de la dépêche; en outre, les lettres non affranchies payent une surtaxe. Celles qui portent un timbre insuffisant sont considérées comme non affranchies; on précompte cependant, sur le prix à payer, la valeur du timbre. Soit une lettre pesant plus de 7 grammes 1/2 et moins de 15; non affranchie, elle payerait 60 centimes. En déduisant 20 centimes, prix du timbre insuffisant, le destinataire aura à payer 40 centimes.

La conversion de l'ancienne taxe *proportionnelle à la distance* en une taxe uniforme, a été critiquée comme contraire à l'équité qui demande que la rémunération soit proportionnée au service. Mais cette objection tombe devant l'observation bien simple que chacun expédie des lettres à des distances fort diverses, et que la même personne qui aujourd'hui paye trop cher se rédimera demain en ne payant pas assez (1).

Si une dépêche vient à s'égarer, l'administration n'est pas, en général, responsable; elle ne l'est que si la lettre a été chargée, et encore la loi a limité sa responsabilité à 50 fr., quelle que soit la valeur des papiers que contient l'enveloppe (2). La loi ne faisant aucune différence entre la perte simple et la perte provenant d'une soustraction frauduleuse, une jurisprudence administrative constante a décidé que la responsabilité de l'administration n'était pas plus étendue en cas *d'infidélité* qu'en cas de *négligence* de ses agents. Une loi récente vient cependant de changer cet état de choses, dans une certaine mesure, en permettant le transport des billets de banque et coupons, par lettres chargées et sous la responsabilité de l'administration jusqu'à concurrence de 2,000 francs (3).

(1) M. Clément, *Revue européenne* du 15 juin 1858.

(2) Loi du 5 nivôse an V, art. 14.

(3) Loi du 4 juin 1859. Elle autorise le transport par la poste, sous la responsabilité de l'administration, de billets de banques, coupons de dividendes et d'intérêts payables au porteur, jusqu'à concurrence d'une somme de 2,000 fr. L'expéditeur est tenu de déclarer la somme et d'acquitter 1° la taxe fixe de 0 fr. 20 cent.; 2° le port de la lettre, suivant son poids; 3° un droit proportionnel de 10 cent. par 100 fr. L'administration est responsable de la négligence ou de la fraude de ses agents, non de la force majeure.

Voitures publiques. — Toute voiture publique partant à jour et à heure fixes pour des lieux déterminés, doit payer le dixième du prix des places, déduction faite du quart. Si elle partait irrégulièrement, elle payerait une taxe annuelle, d'après la dimension. Enfin celles qui ne partent qu'accidentellement sont imposées à 15 centimes par place (1). Indépendamment de cette taxe dont le produit revient au trésor, les voituriers doivent aux maîtres de poste dont ils n'emploient pas les chevaux, un droit de 25 centimes par poste et par cheval (2).

Navigation. — Le droit de navigation est perçu sur les fleuves, rivières et canaux navigables, d'après un tarif spécial à chacun d'eux, fixé par décret impérial. La perception a lieu ou par des fermiers adjudicataires ou par les agents de l'État (3).

Enregistrement (4). — L'enregistrement est une formalité qui consiste dans la mention du jour où un acte a été présenté au receveur; il donne date certaine aux actes sous seing privé. Les actes notariés ont date certaine par eux-mêmes, et les officiers ministériels seraient seulement passibles d'une amende s'ils négligeaient de faire enregistrer les actes par eux reçus. Il ne faudrait pas dire cependant, comme on le fait souvent, que, dans ce dernier cas, l'enregistrement est un simple prétexte à impôt, puisqu'il n'est d'aucune utilité. Cette formalité est un contrôle qui empêche toutes les fraudes et antidates postérieures à la présentation de l'acte notarié et, par conséquent, elle rend un service, sinon identique, du moins analogue à celui de la date certaine qu'elle donne aux autres actes.

Les taxes d'enregistrement ne sont pas, à la vérité, uniquement la rémunération d'un service rendu, et elles ont aussi le caractère d'un impôt. Si elles n'étaient que le prix d'une formalité utile, le tarif serait le même, quelle que fût l'importance des valeurs, puisque la mention de l'enregistrement ne coûte pas plus de travail pour un acte portant sur une somme énorme que pour un acte relatif au plus mince intérêt; or la loi distingue deux espèces de droits : 1° *les droits fixes*; 2° *les droits proportionnels*. Ceux-ci s'élevant avec la valeur qui fait l'objet de l'acte, sont évidemment établis

---

(1) Loi du 25 mars 1817, art. 112. Loi du 28 juin 1833, art. 8. Loi du 20 juillet 1837.

(2) Loi du 15 ventôse an XIII. Cette obligation n'incombe pas à ceux qui voyagent à petites journées avec les mêmes chevaux, des voitures de place ou des voitures non suspendues. (Art. 1 de la loi.)

(3) Loi du 29 floréal an X et loi du 25 mars 1817.

(4) Tome II, pages 117 et suiv.

dans un but de fiscalité. Les droits fixes eux-mêmes, quoiqu'ils puissent, à plus juste titre, être considérés comme le prix d'un service, ne sont pas exempts du caractère fiscal, puisqu'ils ne sont pas uniformes et s'élèvent ou s'abaissent suivant la *nature de l'acte.*

La loi ne soumet qu'au droit fixe les actes qui ne portent ni mutation, ni obligation, ni libération, ni condamnation, ni collocation; en général, au contraire, les actes qui produisent un de ces effets sont tarifés proportionnellement (1). Mais il y a cette différence entre le droit proportionnel et le droit fixe que le premier n'est dû qu'autant qu'il a été établi par une disposition expresse, tandis que le second est toujours exigible soit en vertu de l'article du tarif où il est *nommément* porté, soit en vertu d'une disposition générale qui taxe à un droit uniforme les *actes innomés* (2).

Tantôt le droit n'est dû qu'autant que l'acte est présenté à l'enregistrement de telle sorte que si les parties le retiennent, les agents de l'administration ne peuvent pas le rechercher; tantôt, au contraire, le droit est exigible même lorsque les parties ne présentent pas l'acte au receveur, et celui-ci peut prouver l'opération qui est sujette à la taxe. Dans le premier cas, la taxe s'appelle *droit d'acte*, et dans le second, droit de *mutation*; celui-ci n'est en effet exigible, comme l'indique son nom, qu'en cas de transmission entre-vifs, soit à titre onéreux, soit à titre gratuit ou de mutation par décès, soit *testamentaire*, soit *ab intestat.*

Pour la perception des droits proportionnels, il ne suffit pas de connaître le tarif fixé par la loi; il faut encore savoir sur quelle somme la taxe doit être *assise.* La loi du 22 frimaire an VII a tracé à ce sujet des règles nombreuses dont l'étude exigerait de nombreux développements; nous ne rappellerons que les principales.

---

(1) L'obligation n'est taxée qu'autant qu'elle provient du fait de l'homme; elle ne l'est point lorsqu'elle dérive de *la loi.* Le droit d'obligation principale est de 1 p. 100; il est de 50 cent. p. 100 seulement en matière de cautionnement. Le droit de libération est de 50 cent. p. 100. — La condamnation par jugement, en vertu de titres enregistrés, donne lieu à la perception d'un droit de 50 cent. p. 100. Si elle avait lieu en vertu de titres non enregistrés, il faudrait payer 1° le droit corrélatif au titre qui est suppléé par le jugement, lorsque ce titre est, par sa nature, soumis à l'enregistrement; 2° le droit de condamnation. — On entend par *collocation* une espèce de *condamnation* spéciale à la procédure d'ordre.

(2) La loi du 22 frimaire an VII (art. 68, § 1, n° 51) soumettait au droit fixe de 1 fr. tous les *actes innomés* civils, administratifs, judiciaires ou extrajudiciaires. Mais la loi du 18 mai 1850 (art. 8) l'a élevé à 2 fr. pour les actes *civils* et *administratifs.* Il résulte de là que les actes innomés *judiciaires* et *extrajudiciaires* sont demeurés soumis à l'ancien tarif de 1 fr.

En matière d'obligation, la taxe est due sur les sommes portées dans l'acte. Si l'engagement était de payer une rente perpétuelle ou viagère, elle serait perçue sur le capital *constitué* ou *aliéné*. On voit que, malgré la différence qui sépare ces deux espèces de rentes, le législateur a établi une règle qui leur était commune, et il n'y avait pas d'inconvénient à disposer ainsi, puisque le capital exprimé aura été fixé par les parties d'après la valeur de la rente viagère, c'est-à-dire d'après les chances de mortalité; la loi ne pouvait prendre pour base de la liquidation du droit que l'estimation faite par les intéressés eux-mêmes. Mais il était impossible d'adopter la même unité de règles, dans les cas où le capital de la rente n'est pas exprimé, comme cela se fait ordinairement pour les constitutions à titre gratuit. L'impôt alors a pour base un capital égal à vingt fois la prestation annuelle, pour les rentes perpétuelles, et à dix fois, pour les rentes viagères (1).

En matière de ventes immobilières, la taxe est exigible sur le prix et les charges accessoires qui en sont considérées comme une augmentation (2). Si le prix était inférieur à la valeur réelle, les agents de la régie auraient le droit de demander une expertise pour établir la véritable valeur vénale; le supplément de droit pour la différence établie par l'estimation serait dû, alors même que le prix véritable aurait été déclaré, en cas de vente faite à vil prix. Quoique rigoureuse, cette disposition était cependant indispensable, parce qu'il n'y a aucun moyen de savoir si l'acquéreur a ou n'a pas reçu de la main à la main la différence entre le prix réel et le prix déclaré; comme c'est là une opération mystérieuse dont il ne reste aucune trace, il fallait inévitablement prendre pour base l'éva-

(1) Art. 14, nos 6 et 7 de la loi du 22 frimaire an VII.

(2) Le droit proportionnel est de 4 p. 100. Mais il y faut ajouter le droit de transcription (1 fr. 50 c. p. 100 en sus) lorsque l'acte de vente est de telle nature que l'acquéreur avait, antérieurement à la loi du 23 mars 1855 sur la transcription, intérêt à faire transcrire l'acte. D'après l'art. 12 de la nouvelle loi, les actes qui n'étaient pas, avant sa promulgation, soumis au droit proportionnel de transcription, doivent être enregistrés au droit fixe de 1 fr. Au point de vue fiscal, elle a donc conservé l'ancien état de choses; or, d'après l'art. 54 de la loi du 28 avril 1816, le droit de transcription était exigible, même quand l'acquéreur ne faisait pas transcrire, toutes les fois qu'il avait intérêt à faire transcrire, spécialement toutes les fois qu'il était l'ayant cause d'un acquéreur qui avait pu constituer des hypothèques sur l'immeuble et qu'il y avait lieu d'en poursuivre la purge. Exemple : Primus vend à Secundus l'immeuble A, et l'acquéreur se met en possession. Il est de 4 + 1 fr. 50 c. = 5 fr. 50 c. p. 100 pour droit de mutation et de transcription. Secundus ne paye pas son prix, et Primus obtient la résolution fondée sur l'art. 1184 du Code Napoléon. D'après l'art. 12 de la loi du 27 ventôse an IX, interprété par la jurisprudence, il est dû un nouveau droit de mutation de Secundus à Primus. Mais ce droit de 4 p. 100 ne sera pas augmenté de 1 fr. 50 cent. pour transcription ; car la résolution ayant lieu rétroactivement emporte l'extinction de tous les droits conférés par Secundus, et rend la purge inutile.

luation par experts : *dura lex, sed necessaria lex.* Si la vente a des meubles pour objet, le droit n'est dû que sur le prix déclaré, et cette déclaration n'admet, en général, aucun contrôle. (Art, 15, 16 et 17 de la loi du 22 frimaire an VII.)

Quant aux transmissions à titre gratuit par décès ou entre-vifs, il faut distinguer entre les mutations mobilières et les mutations immobilières. Pour celles-ci, le droit est perçu sur un capital égal à vingt fois le revenu de l'immeuble, quelle que soit la valeur vénale. Le revenu, en cas de contestation, est fixé par experts, d'après tous les moyens de preuve, et non d'après les mentions de la matrice cadastrale, dont chaque jour les chiffres sont de plus en plus en disproportion avec le revenu réel; le cadastre n'est donc qu'un des éléments d'appréciation à consulter. Il résulte de là que des terrains ayant une valeur vénale considérable, à cause de leur situation, ne seraient taxés, en cas de donation ou de succession, que sur un faible capital déterminé d'après le revenu, tandis que s'ils étaient vendus, le droit serait proportionnel au prix d'achat.

Pour les transmissions mobilières à titre gratuit, le droit est perçu sur la déclaration des parties (1).

Si la déclaration est fausse, l'administration aurait-elle le droit de démontrer la fraude? — Il faut décider qu'elle le pourrait, puisque la loi prononce des peines fiscales contre l'auteur d'une déclaration mensongère, — art. 39 de la loi du 22 frimaire an VII. Une expertise ne serait même pas nécessaire, et la preuve de la fraude résulterait suffisamment de mentions ou évaluations faites par les parties elles-mêmes dans d'autres actes. La Cour de cassation va même jusqu'à admettre les preuves du droit commun, tels que preuve testimoniale, interrogatoire sur faits et articles, etc., etc. Mais l'administration ne fait pas usage de ces moyens, qui ne sont pas dans l'esprit des lois fiscales.

Les dons manuels n'étaient soumis à aucun droit avant la loi du 18 mai 1850, et les parties pouvaient en faire la déclaration dans un acte authentique sans qu'il y eût lieu à la perception *ex post facto* du droit; mais la loi du 18 mai 1850 a soumis le don manuel, une fois déclaré, au droit qui aurait été exigible s'il avait été fait primitivement, d'une manière ouverte. Cette même loi a fait disparaître, en matière de donations ou de successions, la différence de tarif qui distinguait antérieurement les meubles et les immeubles, pour la plupart des transmissions à titre gratuit (2).

---

(1) M. Gabriel Demante (*Exposition raisonnée*, p. 568).

(2) Le droit de vente pour les meubles est de 2 p. 100, et nous avons vu que pour les immeubles il est de 4 p. 100 et peut aller jusqu'à 5 fr. 50 cent. Quant aux donations et

Par une disposition favorable au mariage, le législateur a voulu que le tarif fût réduit de moitié pour les donations faites par contrat de

---

successions, le droit est exigible d'après les tarifs portés au tableau suivant, que nous empruntons à l'ouvrage de M. Gabriel Demante :

LIGNE DIRECTE.

Donations entre-vifs :	1° par contrat de mariage. . . .	meubles.	1 f. 25 p. 100
		immeubles. . . .	1 25 + 1 f. 50 = 2 f. 75 p. 100
	2° hors contrat de mariage. . . .	meubles.	2 50 p. 100
		immeubles. . . .	2 50 + 1 f. 50 = 4 » —
	3° portant partage	(sans distinction de meubles ou d'immeubles). .	1 » p. 100
Mutations par décès. . .	quelconques (sans distinction de meubles ou d'immeubles).		1 » —
	Dispositions testamentaires, avec charge de restitution (art. 1069 C. Nap.).	meubles. . .	1 » —
		immeubles.	1 » + 1 f. 50 = 2 f. 50

ÉPOUX.

Futurs par contrat de mariage, donations entre-vifs de biens présents.	meubles. .	1 f. 50
	immeubles.	1 50 + 1 f. 50 = 3 f. »
Donations entre époux pendant le mariage (art. 1096 C. Nap.).	meubles. .	3 »
	immeubles.	3 » + 1 50 = 4 50 p. 100

Mutations par décès. . .	résultant de donation éventuelle ou de testament.	(sans distinction de meubles ou d'immeubles). .	3 f. » —
	résultant de la loi (art. 767 C. Nap.).	(sans distinction de meubles ou d'immeubles) .	9 » —

COLLATÉRAUX.

Il n'y a désormais aucune distinction à faire, quant *à la fixation* des droits entre les meubles et les immeubles. (Loi du 21 avril 1832, art. 33, combinée avec celle du 18 mai 1850.)

Frères et sœurs, oncles et tantes, neveux et nièces. . .	Donations *entre-vifs* par contrat de mariage.	4 f. 50 p. 100
	Autres transmissions.	6 50 —
Grands-oncles et grand'-tantes, petits-neveux et petites nièces, cousins germains.	Donations *entre-vifs* par contrat de mariage.	5 » —
	Autres transmissions.	7 » —
Parents au delà du 4e degré jusqu'au 12e.	Donations *entre-vifs* par contrat de mariage.	5 50 —
	Autres transmissions.	8 » —

PERSONNES NON PARENTES.

Donations *entre-vifs* par contrat de mariage.	6 f. » p. 100
Autres transmissions.	9 » —

Une explication est nécessaire pour comprendre comment nous comptons le droit de transcription séparément pour les donations en ligne directe, tandis qu'il est confondu dans le droit de mutation pour les donations entre-vifs entre collatéraux et personnes non

mariage; d'un autre côté, par une gradation conforme à la nature des choses, il a élevé le droit à mesure que le degré de parenté s'éloignait, frappant avec modération sur la ligne directe, plus fort sur la ligne collatérale, avec moins de ménagement encore sur les étrangers.

Aux termes de l'art. 60 de la loi du 22 frimaire an VII, « tout » droit d'enregistrement régulièrement perçu ne pourra être resti- » tué, quels que soient les événements ultérieurs. » C'est de toutes les dispositions celle qui donne lieu aux plus graves difficultés; elle touche à toutes les parties du droit, et un commentaire complet de cet article serait un véritable traité d'enregistrement.

Si l'acte est nul d'une manière absolue, par exemple, s'il s'agit d'une donation non acceptée ou irrégulière en la forme, il n'y a pas lieu d'exiger le droit, et les sommes payées doivent être restituées. Mais en serait-il de même si l'acte était seulement entaché d'une nullité relative provenant du défaut de capacité ou d'un vice du consentement pour erreur, dol ou violence? — Nullement. Quoique affecté d'un vice irritant, le contrat produit ses effets tant qu'il n'est pas annulé, et il dépend de l'une des parties de le maintenir, en n'agissant pas par voie d'action en nullité; le droit a donc été régulièrement perçu et, par conséquent, l'annulation est un de ces événements ultérieurs qui n'entraînent pas, aux termes de l'art. 60, la restitution des sommes payées.

La nullité relative et la nullité absolue, quoique différentes, ont ce caractère commun qu'elles sont *radicales*, c'est-à-dire qu'elles anéantissent le contrat radicalement ou *à principio*, de sorte que

---

parentes. La loi du 23 mars 1855 est étrangère à la transcription des donations, puisque l'art. 939 du Code Napoléon exigeait déjà cette formalité; il en résulte que la transcription des donations étant nécessaire *à l'égard des tiers*, avant la loi du 28 avril 1816, la donation d'immeubles a été comprise dans les actes de *nature à être transcrits*, d'après l'art. 54 de cette loi, et pour lequel conséquemment le droit de 1 fr. 50 c. est exigible, même quand la partie néglige de remplir la formalité. « Mais postérieurement à la loi de 1816, dit M. Demante, le tarif des donations a été élevé par la loi du 21 avril 1832, et il a été reconnu que, pour toutes les donations comprises dans la loi de 1832, le droit proportionnel de transcription se trouvait fondu dans le droit d'enregistrement.

» L'art. 54 de la loi de 1816 se trouve donc écarté quant à ces donations, mais il reste applicable aux donations que n'a point touchées la loi de 1832, c'est-à-dire, 1° aux donations en ligne directe; 2° aux donations entre-vifs que peuvent se faire les époux pendant le mariage, ou les futurs époux par contrat de mariage. — Il s'ensuit que pour ces deux dernières classes de donations, nonobstant la loi du 18 mai 1850 (art. 10), il subsiste encore une différence de tarif entre les meubles et les immeubles, puisque, en matière d'immeubles, le droit d'enregistrement doit être augmenté de 1 1/2 p. 100, en vertu de l'art. 54 de la loi de 1816. — Ne cherchez aucune explication rationnelle de ces incohérences, elles sont dues aux remaniements partiels de la législation en matière de transcription. » (*Exposition raisonnée*, p. 426.)

l'annulation rétroagit au moment où l'acte a été fait et ne se borne pas à produire des effets du jour où elle a été prononcée. Cette observation est importante, parce que l'article 68, § 3, n° 7 de la loi du 22 frimaire an VII ne soumet qu'à un droit fixe les jugements qui prononcent la *nullité radicale* d'un acte. Si donc il s'agissait d'une nullité non rétroactive, le jugement serait considéré comme créant un état de choses nouveau et, par conséquent, comme passible du droit proportionnel. Ainsi la jurisprudence de la Cour de cassation décide que la rescision pour lésion de plus des 7/12 d'une vente immobilière n'est pas une *nullité radicale* et que, par suite, le jugement qui la prononce est soumis à un droit proportionnel (1).

Si l'événement ultérieur qui anéantit l'acte consiste dans sa résiliation, non-seulement le droit perçu à l'origine n'est pas restituable, mais encore il peut y avoir lieu, suivant les cas, à la perception d'un nouveau droit de mutation. Pour savoir quand le nouveau droit sera dû, il faut distinguer entre le cas où la résolution restaure l'aliénateur dans son droit primitif (*ex causâ primævâ et antiquâ*) et celui où il redevient propriétaire à partir du jour de la résolution seulement (*ex causâ novâ*) ; dans la première hypothèse, le premier droit n'est pas restituable, à la vérité ; mais comme il n'y a pas retranslation, un nouveau droit proportionnel n'est pas exigible ; dans la seconde, la première mutation est conservée et il s'en opère une nouvelle qui est passible du droit proportionnel. — Le donateur qui fait résoudre sa donation pour inexécution des conditions ou pour survenance d'enfants ne doit pas un second droit de mutation, puisque la résolution s'opère rétroactivement (*ex tunc*). Que si, au contraire, elle était prononcée pour ingratitude, il y aurait véritablement retranslation en vertu du jugement et, par conséquent, nouveau droit proportionnel.

La résolution qui a lieu, en vertu d'une clause expresse insérée au contrat, produit son effet rétroactivement, et par conséquent ne donne pas lieu à la perception d'un second droit de mutation. Il en devrait être de même de la condition résolutoire tacite qui est sous-entendue dans tous les contrats synallagmatiques (art. 1184 C. Nap.), et spécialement de la résolution de la vente pour défaut de payement du prix. Mais cette conséquence n'a pas été adoptée parce que, sous la forme d'une action en résolution pour défaut de payement de prix, il serait facile aux parties de connivence de dis-

(1) Arrêts du 5 germinal an XIII, 17 décembre 1811, 11 novembre 1833 ; tribunal de la Seine, 7 décembre 1848 ; Merlin (Répert., v° *Enregist.*, § 2) ; M. Laferrière (t. II, p. 147) se prononcent dans le sens de cette jurisprudence qui est combattue par MM. Championnière et Rigaud, ainsi que par M. Demante (*Exposit. raisonnée*, p. 135 et suiv.).

simuler la *résiliation d'une vente consommée*. Or le résiliement volontaire est considéré comme une seconde mutation sujette au droit proportionnel, lorsqu'il n'est pas fait dans les vingt-quatre heures (1). Cependant le nouveau droit proportionnel ne serait pas dû si l'acquéreur n'avait pas été mis en possession, exception qui peut sembler être en contradiction avec le principe que la propriété se transfère par le seul consentement, mais qui résulte de l'article 12 de la loi du 27 ventôse an IX (2).

La *folle enchère* et la *surenchère* ont pour effet de résoudre la première adjudication; en cas de folle enchère, l'adjudicataire fol enchérisseur demeure obligé envers la régie jusqu'à concurrence d'une somme égale aux droits exigibles pour le prix de l'adjudication par lui faite; si la nouvelle adjudication dépasse la première, le supplément du droit de mutation est dû par le nouvel adjudicataire et les sommes payées par le fol enchérisseur étant imputables sur les taxes exigibles, le fol enchérisseur peut répéter ce qu'il a versé contre l'acquéreur définitif, à la décharge duquel il se trouve avoir payé. On voit par là qu'il n'est perçu qu'un seul droit proportionnel quoiqu'il y ait deux adjudications; cela tient à ce que les enchères nouvelles sont considérées comme la continuation des premières.

Il en est de même, en cas de surenchère; la nouvelle adjudication couvre la précédente et, si les droits avaient été acquittés par l'adjudicataire primitif, il pourrait les répéter contre l'acquéreur définitif au profit duquel ils seraient imputés par la régie. Mais le surenchérisseur, qui n'aurait pas payé, ne serait pas, comme le fol enchérisseur, tenu envers la régie des taxes dues pour le premier prix. La raison de cette différence tient à ce que le fol enchérisseur est en faute d'avoir acheté, sachant qu'il ne pourrait pas payer, tandis que le surenchérisseur n'a rien à se reprocher.

Une autre règle très-importante, en matière d'enregistrement, consiste en ce que toutes les clauses portées dans le même acte doivent être taxées, lorsqu'elles sont indépendantes. Que si, au con-

---

(1) Il faut, en outre, que le résiliement soit fait par *acte authentique*. Le délai se compte d'heure à heure, à partir de l'acte résilié. C'est aussi dans les vingt-quatre heures que doivent être faites les élections de *command* ou *d'ami*, lorsque le droit d'élire a été réservé dans l'adjudication ou le contrat de vente; passé ce délai, il est dû un droit proportionnel de mutation. Ce délai est de trois jours, en matière de ventes judiciaires; il y a en outre cette différence entre l'élection de command dans les ventes volontaires, et l'élection dans les ventes judiciaires, que l'avoué adjudicataire a de plein droit cette faculté, tandis qu'une réserve expresse est nécessaire pour les ventes volontaires.

(2) Cette disposition pouvait se concilier avec un état du droit où la tradition était indispensable à la translation de propriété.

traire, elles dépendaient les unes des autres, le droit ne serait exigible que sur la convention principale, non sur la clause dépendante accessoire. Exemple : une vente est faite à crédit et le payement du prix n'a lieu que plus tard; le droit de libération sera dû sur la quittance, indépendamment du droit de mutation pour vente. Que si, au contraire, l'acte de vente portait quittance, le droit de mutation serait seul dû, la libération étant une opération accessoire *dépendante* de la vente. Cet exemple peut faire saisir l'esprit de la règle; quant au point de savoir comment une clause dépendante se distinguera d'une clause *indépendante*, il serait difficile d'établir des principes certains, et c'est une matière qui est livrée au discernement des administrateurs et des juges (1).

Certains actes ont été *exemptés* de la formalité de l'enregistrement, parce que les officiers dont ils émanent présentent assez de garanties pour qu'il n'y ait pas lieu de les contrôler, ou parce que leur importance n'est pas assez grande, ou enfin parce que leur nombre est tellement considérable qu'il en résulterait de l'encombrement dans le service. De ce nombre sont les actes du corps législatif, les actes d'administration publique non formellement soumis au droit, les quittances des contributions publiques, etc., etc., etc. (2).

D'autres actes doivent être *enregistrés gratis*, lorsqu'on les présente au receveur; cette exemption est fondée sur des considérations d'un autre ordre et ordinairement tirées de la faveur que méritent ou les parties ou les opérations dont il s'agit. Ainsi, les actes d'acquisition ou d'échange entre l'État et les particuliers, les actes d'exécution tendant au recouvrement des contributions publiques, etc., etc., etc., sont enregistrés gratis (3). L'enregistrement gratis ne doit pas être confondu avec l'*enregistrement en débet*, qui donne naissance à une troisième catégorie d'actes traités exceptionnellement. Les droits pour l'enregistrement en débet sont dus conditionnellement tandis que, dans le cas de l'enregistrement gratis, ils ne sont jamais exigibles. Ainsi, pour les procès d'assistance judiciaire, les actes présentés par le demandeur sont enregistrés en débet et la régie peut en recouvrer le montant contre la partie qui succombe (4). La partie poursuivante qui a obtenu l'assistance judiciaire est donc seulement dispensée de faire l'avance des frais.

---

(1) Art. 10 et 11 de la loi du 22 frimaire an VII. Cf. Gabr. Demante, p. 35 et suiv. (*Exposition raisonnée*).

(2) Art. 70 de la loi du 22 frimaire an VII.

(3) Art. 70 de la loi du 22 frimaire an VII.

(4) Loi du 22 janvier 1851 sur *l'assistance judiciaire*, art. 14.

Timbre. — Le timbre est une taxe assise sur l'emploi du papier. On distingue le *timbre de dimension* et le *timbre proportionnel*. Le premier est de 0 fr. 35 c., 0 fr. 70 c. et 1 fr. 25 c., suivant la grandeur du papier employé dans les actes. En outre, les lois sur la presse ont soumis à un droit de 6 centimes par feuille de 72 centimètres carrés, les journaux ou écrits périodiques dans les départements de la Seine et de Seine-et-Oise; la taxe est réduite de moitié, pour les journaux des autres départements. Les revues et écrits périodiques, traitant des matières politiques ou d'économie sociale, payent 5 centimes par feuille; quant aux écrits, non périodiques ils ne payent la taxe qu'autant qu'ils ont moins de dix feuilles d'impression (1). Quels actes sont sujets au timbre de dimension? On en trouve l'énumération dans l'article 12 de la loi du 13 brumaire an VII. L'article 16 de la même loi énumère au contraire ceux qui en sont dispensés.

Le droit de timbre proportionnel est dû pour les effets de commerce, d'après la progression établie par la loi du 5 juin 1850; en cas de contravention, une double peine est encourue : 1° l'amende (2); 2° le porteur d'une lettre de change non timbrée ou sur timbre insuffisant, perd tout recours contre les endosseurs et n'a d'action que contre le souscripteur (3).

La même loi établit un droit de timbre proportionnel sur les titres ou certificats d'actions dans les compagnies ou sociétés, à raison de 50 cent. p. 100 pour les sociétés ayant une durée de dix ans, et de 1 fr. p. 100 pour celles dont la durée dépasse ce délai. Au moyen de cette taxe, dont la compagnie est tenue de faire l'avance et qu'elle a la faculté de remplacer par un abonnement annuel, l'action pouvait, d'après la loi du 5 juin 1850, circuler et se transmettre sans qu'il y eût lieu d'acquitter aucun droit de cession. Mais une mesure récente, tout en maintenant le timbre proportionnel sur

---

(1) Art. 6 et 13 du décret du 17 février 1852 sur la presse.

(2) Art. 4 de la loi du 5 juillet 1850.

(3) Malgré la sévérité de cette disposition, la loi française est encore moins rigoureuse que la loi anglaise, d'après laquelle l'effet non timbré est nul. (V. art. 5 de la loi du 3 juillet 1850.) — Voici le tableau du timbre proportionnel.

A	» fr.	5 centimes	pour	les effets	de		100 fr.		et au-dessous.
A	»	10	—	—	—	de	100	à	200 fr.
A	»	15	—	—	—	de	200	à	300 fr.
A	»	20	—	—	—	de	300	à	400 fr.
A	»	25	—	—	—	de	400	à	500 fr.
A	»	50	—	—	—	de	500	à	1,000 fr.
A	1	»	—	—	—	de	1,000	à	2,000 fr.
A	1	50	—	—	—	de	2,000	à	3,000 fr.
A	2	»	—	—	—	de	3,000	à	4,000 fr.

Et ainsi de suite, en suivant la même progression et sans fraction.

les actions, a frappé leur circulation ; aux termes de la loi du 23 juin 1857, la transmission des mêmes titres est assujettie à un droit de 20 cent. p. 100 de la valeur négociée. Lorsque les titres sont nominatifs, la taxe de transmission est exigible au moment du transfert sur les registres de la société. Ce mode de perception n'étant pas applicable aux actions au porteur, le législateur a disposé que le droit, en ce qui concerne cette espèce de titres, serait converti en une taxe annuelle de 12 cent. p. 100 du capital évalué par leur cours moyen, pendant l'année précédente.

IMPÔTS DÉPARTEMENTAUX ET COMMUNAUX.

Les impôts départementaux consistent uniquement dans l'addition de quelques centimes additionnels au principal des contributions directes. Au contraire, l'impôt communal présente une variété qui, toutes proportions changées, le fait ressembler à l'impôt général de l'État. Nous y trouvons en effet comme contributions directes : 1° les centimes additionnels communaux ; 2° les prestations pour les chemins vicinaux; 3° la taxe des chiens; 4° quelques autres taxes, telles que celle de pavage. Les contributions indirectes y sont représentées par les taxes d'octroi sur les objets de consommation locale et par quelques autres droits tels que ceux de voirie.

Centimes additionnels départementaux (1). — Les centimes additionnels départementaux sont *ordinaires* ou *facultatifs;* l'opposition entre ces deux mots indique que les premiers sont obligatoires, tandis que le conseil général peut voter ou non les centimes de la seconde catégorie. En effet, les centimes ordinaires sont *établis* par la loi générale des finances, et perçus sans que le conseil général ait eu à délibérer à ce sujet. Leur produit est porté au budget des recettes du département, et le conseil général vote sur leur emploi, qui doit être exclusivement consacré aux dépenses obligatoires. Les centimes facultatifs, au contraire, ne peuvent être levés qu'en vertu d'une délibération expresse du conseil général; ce vote n'est d'ailleurs soumis à aucune approbation spéciale, parce qu'il est rendu en vertu d'une autorisation donnée d'avance par la loi de finances, qui fixe chaque année un *maximum* de centimes additionnels facultatifs. Dans les limites de ce maximum, les délibérations du conseil général sont exécutoires par elles-mêmes, sans homologation de l'autorité supérieure. Si, pour faire face aux dépenses d'un travail d'une importance excep-

(1) Tome II, page 388.

tionnelle, un département avait besoin de dépasser ce maximum, le conseil général pourrait voter des centimes extraordinaires; mais cette délibération devrait être homologuée par une loi spéciale (1).

Les centimes facultatifs peuvent être employés au payement des dépenses obligatoires, lorsque les recettes ordinaires ne suffisent pas; mais la réciproque n'est pas admise et, en général, les recettes ordinaires ne peuvent pas être consacrées à payer les dépenses facultatives.

Les centimes additionnels ordinaires sont ajoutés au principal de la contribution foncière et de la contribution personnelle et mobilière seulement. Quant aux centimes facultatifs, la loi qui en autorise l'établissement détermine les contributions au principal desquelles ils seront ajoutés.

Enfin, certaines lois ont créé des centimes *additionnels spéciaux*, dont le produit doit être affecté à des dépenses déterminées. En première ligne, nous trouvons ceux qui ont pour objet la constitution du *fonds commun*. Le fonds commun est destiné à venir en aide aux départements les plus pauvres, dont quelques-uns ne pourraient pas couvrir leurs dépenses ordinaires sans voter un nombre écrasant de centimes additionnels. Sa répartition est faite par décret impérial, rendu sur la proposition du ministre de l'intérieur; il est formé par le produit de centimes additionnels au nombre de sept, et est exclusivement affecté aux dépenses ordinaires. La loi du 10 mai 1838, art. 17, permettait de consacrer aux travaux extraordinaires des départements une partie du fonds commun dans la mesure fixée annuellement par la loi de finances; c'est ce qu'on appelait le *second fonds commun*, qui a disparu de notre législation depuis 1853 (2).

D'autres lois ont établi des centimes spéciaux : 1° pour les *chemins vicinaux*, dans les limites du *maximum* fixé par la loi de finances, maximum qui, depuis 1836, a toujours été fixé à 5; 2° pour l'instruction primaire; la loi du 28 juin 1833 a autorisé le vote de 2 centimes additionnels affectés aux dépenses départementales de l'instruction primaire; ces centimes peuvent même être imposés d'office par décret, d'après l'art. 13 de cette loi; 3° pour le cadastre; le conseil général en peut voter jusqu'à trois, par addition au principal de la contribution foncière seulement (3).

---

(1) Art. 33 de la loi du 10 mai 1838 sur les *attributions des conseils généraux*, combiné avec le décret du 25 mars 1852, § *b* de la deuxième partie. — Le *maximum* des centimes facultatifs a été fixé par la loi du 7 août 1850 à 7 cent. 6/10; auparavant il n'était que de 5 cent. En Corse il s'élève à 14 cent. 6/10.

(2) Loi de finances du 8 juillet 1853.

(3) Loi du 31 juillet 1821.

Centimes additionnels communaux (1). — Les mêmes distinctions que nous avons rencontrées dans le budget départemental se retrouvent dans le budget municipal. Chaque année, la loi de finances ajoute au principal des contributions foncière et contribution personnelle mobilière 5 centimes additionnels appelés *ordinaires*, et dont le produit forme le premier article du revenu ordinaire de la commune; cette imposition est établie par la loi de finances, à moins que, par une délibération spéciale, le conseil municipal ne déclare qu'elle est inutile.

Des centimes spéciaux ont été créés : 1° pour l'instruction primaire; 2° pour le traitement du garde champêtre; 3° pour les chemins vicinaux. Dans le premier cas, le maximum est de 3 centimes additionnels au principal des quatre contributions; dans le second, l'addition ne porte que sur la contribution foncière; dans le troisième, le maximum est de 5 centimes, et l'addition est faite au principal des quatre contributions directes. — Ces centimes spéciaux ne sont pas absolument facultatifs; car lorsque les conseils municipaux négligent de les voter, les centimes spéciaux peuvent être imposés d'office (2), si l'administration supérieure estime que cette ressource est nécessaire à la commune.

Enfin, la commune peut s'imposer des *centimes extraordinaires*, soit pour subvenir à l'insuffisance des revenus ordinaires et spéciaux, soit pour accomplir des travaux extraordinaires; mais cette imposition doit être homologuée : 1° par le préfet, quand le nombre des centimes ne dépasse pas vingt et que la durée de l'imposition n'est que de cinq années au plus; 2° par décret impérial, lorsque l'une ou l'autre de ces restrictions est dépassée (3).

Prestations pour les chemins vicinaux (4). — D'après l'art. 2 de la loi du 21 mai 1836, tout habitant inscrit à la contribution foncière, mâle, valide, âgé de dix-huit à soixante ans, peut être imposé à trois journées de travail payables, à son choix, en

---

(1) Tome II, page 432.

(2) Loi du 28 juin 1833, art. 13, et loi du 21 mai 1836, art. 2. — Art. 40 de la loi du 15 mars 1850. C'est cette disposition qui a fait ajouter aux quatre contributions directes les centimes additionnels qui, d'après la loi du 28 juin 1833, ne devaient porter que sur les impôts foncier et personnel-mobilier.

(3) La loi n'a pas déterminé les travaux pour lesquels des centimes extraordinaires peuvent être établis; aussi n'avons-nous jamais compris que la jurisprudence de la section de l'intérieur du conseil d'État ait refusé d'approuver les centimes extraordinaires applicables à la réparation des *chemins ruraux*. (Cette doctrine a été développée dans un avis de la section de l'intérieur de 1850, dont la rédaction fut confiée à M. Herman, aujourd'hui sénateur.)

(4) Tome II, page 64.

nature ou en argent (1). En second lieu, tout chef de famille ou d'exploitation, à titre de propriétaire, fermier, colon ou régisseur, doit la prestation : 1° pour lui-même, s'il est inscrit au rôle de la contribution foncière, mâle, valide, âgé de dix-huit à soixante ans; 2° pour tout individu membre de sa famille ou *serviteur permanent* mâle, valide, et âgé de dix-huit à soixante ans; 3° enfin, pour chaque bête de somme de trait ou de selle, et pour chaque charrette attelée, au service de la famille ou de l'établissement dans la commune. Les prestations pour les domestiques, les animaux et les charrettes sont dues, pour ainsi dire, par l'établissement ou exploitation; il importe donc peu que le chef de famille ou d'exploitation soit ou non dans les conditions voulues, pour être imposé aux prestations; il les devra, qu'il soit ou non valide, du sexe féminin, âgé de moins de dix-huit ans ou de plus de soixante.

La valeur en argent de la journée de travail est fixée, sur les propositions du conseil d'arrondissement, par le conseil général, qui peut soit établir un tarif uniforme pour toute la circonscription, soit diviser l'arrondissement en plusieurs sections, avec un tarif pour chacune d'elles. — Quoique les prestations soient un impôt de quotité, l'intervention des répartiteurs est nécessaire pour dresser les états matricules du rôle parce que ceux-là seuls sont *prestataires* qui figurent au rôle de la contribution foncière; ces états, qui comprennent les noms des propriétaires, sont formés concurremment par le contrôleur, le maire et les répartiteurs. Quant au recouvrement et aux réclamations en matière de prestations, il faut appliquer ici ce que nous avons dit sur les contributions directes (2).

Part des communes dans le produit des patentes. — Cette portion est fixée à 8 centimes par franc du principal de la contribution.

---

(1) Pour être imposé aux prestations, il faut être au rôle de la contribution foncière; mais réciproquement les contribuables de petites cotes foncières, qui sont dispensés *comme indigents* de la taxe personnelle et mobilière, doivent les prestations. — L'option entre le payement en nature et le payement en argent doit être faite dans le mois de l'avertissement; faute d'option dans ce délai, les prestataires sont censés vouloir se libérer en argent.

(2) Les prestations ont été à tort comparées aux *corvées* de l'ancien régime. Celles-ci étaient odieuses, parce que 1° elles frappaient surtout les cultivateurs; 2° parce que les *grandes routes* auxquelles on les consacrait étaient ordinairement très-éloignées des corvéables, qui ainsi contribuaient d'une manière d'autant plus pénible qu'ils profitaient moins de la voie publique. Tous les contribuables aujourd'hui payent la prestation, et les chemins vicinaux sont rapprochés des prestataires qui en ressentent l'utilité immédiate.

Taxe des chiens. — D'après la loi du 2 mai 1855, cette taxe, établie exclusivement au profit de la commune, ne peut pas dépasser 10 fr. ni descendre au-dessous de 1 fr. Entre ce *minimum* et ce *maximum*, le tarif est arrêté, dans chaque commune, par délibération du conseil municipal homologuée par décret impérial, après avoir pris l'avis du conseil général. A défaut de présentation par le conseil municipal, il est statué d'office par le préfet. Le tarif ne peut pas contenir plus de deux taxes : 1° la plus élevée, pour les *chiens de luxe*; 2° la moins élevée, pour les *chiens de garde*. — L'impôt est dû pour tout chien que le contribuable possède au 1er janvier de chaque année, et perçu d'après sa déclaration, dont la sincérité est garantie par la peine d'un impôt triple, en cas de non-déclaration, et d'un impôt double, pour déclaration insuffisante.

Octrois (1). — L'art. 147 de la loi du 28 avril 1816 porte que « lorsque les revenus d'une commune seront insuffisants, il pourra » y être établi, *sur la demande du conseil municipal*, un droit d'oc- » troi sur les consommations. » La taxe d'octroi est donc un impôt municipal indirect sur les consommations locales. Comme la loi s'est servie de termes généraux et qu'elle ne distingue pas entre la *consommation personnelle* et la *consommation industrielle*, il n'y aurait rien d'illégal dans un décret qui autoriserait la taxe des charbons ou autres matières servant à la fabrication de produits manufacturés destinés au commerce général. A la vérité, le conseil d'État, quand il exerce, en cette matière, son droit de tutelle, excepte du tarif la consommation industrielle; mais autre chose est juger l'opportunité de la taxe, autre chose est prononcer sur sa légalité (2). De la généralité des expressions employées dans l'art. 147 précité, il faut également conclure que tous les objets de consommation peuvent être légalement imposés, sans qu'il y ait lieu de distinguer entre les matières alimentaires ou de première nécessité et celles qui n'auraient pas ce caractère. Ainsi, quoique en général les blés ne soient pas taxés, aucune disposition ne s'oppose à ce que cette denrée soit comprise dans le tarif (3).

---

(1) Tome II, pages 92 et suivantes.

(2) La jurisprudence de la Cour de cassation s'est fixée dans ce sens. (Arrêts des 8 mars 1847, 20 mai et 6 décembre 1848, 18 février 1852.)

(3) Les blés sont imposés à l'octroi de Marseille; mais la position de cette ville fait de la taxe locale une espèce de droit de douane. (*Observ.* de M. Thiers dans l'*enquête sur l'impôt des boissons*, p. 201.) Avant la loi de 1816, les grains et farines étaient, par une disposition expresse, exceptés de l'octroi; cette restriction n'ayant pas été reproduite par l'art. 147 de la loi du 18 avril 1816, la Cour de cassation en a conclu avec raison que ces denrées pouvaient désormais être légalement imposées. (Arrêt du 18 juillet 1834.)

On peut encore tirer des termes de l'art. 147 la solution d'une autre question ; la loi disant que la taxe d'octroi peut être établie, *sur la demande du conseil municipal*, nous en concluons que l'initiative doit partir de l'autorité locale, et que le Gouvernement ne pourrait pas imposer cette taxe à une commune, même quand il serait démontré que ses revenus sont insuffisants (1).

La législation antérieure à 1816 (2) prescrivait la division des articles du tarif en cinq catégories, qui étaient : 1° les boissons et liquides ; 2° les comestibles ; 3° les combustibles ; 4° les fourrages ; 5° les matériaux. Cette division est encore suivie dans l'usage, et on la retrouve dans presque tous les tarifs approuvés ; mais ce qui est un simple usage n'est pas une obligation et, en présence des termes de l'art. 147, qui ne prescrivent pas les catégories, il nous paraît impossible de décider qu'elles sont une condition de légalité dont l'absence entraînerait la nullité de la perception (3).

Comme les octrois ne doivent être établis qu'en cas d'insuffisance des revenus communaux, il faut que leur établissement soit d'abord examiné au point de vue de la situation financière de la commune. En conséquence, la délibération du conseil municipal est transmise par le préfet au ministre de l'intérieur, qui en soumet l'examen à la section de l'intérieur du conseil d'État. S'il y a lieu, le conseil municipal est autorisé à voter le tarif, et la nouvelle délibération est transmise au ministre des finances. La section des finances du conseil d'État est appelée à examiner l'affaire au point de vue des tarifs, comme celle de l'intérieur l'avait étudiée sous le rapport des finances de la commune ; enfin, l'assemblée générale arrête la rédaction définitive du projet de décret qui sera présenté par le ministre au chef de l'État (4). Les pouvoirs du Gouvernement, en matière d'octroi, consistent à refuser ou à donner l'approbation ; il peut aussi réduire un article ou le supprimer, en vertu du principe que *celui qui peut le plus peut le moins ;* mais il ne pourrait pas substituer un article nouveau à un article rejeté ou ajouter aux propositions du conseil municipal un article sur lequel il n'aurait pas

---

(1) La loi du 5 ventôse an VIII, art. 2, autorisait l'imposition d'office ; mais nous pensons que cette disposition a été abrogée par les termes formels de l'art. 147 de la loi du 28 avril 1816. — La jurisprudence du conseil d'État est fixée en ce sens. (Arrêt du 16 décembre 1842.)

(2) Décret du 17 mai 1809, art. 16, et Ordonn. du 9 décembre 1814, art. 11 à 24.

(3) C'est en ce sens que la Cour de cassation a fixé sa jurisprudence (18 février 1852 et 19 juillet 1854). — Voir, sur toutes ces questions, le *Dictionnaire de l'administration française* de M. Block, v° Octrois, art. par M. Vuatrin.

(4) Ordonnance du 9 décembre 1814. — Décret du 25 mars 1852, tableau A, *q*. — Décret du 30 janvier 1852, art. 13, n° 17.

délibéré. La raison en est que l'initiative du conseil municipal est nécessaire aussi bien pour la partie que pour le tout.

Trois combinaisons peuvent être adoptées pour la perception des taxes d'octroi : 1° *le bail à ferme*, qui consiste dans l'adjudication des produits de l'octroi, moyennant un prix fixe, aux enchères publiques, à l'extinction des bougies, au plus offrant et dernier enchérisseur. La ferme ne peut être consentie que pour trois ans, et le droit au bail n'est cessible qu'avec le consentement de l'administration (1); 2° la *régie simple*, qui consiste dans la perception directe des droits d'octroi par des agents de la commune, sous l'autorité du maire; 3° la *régie intéressée*. C'est une espèce de bail à ferme, dont le fermier est désigné par le résultat des enchères ou des soumissions cachetées; mais le régisseur intéressé diffère du fermier en ce que, au delà d'une certaine somme égale au prix du bail et aux frais de perception, il doit faire participer la commune aux bénéfices (2).

CONCESSION.

La concession est un acte purement discrétionnaire, par lequel l'administration confère à une personne déterminée un droit qui est créé par cette mesure administrative. La concession diffère en plusieurs points de la simple autorisation; celle-ci implique ordinairement, de la part de celui qui l'obtient, l'existence antérieure d'un droit dont l'*exercice* seulement était subordonné à une permission administrative, tandis que la concession donne naissance au droit dont auparavant celui qui en devient titulaire n'avait même pas le germe. Quand l'autorisation n'est pas la consécration d'un droit préalable, elle n'est qu'une simple tolérance et, par conséquent, révocable *ad nutum*, tandis que la concession confère des droits et n'est révocable que dans certains cas et pour certaines causes. Quels sont les principaux exemples de concession ?

Comme nous le verrons bientôt, les travaux publics sont ordinairement exécutés par des individus ou des compagnies qui s'en rendent *adjudicataires*, avec concurrence et publicité. Mais il y a

---

(1) Décret du 17 mai 1809, art. 102 et suiv. Pour éviter les collusions entre surenchérisseurs, on pourrait substituer à *l'enchère publique* l'adjudication par *soumissions cachetées*. La surenchère est admise si elle est faite dans les vingt-quatre heures, par acte d'huissier, avec offre du douzième en sus.

(2) La somme qui représente les frais est fixée par le cahier des charges et ne doit pas, *autant que faire se peut*, dépasser 12 p. 100. Décret du 17 mai 1809, art. 105. — Ainsi la régie intéressée est « *un bail mélangé de société.* » — Voir M. Vuatrin, vº Octrois, *Dict. de l'adm. franc.*, p. 1183.

des entreprises qui, en raison de leur importance ou de leur nature, ne peuvent pas être abandonnées au hasard des enchères ou des soumissions cachetées, et pour lesquelles il importe que le Gouvernement fasse directement son choix. De ce nombre sont les chemins de fer, les canaux, etc., etc. D'un autre côté, il pourrait se faire que les travaux fussent tellement urgents qu'on ne pût pas remplir les formalités de l'adjudication et que l'administration fût obligée, sous peine de péril, de faire choix d'un entrepreneur. C'est bien aussi de cette manière qu'il faudrait procéder si la mise aux enchères n'avait pas donné de résultat et si pas un adjudicataire ne s'était présenté. Enfin, des dispositions spéciales permettent au Gouvernement de procéder ainsi pour les travaux dont la dépense n'excède pas 10,000 fr. une fois payés, ou 3,000 fr., s'il s'agit d'une dépense annuelle. Dans tous ces cas, les travaux publics sont adjugés par voie de *concession*, et les individus ou les compagnies sont appelés *concessionnaires*.

De même, si l'aliénation du domaine de l'État doit en général être faite aux enchères publiques, par voie d'adjudication, il est des cas où le Gouvernement a reçu exceptionnellement de la loi le droit de procéder par concession. Ainsi, d'après l'art. 41 de la loi du 16 septembre 1807, l'administration peut concéder, aux conditions qu'elle aura réglées, les marais, lais et relais de la mer, le droit d'endigage, les accrues, alluvions, atterrissements des fleuves, rivières et torrents, quant à ceux de ces objets qui forment la propriété publique et domaniale.

Nous avons vu plus haut que c'est par décret rendu dans la forme des règlements d'administration publique que sont concédés les *mines* (1) et les *dessèchements de marais*.

Enfin le mot *concession* s'entend, dans un sens spécial, de l'aliénation faite dans les cimetières d'emplacements destinés aux sépultures privées. D'après le décret du 23 prairial an XII, lorsque l'étendue des lieux consacrés aux inhumations le permet, la com-

(1) Les formalités de la demande sont prescrites par les art. 5-28 du décret du 21 avril 1810. La demande en concession est remise à la préfecture, où elle est enregistrée. Dans les dix jours qui suivent, le préfet fait afficher la demande au chef-lieu de département, au lieu où est située la mine, dans toutes les communes sur le territoire desquelles la concession doit s'étendre, au domicile du demandeur. -- Les affiches demeurent apposées pendant quatre mois; dans ce délai, toutes les oppositions et demandes en concurrence peuvent être signifiées à la préfecture. L'expiration des quatre mois n'emporterait pas forclusion contre les opposants et concurrents qui peuvent se produire jusqu'à ce que le décret soit rendu; entre ceux qui se présentent dans le delai et ceux qui ne viennent qu'après, il y a cette différence que les premiers peuvent faire signifier à la préfecture leur opposition ou leur demande en concurrence, tandis que les seconds sont obligés d'employer le ministère d'un avocat au conseil d'État. Voir, dans le *Dict. général de l'adm. franç.* de M. Block, les mots Mines et Minières, par M. Ch. Robert, p. 1125.

mune peut concéder des terrains aux personnes qui désirent avoir dans les cimetières une place distincte et séparée (1).

EXPROPRIATION POUR CAUSE D'UTILITÉ PUBLIQUE (2).

L'expropriation pour cause d'utilité publique a dû être admise, sous une forme ou sous une autre, dans toute société organisée, et il y a lieu d'être surpris que des jurisconsultes accrédités aient affirmé que cette institution n'existait pas à Rome (3).

L'expropriation consiste dans la prise de possession, moyennant indemnité préalable, d'une propriété immobilière et foncière qui est attribuée au domaine national, départemental ou communal pour l'exécution de travaux d'utilité publique. Les meubles ne peuvent pas être expropriés, qu'ils soient corporels ou incorporels (4). D'un autre côté, ce qui constitue l'expropriation, c'est la dépossession matérielle ; il en résulte que là où il n'y a que simple dommage *temporaire* ou *permanent* (5), les règles de l'expropriation sont inapplicables.

Mais faut-il que l'exproprié soit privé de sa *propriété*, ou suffit-il qu'on lui enlève la *possession?* Supposons, par exemple, que l'État, le département ou la commune aient besoin, pour l'exécution des travaux, d'un fonds dont la nue propriété leur appartient, mais qui est détenu par un fermier. un usufruitier ou un emphytéote ; faudra-t-il les exproprier, ou bien seront-ils réduits à demander une indemnité, postérieurement à l'exécution des travaux qui les privent de leur possession ?

---

(1) Art. 10 du décret du 23 prairial an XII. On distingue trois espèces de concessions : 1° les concessions perpétuelles ; 2° les concessions trentenaires, qui sont renouvelables à la condition de verser une nouvelle redevance ; 3° les concessions temporaires, qui durent quinze ans et ne peuvent pas être renouvelées. Aucune concession n'est faite qu'à la condition de verser un capital dont les deux tiers appartiennent à la commune et le tiers restant aux établissements de bienfaisance.

(2) Tome 1er, pages 628 et suivantes.

(3) Proudhon, *Domaine public*, annoté par Vict. Dumay, t. II, p. 198. — Cette assertion a été réfutée par M. P. Garbouleau, dans sa thèse pour le doctorat. La dissertation qu'il a consacrée à l'expropriation d'utilité publique, en droit romain, est assurément ce qui a été écrit de plus complet sur cette question. Thèse sur le *Domaine public*, pages 18 et 124.

(4) Arrêt de la Cour de cassation du 3 mars 1826. Dans l'espèce de cet arrêt, il s'agissait d'une propriété littéraire.

(5) Le dommage temporaire est celui qui ne se reproduit pas, par exemple la perte d'une récolte. — Le dommage permanent provient d'une cause qui persiste et démembre la propriété ; néanmoins il ne constitue pas une prise de possession et demeure étranger à l'expropriation pour cause d'utilité publique. Les dommages permanents ou temporaires sont dans la compétence du conseil de préfecture. (Loi du 28 pluviôse an VIII, art. 4). — V. décret du 1er mars 1860 (*affaire du canal St-Martin c. l'État*).

La loi du 3 mai 1841 dispose que, lorsque le fonds exproprié est occupé par des fermiers, locataires, usufruitiers ou autres ayant des droits analogues, il y a lieu de faire fixer par le jury une indemnité spéciale en ce qui concerne chaque ayant droit. De cette disposition, il semble résulter que, d'après l'esprit de la loi, l'expropriation devrait avoir lieu toutes les fois qu'il s'agit de dépouiller quelqu'un de la *simple possession* et qu'il n'est pas nécessaire que l'exproprié soit privé de la *propriété*. Mais la jurisprudence administrative décide que les locataires, fermiers et autres n'ont droit à une indemnité spéciale et préalable fixée par le jury que si, en même temps, l'expropriation de la propriété est poursuivie sur la tête du nu-propriétaire. Par conséquent, lorsque le propriétaire a consenti une cession à l'amiable, qui rende inutiles, quant à lui, les formalités de l'expropriation, les locataires, fermiers et autres ne pourront que réclamer une indemnité postérieure aux travaux, pour préjudice éprouvé par suite de leur exécution (1). Par la même raison, la jurisprudence administrative déciderait assurément que s'il fallait déposséder le locataire ou l'usufruitier d'un immeuble appartenant en nue propriété à l'État, au département ou à la commune expropriants, la loi du 3 mai 1841 ne serait pas applicable (2).

La loi n'exige pas la *nécessité publique* pour qu'il y ait lieu à expropriation; il suffit qu'il y ait *utilité publique*; mais au moins faut-il que l'utilité soit publique, et l'administration ne pourrait pas, sans excès de pouvoir, l'ordonner dans un intérêt privé, ce qui aurait lieu, par exemple, si elle expropriait un propriétaire pour creuser le canal d'une usine appartenant à un particulier (3). Il n'est, du reste, pas nécessaire que le travail soit entrepris par l'État, et l'on pourrait exproprier pour des travaux *d'utilité départementale* ou *communale* (4). Là se borne l'extension de cette faculté; on n'en pourrait même pas user pour des établissements publics autres que les départements ou les communes, et notamment pour les hospices (5).

---

(1) Deux décrets du 14 septembre 1852, qui ont changé la jurisprudence établie, en sens inverse, par décisions des 18 août 1849 et 19 janvier 1850. — Voir, en sens contraire, Reverchon, *Dictionnaire général de l'administration française*, v° Expropriation, p. 817.

(2) Voir, en sens contraire, *Commentaire théorique et pratique des lois d'expropriation pour cause d'utilité publique*, pages 88 et suiv., par MM. Delamarre et de Peyronny. Cf. Daffry de la Monnoye, *Lois de l'expropriation pour cause d'utilité publique*, p. 4, n° 4.

(3) Ordonnance du 24 décembre 1818 et du 7 mars 1821. — Voir aussi arrêt de la Cour de cassation du 22 avril 1823.

(4) Loi du 3 mai 1841, art. 3.

(5) Il faudrait, en ce cas, faire intervenir la commune (avis du conseil d'État (section [illegible]

La déclaration d'utilité publique est faite par l'administration. En général, il faut un décret impérial; dans certains cas, un arrêté du préfet suffit, par exemple pour les travaux d'ouverture ou de redressement d'un chemin vicinal ordinaire. D'un autre côté, le décret impérial n'est pas suffisant lorsqu'il s'agit de travaux pour lesquels un crédit spécial est nécessaire; le crédit ne pouvant être accordé que par les mandataires du pays, l'utilité publique devrait être déclarée par une loi (1).

On comprend que l'utilité publique ne peut pas être déclarée *de plano*, et qu'il est indispensable que la déclaration soit précédée d'une instruction administrative. Cette instruction est faite au moyen d'enquêtes dont la forme a été déterminée par les ordonnances (2).

L'acte qui déclare l'utilité publique se borne ordinairement à fixer les points extrêmes et ne désigne ni les communes par où doit passer la voie publique, ni les parcelles dont la cession est nécessaire à l'exécution des travaux. Cette double indication est faite par arrêtés du préfet rendus après l'accomplissement des formalités suivantes : 1° Un ingénieur dresse le plan parcellaire des fonds dont il juge que la cession est indispensable à l'exécution des travaux publics projetés. 2° Ce plan est déposé pendant huit jours au secrétariat de la mairie, où les parties intéressées peuvent présenter leurs observations qui sont consignées sur un procès-verbal ouvert par le maire (3). 3° A l'expiration du délai de huitaine, une commission composée du sous-préfet, président, de quatre membres choisis par arrêté du préfet dans le conseil général du département, du maire de la commune où sont situées les propriétés expropriées et d'un des ingénieurs chargés de l'exécution des travaux, se réunit au chef-lieu d'arrondissement pour entendre les propriétaires et donner son avis. Elle doit terminer ses opérations dans le délai de dix jours, sur lesquels huit sont consacrés à entendre les

---

l'intérieur] du 10 septembre 1850). — La loi du 10 juin 1854 a aussi autorisé l'expropriation par les associations syndicales, constituées par arrêtés préfectoraux pour les travaux de drainage.

(1) Voir sénatus-consulte du 25 décembre 1852, art. 4.

(2) Ordonnances des 18 février 1834 et 15 février 1835 pour les travaux de l'État, et ordonnance du 23 août 1835 pour les travaux communaux. Quand il s'agit de travaux à exécuter dans la zone frontière, il faut à l'enquête joindre l'avis de la *commission mixte des travaux publics*. Enfin le ministre des finances doit être consulté lorsque l'entreprise dont il s'agit entrainera la cession de biens appartenant à l'État (avis du 21 février 1808).

(3) Les parties intéressées sont averties du dépôt fait à la mairie par une publication à son de trompe ou de tambour, par une affiche à la porte principale de l'Église et de la maison commune, enfin par une insertion dans les journaux (art. 6 de la loi du 3 mai 1841).

propriétaires intéressés (1). 4° Si la commission propose quelque changement au projet, le sous-préfet doit en donner avis aux propriétaires intéressés (2), et le projet modifié par les propositions de la commission est déposé pendant une huitaine à la sous-préfecture, où les parties peuvent en prendre connaissance et faire leurs observations écrites. — Le dossier est ensuite transmis au préfet qui, après examen des documents fournis par cette instruction, peut rendre son arrêté en connaissance de cause (3).

Lorsque les parcelles à céder ont été désignées, le rôle de l'autorité judiciaire commence. Si les parties ne consentent pas amiablement à la cession, le préfet envoie les pièces au procureur impérial, qui requiert le tribunal de prononcer l'expropriation. Le tribunal examine s'il y a un décret ou un acte qui déclare l'utilité publique, et si les terrains ont été déterminés par arrêté du préfet, après observation des formes prescrites par le titre II de la loi du 3 mai 1841. L'accomplissement des formalités administratives est-il justifié, le tribunal rend un jugement d'expropriation dont l'effet est d'attribuer la propriété à l'expropriant.

De cette attribution de propriété il résulte que si la chose vient à périr après le jugement par cas fortuit, la perte est à la charge de l'État, du département ou de la commune. D'un autre côté, le propriétaire exproprié ne peut plus consentir des droits réels, tels que servitudes ou hypothèques, sur un immeuble qui ne lui appartient plus.

Ce jugement doit être, 1° publié, affiché et inséré dans l'un des journaux de l'arrondissement ou, s'il n'y en a pas, dans un des journaux du département; 2° signifié administrativement au propriétaire intéressé (4); 3° transcrit au bureau des hypothèques; cette transcription est le point de départ d'un délai de quinzaine pendant lequel les créanciers ayant une hypothèque antérieure à l'expropriation peuvent se faire inscrire, faute de quoi l'immeuble est considéré comme purgé des hypothèques non inscrites (5).

---

(1) Cette commission ne se réunit pas lorsqu'il s'agit de travaux communaux (art. 12 de la loi du 3 mai 1841).

(2) Cette publication est faite collectivement suivant les formes prescrites par l'art. 6 de la loi du 3 mai 1841.

(3) Si le projet est en désaccord avec l'avis de la commission, c'est l'administration supérieure qui est chargée de statuer (art. 11 de la même loi).

(4) La signification est faite au domicile élu dans l'arrondissement où les biens sont situés, par déclaration, à la mairie; s'il n'a pas élu de domicile, la notification est faite en deux copies, dont l'une est remise au maire et l'autre au fermier, locataire, régisseur ou gardien de la propriété.

(5) L'hypothèque légale du mineur et celle de la femme mariée, quoique dispensées d'inscription, sont purgées, *quant au droit de suite*, par le défaut d'inscription dans la

Malgré la translation de propriété, l'expropriant ne peut pas se mettre en possession, et il faut préalablement que l'indemnité ait été fixée et payée. Ce n'est pas le tribunal qui détermine l'indemnité, mais un jury de douze personnes choisies sur une liste arrêtée par le conseil général pour chaque arrondissement, et composée d'un nombre de membres qui varie entre un minimum de trente-six et un maximum de soixante-douze; à Paris la liste en comprend six cents. Cette juridiction spéciale a été organisée par la loi du 7 juillet 1833; antérieurement, le conseil de préfecture et le tribunal civil avaient été successivement chargés de fixer l'indemnité; la loi du 28 pluviôse an VIII l'attribuait au conseil de préfecture, et celle du 8 mars 1810 au tribunal de première instance. Cette double expérience ne donna pas satisfaction à l'équité; car, les conseils de préfecture sacrifièrent trop souvent la propriété privée à l'intérêt administratif et, après 1810, les tribunaux ordinaires se laissèrent aller à une réaction exagérée en faveur des propriétaires. C'est dans l'espérance de trouver une juridiction plus impartiale que le législateur de 1833 confia le règlement de l'indemnité à des jurés qui, à la fois propriétaires et contribuables, seraient retenus, par leur double qualité, dans la ligne de la justice (1).

L'administration commence par faire notifier ses offres aux parties intéressées, et celles-ci doivent, dans la quinzaine qui suit la notification, déclarer si elles acceptent ou, en cas de non-acceptation, indiquer quelles sont leurs prétentions. Faute d'acceptation, citation est donnée aux parties devant le jury d'expropriation (2).

---

huitaine de la transcription. Mais les femmes et les mineurs conserveront leur droit de préférence sur le prix. En quoi consiste le droit de suite en cas d'expropriation pour cause d'utilité publique? Évidemment ce ne peut être qu'un droit de suite *sui generis*, et la loi dispose formellement que les créanciers inscrits ne peuvent pas *surenchérir*; seulement ils ont le droit d'exiger que l'indemnité soit fixée par le jury, faculté importante dans le cas où l'exproprié aurait accepté les offres de l'administration Ce droit de suite spécial à notre matière n'appartient qu'aux *créanciers inscrits*; la femme et le mineur en sont privés, comme tout créancier, par le défaut d'inscription. (Art 17 de la loi du 3 mai 1841) La disposition spéciale, qui fait survivre le droit de préférence au droit de suite, était invoquée comme argument *à pari* par les uns et *à contrario* par les autres, dans la discussion de la question générale de savoir si, en cas de purge ordinaire, le droit de préférence survivait à la perte du droit de suite pour les hypothèques légales dispensées d'inscription. Aujourd'hui cette induction est devenue inutile, la question ayant été tranchée formellement dans le sens de l'art. 17 de notre loi, par la loi sur la procédure d'ordre du 21 mai 1858. (Art 717 (modifié) du Code de procédure civile, dernier alinéa. — V. Commentaire de cette loi, par M. Colmet-Daage, p. 7 et suiv.)

(1) Le jury étant renouvelé pour chaque affaire, et composé d'hommes qui n'ont la qualité de juges qu'accidentellement, ne saurait être animé ni de l'esprit judiciaire ni de l'esprit d'administration. Comme propriétaires, les jurés seront justes envers la propriété et comme contribuables ils ne tendront pas à exagérer les charges publiques qu'ils supportent pour leur part.

(2) Lorsque les offres sont faites à des mineurs, des femmes mariées, à l'État, à des communes et autres incapables, le délai pour se prononcer sur les offres est d'un mois. —

La première chambre de la Cour, si l'on se trouve dans un département où siége une Cour impériale, et, dans tous les autres, la première chambre du tribunal du chef-lieu judiciaire choisit, en la chambre du conseil, seize jurés, plus quatre jurés supplémentaires, sur la liste arrêtée par le conseil général pour l'arrondissement où sont situés les biens. Ces jurés se réunissent sous la présidence d'un *magistrat directeur* qui est désigné par le jugement d'expropriation et choisi parmi les membres du tribunal civil de première instance. Quant au jour de la réunion, il est fixé par le sous-préfet qui doit, à ce sujet, s'entendre avec le magistrat directeur. Mais préalablement, les noms des jurés doivent être notifiés aux expropriés, pour les mettre à même d'exercer leur droit de récusation en connaissance de cause. L'exproprié, en effet, a le droit d'exercer deux récusations péremptoires et l'expropriant un nombre égal, de telle sorte que si le droit de récusation est épuisé de chaque côté, il ne restera que les douze jurés dont le nombre est exigé pour constituer le jury d'expropriation. Dans le cas où le droit de récusation ne serait pas exercé ou ne le serait que partiellement, le jury se composerait des douze premiers jurés, non récusés, dont les noms sortiraient de l'urne.

Les jurés, réunis sous la présidence du magistrat directeur, entendent les observations de l'expropriant et de l'exproprié ou de leurs fondés de pouvoirs, et prononcent souverainement, comme le jury en matière criminelle, c'est-à-dire sans appel. Le pourvoi en cassation lui-même n'est recevable que pour certaines violations de formes énumérées limitativement par la loi ; ce recours, lorsqu'il est admis par la loi, ne passe pas successivement à la chambre des requêtes et à la chambre civile ; il est porté directement à la chambre civile, qui statue seule sur le pourvoi (1). En cas de cassation, l'affaire est renvoyée devant un nouveau jury du même arrondissement, à moins que la Cour de cassation n'eût fait usage de la faculté que la loi lui donne de renvoyer devant le jury d'un des arrondissements voisins.

La souveraineté du jury d'expropriation n'est cependant pas absolue, et nous trouvons dans la loi quelques dispositions qui la restreignent. Ainsi il ne peut pas accorder une indemnité supérieure

---

La loi, pour favoriser soit les *cessions amiables*, soit l'*acceptation des offres*, a simplifié les formalités exigées par le droit commun pour l'aliénation des biens des incapables. (V. art. 13, 25 et 26 de la loi du 3 mai 1841.)

(1) Art. 42 et 43 de la loi du 3 mai 1841. — C'est contre l'ordonnance rendue par le magistrat du jury, conformément à la décision du jury, que le pourvoi doit être dirigé, de même qu'en matière criminelle c'est l'arrêt de la Cour d'assises et non le verdict du jury qui est l'objet du pourvoi.

à la somme demandée par l'exproprié. La loi veut également que si les travaux qui donnent lieu à l'expropriation doivent procurer une plus-value à des propriétés restant à l'exproprié, il en soit tenu compte par le jury, au moyen d'une diminution de l'indemnité. Enfin, lorsqu'il est établi par l'ensemble des circonstances que les constructions ou plantations ont été faites en vue d'obtenir une indemnité plus considérable, la loi veut que l'indemnité soit fixée, comme si elles n'existaient pas. Sur ces deux derniers points, comme l'appréciation appartient au jury et qu'il est impossible, dans une décision non motivée, de distinguer les éléments qui en font partie, la violation de la loi n'a reçu aucune sanction; mais un juré qui voudra remplir son devoir ne manquera pas de conformer sa décision au vœu du législateur (1).

Le jury fixe une indemnité spéciale pour les locataires et autres ayants droit sur l'immeuble exproprié, lorsque le propriétaire a dénoncé à l'expropriant l'existence de ces intéressés dans le délai de huitaine, à partir de la notification du jugement qui prononce l'expropriation (2). Quant à l'usufruitier, il n'y a pas lieu de fixer une indemnité distincte, parce que son droit est transporté sur la somme due par l'expropriant. S'il est appelé spécialement en cause, c'est qu'il est intéressé à ce que l'indemnité soit aussi élevée que possible, l'étendue de l'usufruit dépendant de celle du capital. On ne fixe également qu'une indemnité lorsqu'il y a des tiers qui prétendent avoir des actions réelles, telles qu'actions en résolution, rescision ou revendication; ces droits sont transportés sur le prix fixé par le jury (3). Aussi, lorsque l'immeuble à exproprier est litigieux, l'administration n'est pas tenue de s'arrêter; le jury fixe une indemnité dont l'attribution sera subordonnée à l'issue du procès (4).

Quoique devenu propriétaire par le jugement d'expropriation, quoique envoyé en possession par le magistrat directeur du jury, quoique l'indemnité soit fixée, l'expropriant ne peut occuper le terrain qu'après avoir payé (5); sans cela, l'indemnité ne serait pas *préalable*, comme l'exige la loi. Quand l'expropriant est une commune, le payement doit être fait en numéraire; si c'est l'État ou le département, l'exproprié est tenu d'accepter en payement un mandat délivré sur la caisse publique désignée à cet effet. A défaut d'acceptation, l'expropriant se met en possession moyennant les offres réelles, suivies de consignation en numéraire ou en mandat.

---

(1) Art. 51 et 52.
(2) Art. 21. — Notification à l'exproprié prescrite par l'art. 15 de la loi.
(3) Art. 18 et 39 de la même loi.
(4) Art. 49 *ibid.*
(5) Art. 53 et suiv.

La pire des situations pour un propriétaire serait assurément l'incertitude où le jetterait l'éventualité d'une expropriation annoncée et non poursuivie par l'administration. Cette inaction administrative peut se produire *avant* ou *après* le jugement d'expropriation, et, à ces deux époques, le législateur a fourni aux parties le moyen de la combattre. Si, après que le préfet a rendu l'arrêté qui fixe les parcelles à exproprier, l'administration tarde une année à poursuivre le jugement d'expropriation, la partie a le droit de présenter requête au tribunal; cette requête est communiquée par le procureur impérial au préfet qui est tenu d'envoyer les pièces, dans le plus bref délai, et le tribunal statue dans les trois jours (1).

Après le jugement d'expropriation, il pourrait se faire que l'administration négligeât de faire fixer l'indemnité. Lorsque le retard a duré six mois, les parties ont le droit d'exiger qu'il soit procédé par le jury. Enfin, il pourrait arriver que, l'indemnité fixée, l'administration tardât à se mettre en possession et à payer; le législateur a voulu que, dans ce cas, après six mois de retard l'indemnité devînt productive d'intérêts de plein droit, au profit du propriétaire même demeuré en possession (2).

Il est rare que l'alignement des voies publiques à créer corresponde exactement avec les limites des propriétés à céder; ordinairement les travaux publics laissent aux propriétaires expropriés des parcelles d'une petite étendue et dont l'exploitation est d'autant plus difficile qu'elles sont séparées, par un chemin, du reste de la propriété. Cette situation est bien plus onéreuse quand l'expropriation d'une propriété bâtie ne comprend qu'une partie des constructions. Pour éviter ces inconvénients, la loi accorde à l'exproprié le droit de requérir l'expropriation intégrale, dans les cas suivants. 1° Pour les bâtiments expropriés en partie, l'exproprié peut requérir qu'ils seront achetés en entier (3). 2° Il en est de même de toute parcelle réduite au quart de sa contenance, si le propriétaire ne possède aucune propriété contiguë et si d'ailleurs la parcelle ainsi réduite n'a pas plus de 10 ares (4).

Un décret du 26 mars 1852, spécial à la ville de Paris, sans abroger la disposition précédente qui est toujours en vigueur au profit des parties, a donné à la ville de Paris un droit réciproque. En

---

(1) Art. 14 de la loi du 3 mai 1841. En ce cas, la Cour de cassation a décidé que si le sous-préfet ne veut pas fixer le jour de la réunion du jury, le *directeur du jury* a le droit de faire ce que le sous-préfet a refusé de faire. (Arrêt du 21 février 1860, *aff. Caldayron*. Le journal le *Droit* du 16 mars 1860.)

(2) Art. 55 *ibid.*

(3) Art. 50, 1er alinéa.

(4) Art. 50, 2e alinéa.

vertu de ces dispositions, la ville a la faculté de comprendre dans l'expropriation la totalité des terrains touchés par les travaux publics lorsque, sur le reste de l'emplacement, *on ne peut pas élever des constructions salubres*. Elle a aussi le droit d'étendre l'expropriation, de la même manière, lorsque les restes des emplacements seraient utiles pour la supression d'anciennes voies publiques jugées inutiles (1).

Les formalités que nous venons d'exposer seraient inconciliables avec des circonstances urgentes. Sans se départir du système de garanties dont elle a entouré la propriété privée, la loi a simplifié les formes, pour ces cas exceptionnels Le décret qui déclare l'utilité publique doit, en même temps, reconnaître l'urgence. Après le jugement d'expropriation, les parties sont citées à trois jours devant le tribunal, qui fixe la somme à consigner par l'administration, avant de se mettre en possession. Après la consignation, l'expropriant peut se faire envoyer en possession par ordonnance du président du tribunal. Une fois en possession, l'urgence a reçu satisfaction, et l'on peut procéder à la fixation définitive de l'indemnité, conformément à la loi du 3 mai 1841 (2).

Telles sont les règles ordinaires, en matière d'expropriation; il faudrait, pour compléter l'exposé de cette matière, ajouter à ce qui constitue le droit commun, des lois ou ordonnances spéciales sur les travaux militaires et de la marine impériale, ainsi que la loi du 30 mars 1831 sur l'expropriation et l'occupation temporaire, en cas d'urgence, des propriétés privées nécessaires aux travaux des fortifications. De pareils détails dépasseraient les bornes d'un précis.

Nous pouvons maintenant déterminer le sens du principe posé par la loi du 3 mai 1841, que *l'expropriation ne peut être ordonnée que par autorité de justice*. — Cette proposition signifie que le jugement d'expropriation doit être rendu par le tribunal, que le tribunal a le droit d'examiner si les formalités administratives qui doivent précéder l'expropriation ont été remplies et que, s'il n'est pas juge au fond de la question de l'utilité publique, il est compétent pour veiller à l'observation des formes. Qu'arriverait-il donc si la propriété privée était occupée pour travaux publics avant l'accomplissement de ces formalités? Il faudrait, à ce sujet, faire plusieurs distinctions. Un entrepreneur non autorisé par un arrêté spécial du préfet s'empare-t-il d'une propriété privée, il peut être

(1) L'art. 9 du décret du 26 mars 1852 permet d'étendre ses dispositions à d'autres villes par des mesures spéciales. En 1855, il y en avait soixante-dix, dont on trouvera les noms la fin de l'article *Voirie*, par M. Ch. Robert, dans le *Dictionnaire de l'administration française* de M. Block.

(2) Art. 65 à 74 de la loi du 3 mai 1841.

actionné par action civile au pétitoire ou au possessoire et par voie d'action criminelle (1). Il en serait ainsi quand même le décret déclarant l'utilité publique aurait été rendu, si les autres formalités n'avaient pas été remplies. Que si, au contraire, le préfet avait pris un arrêté pour autoriser les travaux, l'autorité judiciaire devrait s'arrêter devant cet acte administratif, même incompétemment rendu, par respect pour la séparation des pouvoirs. La partie aurait seulement le droit d'attaquer devant la juridiction administrative compétente, l'acte du préfet, comme entaché d'excès de pouvoir, s'il l'avait pris en dehors de ses attributions. Nous supposons cependant que l'arrêté du préfet n'implique pas nécessairement et ouvertement l'expropriation des terrains; car, s'il en était autrement, l'autorité judiciaire qui n'est pas obligée de s'arrêter devant une expropriation irrégulière pourrait, à plus forte raison, ne tenir aucun compte d'un arrêté préfectoral qui viole manifestement la loi du 3 mai 1841, en ordonnant la cession d'une propriété privée, sans qu'il y eût eu préalablement déclaration d'utilité publique par décret impérial (2).

TRAVAUX PUBLICS ET MARCHÉS DE FOURNITURES (3).

On entend par *travaux publics* ceux qui sont entrepris en vue de l'utilité générale et pour assurer ou faciliter les services publics. Comme les contestations qui se rattachent à cette matière sont, en vertu de dispositions spéciales, soumises à la compétence administrative, il importe de bien déterminer les travaux qui ont ce caractère pour être à même plus tard de fixer quelle est la portée des attributions des conseils de préfecture sur ce point.

Doit-on appeler *travaux publics* seulement ceux qui sont faits par l'État, ou faut il encore comprendre sous ce nom ceux que les départements et les communes font exécuter ? — Il est maintenant admis que les travaux communaux et départementaux sont publics quand ils sont relatifs à un service communal ou départemental d'utilité générale ; cette solution, adoptée par le tribunal des conflits et depuis lors par le conseil d'État et la Cour de cassation, est d'ailleurs fondée sur le texte de l'art. 30 de la loi du 16 septembre 1807. Mais ce n'est pas à dire pour cela que la plus complète assimilation doive être établie entre ces trois espèces de travaux, et voici, au

(1) Art. 434 et suiv. du Code pénal. *Commentaire*, etc., etc., par MM. Delamarre et de Peyronny, page 27.

(2) Voir, sur la compétence du *juge des référés*, Chauveau, journal de *droit administratif*, année 1857, p. 145 ; Bertin, journal *le Droit*, 23 mars et 12 juin 1857.

(3) Tome Ier, pages 620 et suivantes.

contraire, les différences qui les distinguent : 1° Pour les travaux communaux, la compétence administrative ne s'applique qu'aux travaux d'utilité générale ; ceux que la commune fait faire comme propriétaire, pour des fonds dont elle tire des revenus, rentrent dans le droit commun et la compétence des tribunaux ordinaires. Au contraire, tous les travaux faits par l'État sont considérés comme intéressant tout le monde et comme ayant le caractère de travaux publics. 2° Les formes d'adjudication ne sont pas les mêmes pour les travaux publics communaux que pour les travaux publics nationaux (1). 3° Dans les adjudications de travaux faits au nom de l'État, quoique le contrat soit constaté en la forme administrative, on peut stipuler une hypothèque sur les biens des adjudicataires (2); mais la loi spéciale qui autorise cette dérogation au droit commun ne parle que des travaux faits par *la nation*, ce qui empêche l'application de cette disposition exceptionnelle aux travaux faits par les communes; 4° enfin, la disposition qui défend de saisir-arrêter les sommes déposées chez les payeurs pour être payées aux entrepreneurs ne s'applique également qu'aux *travaux faits pour le compte de la nation*, et non à ceux qui sont faits pour le compte des communes (3).

Ces différences ne sont pas applicables aux travaux départementaux qui doivent, au contraire, être assimilés à ceux que l'État fait exécuter. La raison en est que le département n'a été d'abord qu'une simple circonscription administrative, et qu'il n'a été constitué comme personne morale, d'une manière bien régulière, que par la loi du 10 juin 1838 sur les conseils généraux. Or les lois qui ont établi les formes de l'adjudication pour les biens nationaux, l'hypothèque sur les biens des adjudicataires et l'insaisissabilité des sommes dues aux entrepreneurs, sont de beaucoup antérieures aux dispositions qui ont constitué la personnalité des départements. Par conséquent, elles s'étendaient dans la pensée du législateur, aux travaux qui ont été depuis mis à la charge des départements.

Il reste à faire une autre précision d'une importance très-grande et souvent difficile à bien établir. En quoi les travaux publics diffèrent-ils des *marchés de fournitures?* C'est encore au point de vue de la compétence qu'il y a principalement intérêt à distinguer ces deux matières administratives; car tandis que, pour les travaux publics, le conseil de préfecture est le juge du premier degré et le conseil d'État du

(1) Pour les travaux nationaux on suit les ordonnances des 29 mai 1829 et 4 décembre 1836. Pour les travaux communaux c'est l'ordonnance du 14 novembre 1837 qui est applicable.

(2) Loi du 4 mars 1793, art. 3.

(3) Loi du 26 pluviôse an II, art. 1er.

second, pour les fournitures, les réclamations doivent d'abord être portées devant le ministre compétent et, en appel, devant la section du contentieux (1). En second lieu, tandis que pour les travaux publics départementaux et communaux, la juridiction administrative doit être saisie comme pour les travaux publics nationaux, les tribunaux ordinaires, au contraire, redeviennent compétents, en ce qui concerne les fournitures faites aux départements et aux communes; car le décret du 11 juin 1806 ne déroge au droit commun que relativement aux marchés faits avec les ministres ou les agents qui ont reçu pour traiter une délégation ministérielle.

L'intérêt de la question étant défini, voici comment se distinguent les travaux publics des fournitures (2). Les premiers constituent une œuvre qui doit être exécutée d'après un devis, et qui est destinée à durer ; les marchés de fournitures consistent dans l'obligation de livrer une certaine quantité de denrées ou de matériaux destinés à être consommés ou du moins absorbés dans une entreprise; le marché de fournitures est souvent un *moyen* pour arriver à la confection d'un travail public qui est le *but*.

Les règlements veulent que les marchés de fournitures et les entreprises de travaux publics soient, en général, mis aux enchères, sauf les exceptions qu'il y a lieu de faire dans certains cas déterminés par ces mêmes règlements. Ordinairement, les adjudications sont faites par soumissions cachetées entre les concurrents reconnus solvables et admis à concourir, avant l'ouverture de leurs plis. Ces formalités une fois remplies, le concurrent en faveur de qui l'adjudication est prononcée est lié envers l'administration; mais celle-ci n'est engagée qu'autant que l'adjudication est approuvée par le ministre compétent. C'est ici le lieu de faire remarquer que ces règles et formalités ne sont obligatoires que pour l'administration, et que les tiers n'ont point à se préoccuper de leur exécution. Si donc il plaisait à un ministre de traiter de gré à gré lorsqu'il devrait mettre l'adjudication aux enchères, les fournisseurs ou les entrepreneurs n'auraient pas à souffrir de cette irrégularité, et ce serait simplement un cas de responsabilité ministérielle.

L'exécution des travaux publics peut être envisagée à un double point de vue : 1° entre l'administration et les adjudicataires;

---

(1) Décret du 11 juin 1806.

(2) Ce n'est pas là le seul intérêt de la question; ainsi, d'après la jurisprudence du conseil d'État, la servitude en vertu de laquelle les particuliers sont obligés de laisser prendre les sables et cailloux sur leurs propriétés, ne peut être invoquée que par les *entrepreneurs*, non par les simples *fournisseurs*. Car l'arrêt du conseil du 7 septembre 1755 ne parle textuellement que des entrepreneurs. (V. ordonn. du 16 août 1843.)

2° entre les adjudicataires et les tiers ou propriétaires. *Entre l'administration et les adjudicataires*, la matière est régie par la loi du contrat telle qu'elle résulte des conventions particulières insérées dans le cahier des charges. Mais indépendamment des stipulations spéciales, l'administration a réuni les clauses et conditions qui sont applicables à toutes les affaires de même nature; ces clauses et conditions forment, pour ainsi dire, le droit commun des travaux publics Pour ceux qui sont exécutés sous les ordres des ingénieurs des ponts et chaussées, les clauses et conditions générales ont été revisées en 1833 et publiées le 25 août. Il y a des cahiers analogues pour les travaux du génie militaire, de la marine, des bâtiments civils. Dans certains départements, il existe aussi des clauses et conditions applicables aux travaux publics départementaux, et ceux-ci se trouvent régis : 1° par les clauses et conditions spéciales à chaque affaire; 2° par les clauses et conditions usitées dans les départements; 3° par les clauses et conditions générales. En cas de contradiction, la question est résolue d'après le règlement que sa spécialité rapproche le plus de l'affaire, c'est-à-dire par l'application de la maxime *generali per speciem derogatur* (1).

L'adjudicataire ne peut pas se départir du contrat, et l'adjudication une fois prononcée, il doit exécuter la convention jusqu'au bout. Si les travaux languissent, l'administration a un remède dans la *mise en régie;* mesure sévère qui consiste dans l'exécution des travaux par des agents de l'administration aux frais de l'entrepreneur. Au contraire, l'administration a la faculté de renoncer à son entreprise et d'ordonner la cessation des travaux, sans que l'adjudicataire ait à réclamer autre chose qu'une indemnité pour les dépenses déjà faites et rendues inutiles par la cessation des travaux; il ne lui est rien dû pour la privation du bénéfice qu'il avait l'espérance de réaliser et dont le prive l'exécution des travaux. En d'autres termes, pour employer le langage des jurisconsultes, il peut réclamer le *damnum emergens* et non le *lucrum cessans*.

L'entrepreneur a, de son côté, le droit de demander la résiliation, dans certains cas prévus par la loi ou les règlements. Ainsi lorsque, pendant l'exécution des travaux, les prix éprouvent une hausse notable, l'entrepreneur peut faire résilier son marché; l'administration a d'ailleurs la faculté inverse, lorsque les prix baissent

(1) Il n'est pas rare de trouver, dans les clauses et conditions générales des travaux publics départementaux, des articles qui dérogent aux lois sur la compétence, en cette matière. Ces stipulations, contraires à l'ordre des juridictions et, par conséquent, à l'ordre public sont nulles, aussi bien que celles qu'on introduit quelquefois dans le cahier de charges spécial à une adjudication.

dans une proportion correspondante. L'entrepreneur est encore fondé à faire résilier son marché si l'administration lui impose une augmentation ou une diminution des travaux qui dépasse le sixième. Au-dessous du sixième, il doit se conformer aux ordres qui lui sont donnés par écrit et l'excédant de travaux est payable d'après le prix de l'adjudication et le rabais qui a été offert par l'adjudicataire.

Lorsque par suite d'accidents de force majeure, l'entrepreneur éprouve une perte, il doit la signaler dans les dix jours et former une demande en indemnité ; ce délai passé, il ne serait pas recevable à réclamer. D'ailleurs cette indemnité n'est pas rigoureusement due, et elle n'est accordée qu'avec l'approbation de l'administration, qui est investie à ce sujet d'un pouvoir discrétionnaire.

Le payement n'est exigible qu'après l'exécution des travaux, leur réception et l'expiration du délai de garantie ; cependant, comme un retard aussi long exigerait des avances très-considérables, on a craint que cette condition n'éloignât de l'adjudication un grand nombre de concurrents et, en conséquence, les règlements ont disposé que le payement pourrait être avancé, pendant le cours de l'exécution des travaux, jusqu'à concurrence des neuf dixièmes ; mais le solde définitif n'a lieu qu'après l'expiration du délai de garantie, c'est-à-dire après six mois, pour les chaussées et terrassements et, après un an ou deux, pour les ouvrages d'art, suivant les conditions du devis. — Dans les neuf dixièmes d'à-compte avancés à l'entrepreneur, il faut compter les avances faites sur les *matériaux approvisionnés* et qui peuvent s'élever jusqu'aux quatre cinquièmes de leur prix. On entend par *matériaux approvisionnés* ceux qui ont été amenés sur l'atelier, et qu'à partir de l'introduction, l'adjudicataire ne peut pas détourner de leur destination. sans une autorisation par écrit.

Ordinairement le marché de fournitures est combiné avec l'entreprise de travaux publics; cette opération mixte doit être considérée comme indivisible et il n'y aurait pas lieu d'appliquer, par exemple, aux parties de ce tout les distinctions que nous avons faites entre les *travaux publics* et les *marchés de fournitures*. La partie principale, c'est-à-dire l'adjudication de travaux publics absorbe le marché de fournitures qui est la partie accessoire.

Si l'administration fournit elle-même les matériaux que l'adjudicataire s'était engagé à procurer, l'entrepreneur ne peut pas demander d'indemnité pour le bénéfice qu'il est empêché de faire (*lucrum cessans*).

Entre l'administration ou *les entrepreneurs* et *les tiers*, les effets produits par l'exécution des travaux publics sont de plusieurs sortes (1). Nous avons déjà vu que lorsque l'utilité publique avait été déclarée et que les formalités voulues par la loi avaient été remplies, les tiers pouvaient être forcés de céder leur propriété à l'État, au département ou à la commune. D'un autre côté, l'administration ou l'entrepreneur subrogé à ses droits peuvent prendre des matériaux sur les propriétés voisines des travaux. L'exercice de ce droit est subordonné aux conditions suivantes : 1° il faut que les propriétés soient désignées par arrêté du préfet; 2° le préfet ne doit désigner, sous peine de commettre un *excès de pouvoir*, ni les vergers, ni les jardins, ni les vignes, lorsque ces terrains sont clos et attenants aux habitations (2). Les propriétaires doivent ensuite être indemnisés du dégât qui leur a été occasionné par l'extraction des matériaux. Mais quelle sera l'étendue de cette réparation? Aura-t-elle pour objet seulement le dégât causé à la superficie par l'ouverture de la tranchée ou encore la valeur des matériaux? Incontestablement le dommage causé à la superficie doit être réparé ; quant à la valeur des substances extraites, la question se résout par une distinction. L'indemnité est due de ce chef, lorsque les matériaux sont pris dans une carrière en exploitation ; sinon, il n'est dû d'indemnité que pour le dégât superficiel (3).

L'exécution des travaux publics peut causer aux propriétaires des dommages de plusieurs espèces. Si l'on voulait accorder une indemnité pour tout dommage prochain ou éloigné, il n'est pas d'entreprise qui ne fût étouffée sous les réclamations des intéressés. Aussi la jurisprudence a-t-elle eu raison d'établir en principe que

---

(1) C'est surtout dans les rapports avec les tiers qu'existe l'identité des travaux publics généraux, départementaux ou communaux. Car, si on les envisage entre l'administration et les adjudicataires, il y a des différences soit au point de vue de l'autorité qui est chargée de les approuver, soit au point de vue des fonctionnaires qui reçoivent l'adjudication et des agents qui sont chargés de faire exécuter. Ainsi, sous le rapport de l'approbation, il faut un décret impérial pour approuver les travaux publics généraux. Mais, par exception, les préfets peuvent, sur la proposition de l'ingénieur, approuver les travaux dont la dépense n'excède pas 5,000 francs, si d'ailleurs il y a un crédit ouvert pour cette entreprise. Pour les travaux des routes départementales, les préfets sont compétents pour les approuver aux conditions suivantes : 1° il faut que la dépense déjà allouée au budget ne dépasse pas 20,000 francs; 2° que le travail n'entraîne ni une expropriation ni un changement d'alignement. Quand une de ces conditions fait défaut, l'approbation est demandée au ministre des travaux publics (circ. du 10 avril 1852). — Pour les travaux communaux, l'approbation est donnée par le préfet, à moins que l'entreprise n'intéressât deux communes situées dans des départements différents; en ce cas, il faudrait provoquer un décret impérial. Un décret serait également nécessaire si le travail communal donnait lieu à expropriation.

(2) Arrêts du conseil d'État des 7 septembre 1755 et 20 mars 1780. Les jardins, vignes ou vergers clos, mais non attenant aux habitations, peuvent être désignés par le préfet (ord. du conseil d'État des 5 juin 1846 et 22 mars 1851). Un fossé n'est pas considéré comme une clôture suffisante même quand ses berges sont surmontées de haies ou de palissades (Décret du 6 janvier 1853.)

(3) Ordonnances des 24 octobre 1834, 3 janvier 1839, 15 juillet 1841, et décision du 21 décembre 1849.

l'indemnité ne serait due qu'aux propriétaires atteints d'une manière *directe et matérielle.* Qu'un mur soit ébranlé, que le rez-de-chaussée soit, par des travaux de remblai, réduit à n'être qu'un sous-sol, que par un déblai profond l'issue d'une maison soit séparée de la voie publique et qu'il devienne nécessaire de rétablir la communication par des travaux de raccordement, dans tous ces cas, une indemnité sera due au propriétaire atteint par l'exécution des travaux publics. Qu'au contraire, un hôtelier se plaigne du préjudice qu'il a souffert par suite de l'interruption de la circulation dans sa rue, qu'un propriétaire réclame parce que la location de sa maison est devenue plus difficile, aucune indemnité ne leur sera due (1)

Si les travaux publics causent quelquefois des dommages, ils peuvent aussi faire la fortune des propriétaires voisins. Que, par exemple, une maison située dans une rue humide, étroite, tortueuse se trouve tout à coup sur une place saine, large et fréquentée, sa valeur sera peut-être décuplée. Il serait juste de faire contribuer spécialement à la dépense de ces travaux les propriétaires qui doivent retirer une plus-value. D'un autre côté, ils méritent d'être traités avec ménagement, parce que ce changement s'est produit sans leur fait, et qu'il est contraire aux principes de la liberté individuelle et de la propriété de forcer quelqu'un à payer un avantage qu'il n'a pas cherché. Entre ces deux considérations, la loi du 16 septembre 1807, art. 30, a pris le parti suivant. Les propriétaires peuvent être chargés de payer une somme tout au plus égale ou inférieure à la moitié de la plus-value payable soit par le délaissement d'une partie de la propriété, soit par une rente constituée à 4 pour 100, soit en argent. Cette disposition n'est, du reste, pas applicable de plein droit et, pour qu'elle le soit, il faut : 1° qu'un décret rendu dans la forme des règlements d'administration publique et sur le rapport du ministre de l'intérieur, ait décidé que la loi du 16 septembre 1807, art. 30 et 31 serait spécialement appliquée aux travaux dont il s'agit; 2° une commission composée de sept membres et nommée par le chef de l'État est (2) appelée à fixer la valeur anté-

---

(1) Décrets des 19 avril 1854 et 26 avril 1855. Ce principe a toujours servi de règle au conseil d'État, quoiqu'il soit difficile, dans certaines espèces qu'il a jugées, de voir comment le préjudice pour lequel l'indemnité a été accordée, était *direct et matériel.* Mais il ne faut pas se plaindre de ces décisions équitables; le conseil d'État s'est quelquefois laissé toucher par la situation des réclamants et l'énormité du préjudice qu'ils avaient souffert, et il a accordé une indemnité comme si le préjudice avait été *direct et matériel*, quoique en fait ce caractère pût être contesté.

(2) Cette commission est une juridiction spéciale à laquelle ont été attribuées presque toutes les questions contentieuses que soulève l'application de la loi du 16 septembre 1807 (art. 42 à 47).

rieure aux travaux publics et celle qui résulte de leur exécution ; cette attribution ne lui appartient pas seulement, en cas de contestation ; elle est toujours appelée à statuer sur l'expertise qu'elle peut homologuer ou modifier (1).

Nous avons déjà vu que cette plus-value pouvait être réclamée par voie d'exception devant le jury d'expropriation comme compensation de l'indemnité due à l'exproprié (2).

DETTES DE L'ÉTAT (3).

Les dettes de particulier à particulier sont de trois sortes. Tantôt, en effet, le débiteur est obligé de payer le capital à une certaine époque et les intérêts jusqu'à l'échéance ; tantôt, au contraire, il ne doit que des arrérages, et ne peut être forcé au remboursement du principal. Quant à la dette d'intérêts, elle se présente sous deux combinaisons différentes, suivant qu'elle survit à la personne du créancier ou qu'elle s'éteint avec lui. Dans le premier cas, elle prend le nom de *rente perpétuelle* ou *constituée* et, dans le second, de *rente viagère*. Le crédit public a employé les mêmes procédés que le crédit privé et, quelles que soient les différences résultant de la proportion des opérations, nous retrouvons au passif de l'État les mêmes espèces d'obligations que les particuliers ont pratiquées.

Le trésor a des dettes dont le capital est exigible au terme fixé, et c'est l'ensemble de ces obligations qu'on appelle *dette flottante*, par opposition avec la *dette consolidée*, qui comprend les rentes. La source la plus abondante de la dette flottante se trouve dans l'institution des *bons du trésor* : on appelle ainsi des titres donnés

---

(1) La jurisprudence du conseil d'État a décidé : 1° que l'art. 30 de la loi du 16 septembre 1807 était toujours en vigueur. (Avis du conseil d'État du 23 avril 1843. — Ord. au contentieux des 5 août 1831, 1er juin 1836 et 23 novembre 1847.) De 1823 à 1847, l'application des art. 30 et suiv. a été faite quinze fois. — Voir Jousselin, *Servitudes d'utilité publique*, tome II, page 598. — 2° Que la commission ne peut fixer la valeur des propriétés qu'après une expertise. (Décret du 13 août 1852.) Mais 3° la loi n'exige pas qu'il y ait une estimation antérieure aux travaux, et la commission peut fixer la valeur primitive, même après leur exécution. (Décr. du 20 avril 1854.)

(2) C'est une question très-débattue que de savoir si, en cas d'expropriation partielle, le jury peut admettre la plus-value en compensation de l'indemnité totale. La Cour de cassation décide que la plus-value ne peut être admise qu'à titre de compensation partielle, et que l'administration ne peut jamais être dispensée de payer l'indemnité (arr. des 26 janvier 1857 et 15 novembre 1858) ; elle annule les décisions du jury qui condamnent à 1 fr. d'indemnité, lorsqu'il résulte des pièces que le principe de l'indemnité a été contesté par l'administration. — On peut objecter à cette jurisprudence la loi du 16 juin 1851, art. 20, sur la constitution de la propriété en Algérie. (V. MM. Delamarre et de Peyronny, p. 534 et suiv.)

(3) Tome II, page 172.

aux prêteurs qui livrent leurs fonds à l'État, sous la double condition : 1° du payement de l'intérêt au taux du jour où ils livrent l'argent; 2° du remboursement à l'échéance. D'un autre côté, nous avons vu que l'État est une personne morale, et qu'à ce titre il peut être condamné à payer certaines sommes soit par les tribunaux ordinaires, soit par les tribunaux de l'ordre administratif (1). Les cautionnements des comptables et des officiers ministériels font également partie de la *dette flottante*; mais comme les agents qui cessent leurs fonctions sont remplacés par des successeurs astreints à la même obligation, les remboursements sont plutôt des changements de créanciers (2).

L'administration est-elle tenue, envers les tiers lésés, de réparer

---

(1) C'est une question très-controversée que celle de savoir s'il appartient aux tribunaux ordinaires ou à l'autorité administrative de déclarer l'État débiteur. Nous pensons qu'il faut distinguer entre l'État *puissance publique* et l'État *personne privée;* dans le premier cas, c'est l'autorité judiciaire qui est compétente; dans le second, c'est l'autorité administrative. Cette distinction résulte du principe de la séparation des pouvoirs consacré par le droit public moderne, et c'est en ce sens qu'il faut interpréter l'arrêté directorial du 2 germinal an V. Dans plusieurs affaires, le conseil d'État a consacré la compétence administrative, même quand il s'agissait de déclarer débiteur l'État *personne privée* (1er mai 1822, 4 février 1824, 9 mai 1841); mais, dans d'autres affaires plus nombreuses, il a renvoyé aux tribunaux des demandes qui n'intéressaient pas l'État *puissance publique* (23 janvier 1814, 15 mars 1826, 28 mars 1838, 16 mai 1839, 7 décembre 1844, 19 décembre 1845, 26 mai 1850. — *Junge* 8 mai 1822 et 13 septembre 1833). — A plusieurs reprises, la Cour de cassation a décidé que les tribunaux ordinaires sont compétents pour statuer sur des demandes formées contre l'État, comme responsable du fait de ses agents (30 janv. 1833, 22 janvier 1835, 29 février 1836, 30 janvier 1843, 1er avril 1845); mais la Cour de cassation n'admet pas cette compétence lorsque, pour juger la question, les tribunaux auraient à s'occuper d'un préjudice causé par l'exécution de mesures administratives ou par l'absence de mesures que l'administration aurait dû prendre (arr. du 3 juin 1840). Le tribunal des conflits n'a pas statué, en principe (*in thesi*); il a jugé seulement que dans les espèces qui lui étaient soumises (*in hypothesi*), la solution dépendait de règlements à interpréter et à appliquer (20 mai 1850, 28 novembre 1580 et 7 avril 1851); la distinction entre l'État *puissance publique* et l'État *personne privée* a été soutenue par M. Vuitry, séance publique du conseil d'État du 22 mars 1850; elle est enseignée par M. Jousselin, *Revue critique*, 1852, page 428, et par M. Chauveau, *Principes de compétence,* tome III, page 525. — On peut aussi considérer M. Dufour comme partisan de cette opinion (t. IV, p. 613). — M. Leviez (*Dictionnaire de l'administration française* de M. Block, v° Dettes de l'État), a traité la question de compétence, d'une manière générale, sans se prononcer, au moins *in terminis*, sur la distinction.

(2) Le titulaire qui cesse ses fonctions doit faire au greffe une déclaration de cessation de fonctions. Trois mois après, le propriétaire du cautionnement peut se faire rembourser moyennant qu'il produise un certificat du greffier, visé par le président et constatant que la cessation des fonctions ayant été affichée pendant trois mois, il n'a été formé aucune opposition à la délivrance du certificat ou que les oppositions sont levées. (Loi du 25 nivôse an XIII, art. 5 et 7.) Comment établit-on qu'on est propriétaire du cautionnement? par un certificat du notaire, s'il existe un acte de transmission notariée; sinon, par un acte de notoriété du juge de paix, dressé sur l'attestation de deux témoins. (Décret du 18 septembre 1806.)

le préjudice qui leur a été causé par les délits ou quasi-délits des agents administratifs ? — L'art. 1384 du Code Napoléon déclare les *commettants* responsables du dommage causé par leurs *préposés*, dans les fonctions auxquelles ils les ont employés, et il s'agit de savoir si le droit commun est applicable à l'État; il devrait l'être, à plus forte raison, puisque les services administratifs sont monopolisés et que les particuliers ne sont pas libres de choisir d'autres agents. Mais la jurisprudence administrative tend à ne reconnaître cette responsabilité que si l'agent a causé le préjudice en agissant dans les limites de ses attributions; s'il en est sorti, les tiers n'ont de recours que contre l'auteur du fait dommageable. Ainsi il a été jugé que l'État, *puissance publique*, n'était pas responsable des suites pécuniaires d'un crime de faux commis par un employé de l'administration des postes (1).

Les rentes sur l'État proviennent des emprunts successifs qui ont été autorisés par des lois, pour faire face aux besoins extraordinaires ou pour couvrir les déficits des budgets antérieurs. Jusqu'à ces derniers temps, l'État négociait l'emprunt pour un taux déterminé à des banquiers qui gagnaient la différence de ce chiffre avec celui auquel ils obtenaient l'argent des capitalistes. Aujourd'hui, le Gouvernement s'adresse directement aux capitaux, sans employer l'intermédiaire des banquiers, et l'esprit public est tellement habitué aux institutions de notre crédit, que les sommes demandées par l'État, sous cette forme, ont toujours été dépassées dans une proportion considérable.

Non-seulement les rentiers ne peuvent pas exiger le remboursement du capital; on s'est même demandé si l'État a le droit d'offrir le payement. Cette question, après avoir été longtemps agitée dans les chambres de la Restauration et de Juillet, a été tranchée par un décret du 14 mars 1852 ou décret de *conversion ;* on a offert aux

---

(1) Décret du 29 mars 1853. « Décision rendue, il est vrai, à l'occasion d'un service pour lequel le législateur a clairement manifesté l'intention de restreindre, dans les plus étroites limites, la responsabilité de l'État.» (Lois des 6 messidor an IV et 5 nivôse an V.) M. Leviez, art. *Dettes de l'État*, dans le Dictionnaire de M. Maurice Block. — La Cour de cassation admet, au contraire, que l'art. 1384 du Code Napoléon est applicable à l'État; c'est ce qu'elle a décidé, 1° le 30 janvier 1833, dans une espèce où il s'agissait d'un employé des contributions indirectes qui avait tué un fraudeur d'un coup de pistolet; 2° le 22 janvier 1835 contre l'administration des douanes, dont un agent avait mal à propos saisi des marchandises; 3° le 29 février 1836, contre le trésor, dont un agent avait soustrait une inscription de rente et l'avait fait négocier par un agent de change; 4° le 1er avril 1845, contre l'administration des postes, pour réparation d'un préjudice causé par la chute d'une malle-poste.

créanciers le choix entre le remboursement de leur capital, suivant le principe de droit commun, qui permet au débiteur de se libérer, ou la réduction de la rente 5 p. 100 à 4 1/2. Une disposition expresse porte cependant que pendant dix ans l'État s'interdit le droit d'offrir le remboursement ; mais cette disposition, inspirée par la pensée d'adoucir ce que la mesure pouvait avoir de rigoureux, loin d'être une négation du principe, en était plutôt une confirmation : *exceptio firmat regulam.*

Avant 1789, l'État se procurait des ressources non-seulement par des rentes perpétuelles, mais aussi par des rentes viagères ; ce moyen aléatoire a été abandonné dans le système de nos finances, et, en fait de rentes viagères, on ne compte plus guère que les pensions.

Pensions (1). — Les pensions de retraite accordées aux fonctionnaires vieux ou infirmes doivent être considérées, non comme une grâce ou faveur, mais comme une véritable dette contractée par l'État envers ceux qui le servent ; elles remplacent les économies que peuvent faire, pour leurs vieux jours, ceux qui suivent les carrières libres ordinairement plus lucratives que les fonctions publiques, et elles ont pour effet d'attirer au service de l'État, par la sécurité de la vie, des hommes distingués et dignes de la confiance publique ; c'est ainsi, du reste, que les pensions furent considérées par la loi qui les institua au commencement de la Révolution. Du principe que nous venons de poser découle cette conséquence qu'une mauvaise liquidation ou le refus de pension à un ayant droit qui remplit les conditions exigées par les lois et règlements, constituent la violation d'un droit (2).

Avant la loi du 9 juin 1853, on distinguait deux espèces de pensions : 1° celles qui étaient payables sur fonds généraux, et qui elles-mêmes se subdivisaient en deux variétés. La première comprenait les pensions civiles à la charge du trésor public, liquidées par application de la loi du 3 août 1790 et du décret du 13 septembre 1806 ; la seconde, les pensions militaires réglées par la loi du 11 avril 1831 pour l'armée de terre et par la loi du 18 avril 1831 pour l'armée de mer ; 2° les pensions payables sur fonds de retenue par la caisse

---

(1) Tome II, pages 347 et suivantes.

(2) Cette doctrine n'a pas prévalu sans difficulté, et pendant longtemps le conseil d'État a rejeté comme irrecevables des pourvois tendant à une rectification de la liquidation. (Ord. des 17 juin 1820, 20 juin 1821, 7 mars 1821, 31 juillet 1822, 26 mars 1823, 6 décembre 1826.) Aujourd'hui le conseil d'État statue sur ces demandes au fond et reconnait qu'elles ont un caractère contentieux.

de l'administration à laquelle appartenait l'employé dont il s'agissait. Chaque caisse avait son règlement particulier et les conditions d'admission à la pension variaient, ainsi que le chiffre des retenues à faire, non-seulement de ministère à ministère, mais, dans plus d'un ministère, d'une catégorie d'employés à l'autre. Les retenues faites sur le traitement des fonctionnaires étaient loin de suffire au service des pensions, et l'État était obligé d'intervenir par voie de subvention aux caisses de retraite ; les choses en étaient même venues au point que la subvention était le principal et que, dans certaines administrations, elle concourait pour les deux tiers au payement des pensions.

Du moment que l'institution des caisses ne déchargeait pas le trésor du service des retraites, il était impossible de conserver cette foule de règlements qui, outre la difficulté de la liquidation, offraient l'inconvénient de distribuer les fonds du trésor suivant des conditions inégales, sans qu'il y eût d'autres raisons que l'existence de ces règlements spéciaux. Aussi demanda-t-on de bonne heure la substitution d'une loi unique, pour toutes les pensions civiles, à la variété des règlements, et ce problème, après avoir été agité à plusieurs reprises et plusieurs fois renvoyé, n'a été résolu que par la loi du 9 juin 1853. Aujourd'hui, toutes les pensions civiles sont payables sur les fonds du trésor ; néanmoins, si l'ancienne distinction ne subsiste plus au point de vue du payement, elle n'a pas été abrogée, en ce qui touche la liquidation. La loi de 1853 n'est pas applicable aux pensions qui autrefois étaient régies par la loi du 3 août 1790 et le décret du 13 septembre 1806, toujours en vigueur ; elle ne concerne que les fonctionnaires qui étaient soumis à retenue d'après la législation antérieure ou qui y ont été soumis par la loi nouvelle. Nous avons donc toujours à distinguer les catégories principales de pensions que l'on distinguait antérieurement, et nous allons reprendre successivement : 1° les retraites payables sur fonds généraux liquidées en vertu de la loi du 3 août 1790 et le décret du 13 septembre 1806 ; 2° les pensions civiles régies par la loi du 9 juin 1853 ; 3° les pensions militaires.

Fonctionnaires non soumis à la retenue. — A quels fonctionnaires s'applique la liquidation de la pension de retraite, conformément à la loi de 1790 ? — Il est impossible de répondre à cette question d'une manière précise, la loi n'ayant pas statué formellement et la pratique administrative ne s'étant jamais conduite d'après des principes certains. Il semble qu'on aurait dû appliquer cette législation à tous ceux qui n'avaient pas droit à pension sur les fonds de retenue : car tous les fonctionnaires devraient avoir droit à pension par les mêmes raisons. Cependant, jusqu'à la loi de 1853, beaucoup d'agents qui n'avaient pas de caisse propre n'ont pas été admis à profiter du bénéfice des retraites payables sur fonds généraux, et de ce nombre étaient les percepteurs et receveurs des finances. La véritable doctrine consisterait à reconnaître qu'il faudrait faire profiter des lois de 1790 et 1806 tous les fonctionnaires de l'État qui ne pourraient réclamer ni une pension conformément à la loi du 9 juin 1853, ni une pension militaire. Mais pour quelle raison a-t-on dispensé certaines personnes du régime de la retenue pour leur accorder gratuitement des pensions que d'autres acquièrent par de longs sacrifices? — D'abord, il n'était pas possible de faire des retenues sur la solde des sous-officiers et soldats; même pour les officiers, l'exiguïté des traitements dont ils jouissent était un obstacle à l'application du régime des retenues, et l'on comprend qu'ils aient obtenu une dispense équivalente à une augmentation de traitement. Quant aux officiers supérieurs, comme ils doivent franchir les grades inférieurs, on ne pouvait pas songer à les soumettre à la retenue pendant le temps qu'ils passent dans les grades supérieurs, ce temps étant trop court pour leur faire acquérir le droit à pension. Voilà par quelles raisons s'expliquent les lois des 11 et 18 avril 1831. D'autres motifs peuvent rendre compte de ce que certains services civils n'ont pas été compris dans la loi du 9 juin 1853. Il est, par exemple, des fonctions dont le caractère est politique et qui, pour cette raison, sont tellement fragiles que la plupart du temps la retenue, si elle leur était appliquée, équivaudrait à un sacrifice sans compensation, c'est-à-dire à une véritable diminution de traitement De ce nombre sont les fonctions de conseillers d'État, maîtres des requêtes ou auditeurs, préfets, sous-préfets, secrétaires généraux et conseillers de préfecture. Il est donc naturel que la loi n'ait pas exigé de retenue de fonctionnaires qui arrivent rarement au temps de service voulu pour leur retraite, et que cependant elle accorde pension à ceux d'entre eux qui exceptionnellement gardent assez longtemps leurs fonctions.

Le droit à pension n'est ouvert qu'après trente ans de *service effectif* et à soixante ans d'âge; elle est liquidée au sixième du traitement moyen des quatre dernières années, et chaque année de service au-dessus de trente ans donne droit à l'augmentation d'un trentième des cinq sixièmes restants jusqu'à concurrence du *maximum* fixé par le décret de 1806 (1). Que signifient les mots *service effectif?*

---

(1) Les *maxima* sont de 1,200 francs pour les traitements qui n'excèdent pas 1,800 francs des deux tiers du traitement, au-dessus de 1,800 et de 6,000 fr., à quelque somme que le traitement s'élève.

D'après une disposition de la loi du 3 août 1790 (1), les années de service passées hors d'Europe comptent double; c'est là une fiction favorable qui peut sans doute donner lieu à l'augmentation de la pension, mais qui ne fait pas acquérir le droit; il faut trente ans de service effectif et les années passées hors d'Europe comptent double, seulement pour l'addition des trentièmes. Elles ne comptent que pour leur *durée réelle*, en ce qui touche l'ouverture du droit à pension.

Une disposition expresse de la loi du 3 août 1790 dispense des conditions d'âge et de service les fonctionnaires qui, par suite de blessures ou d'infirmités provenant de l'exercice de leurs fonctions, sont mis hors d'état de continuer à servir. Il faut à la fois que les blessures proviennent des fonctions et s'opposent à leur continuation; l'une de ces conditions ne serait pas suffisante.

Fonctionnaires soumis à la retenue. — La loi du 9 juin 1853 soumet les fonctionnaires, dont les caisses ont été supprimées et ceux qui sont expressément régis par elle, quoiqu'ils n'eussent pas de caisse avant cette époque, à une retenue, 1° de 5 pour 100 sur le traitement; 2° du premier douzième de toute augmentation provenant, soit d'une élévation du traitement, soit d'une promotion à un grade supérieur; 3° les retenues pour congés ou absences profitent également au service des pensions. A ce produit l'État ajoute une somme, à titre de subvention, et c'est par la réunion de ces deux espèces de ressources qu'est formé le crédit sur lequel les pensions sont payables. Les ministres ne peuvent liquider de pensions que dans la limite des extinctions réalisées sur les pensions inscrites; pour dépasser cette mesure, ils devraient obtenir un crédit nouveau (2). Le droit à pension est acquis après trente ans accomplis de service et soixante ans d'âge; pour ceux qui ont passé quinze ans dans la partie active de leur administration, les conditions sont réduites à cinquante-

---

(1) Loi du 3 août 1790, tit. 2, art. 5.

(2) Art. 20 de la loi du 9 juin 1853; il n'est que la reproduction de l'art. 16 de la loi du 15 mai 1850. — Les retenues portent non-seulement sur le traitement fixe, mais encore sur tous les *émoluments personnels* que reçoivent les fonctionnaires sous le nom de primes, remises ou éventuel. Mais on ne doit pas considérer comme émoluments personnels les frais de tournée, les frais de bureau et autres dépenses de ce genre; ce sont des indemnités, et la loi ne peut pas tenir compte des économies que certains employés parviennent à faire à force d'habileté et souvent au détriment de leur santé. Les receveurs généraux, les receveurs particuliers et les percepteurs ne subissent la retenue que sur les trois quarts des émoluments de toute nature; le dernier quart est considéré comme indemnité de logement et de frais de bureau. — Art. 3 de la loi du 9 juin 1853.

cinq ans d'âge et à vingt-cinq ans de service. Comment la partie active se distingue-t-elle de la partie sédentaire? La loi a procédé par voie d'énumération, et le tableau n° 2, annexé à l'art. 5 de la loi du 9 juin 1853, a fixé la différence entre ces deux espèces de services. Les trente ans ne courent qu'à partir du moment où le fonctionnaire a touché son premier traitement d'activité et atteint l'âge de vingt-cinq ans. Le temps de services même rétribués ne compte qu'autant que le fonctionnaire se trouve dans les cadres réguliers de l'administration; il faut donc exclure les services des surnuméraires, même quand ils sont rémunérés, comme par exemple pendant qu'ils sont chargés de faire l'*intérim* des agents suspendus ou empêchés. J'en dirai autant des attachés au ministère de l'intérieur qui reçoivent des allocations, avant d'être pourvus d'un titre régulier. Le temps passé dans les bureaux des préfectures et sous-préfectures, quoique les employés soient rétribués sur le fonds d'abonnement accordé aux préfets et sous-préfets, compte à ceux qui passent plus tard dans l'administration générale; s'ils sont encore employés dans les bureaux de la préfecture ou de la sous-préfecture lorsque le droit à pension s'ouvre pour eux, elle est payable sur la caisse spéciale de ces employés qui n'a pas été supprimée (1).

Pour fixer le chiffre auquel la pension doit être liquidée, on commence par établir le traitement moyen des six dernières années pendant lesquelles l'ayant droit est resté en fonctions, et pour chaque année de services civils, on compte un soixantième de ce traitement moyen. Cependant on s'écarte de cette règle pour le cas où le fonctionnaire a passé vingt-cinq ans dans la partie active; on lui accorde alors la moitié du traitement avec une augmentation d'un cinquante-cinquième par année.

Les infirmités et blessures ouvrent exceptionnellement le droit à pension de deux manières : 1° Lorsque par suite d'un acte de *dévouement* ou d'une *lutte engagée*, dans l'exercice de ses fonctions, l'agent a été mis hors d'état de continuer ses fonctions, il a droit à une pension fixée à la moitié du traitement, quel que soit le temps du service. Il en est de même si, par suite d'un *accident grave* résultant notoirement de l'exercice de ses fonctions, il a été mis hors d'état de les continuer. 2° Lorsque le fonctionnaire peut seulement se prévaloir d'infirmités graves contractées dans l'exercice des fonctions et qui le mettent hors d'état de les continuer, il n'a

(1) Art. 9 de la loi du 9 juin 1853. — Cette question avait été décidée dans le même sens par un avis du conseil d'État du 7 juin 1849.

pas droit à pension s'il ne compte pas vingt ans de services et n'a pas cinquante ans d'âge ; il suffit qu'il ait quarante-cinq ans d'âge et quinze ans de services, dans la partie active. Ces dispositions sont applicables aux employés dont l'emploi est supprimé (1).

Pensions militaires. — Pour les pensions militaires, le temps requis par la loi est de trente ans de *service effectif.* Ce délai a été réduit à vingt-cinq pour les sous-officiers, brigadiers, caporaux et soldats (2); de sorte que les trente années ne sont applicables qu'aux officiers. Les années de campagne ne comptent double que pour la liquidation et ne font pas, en principe, acquérir le droit à pension. Le temps ne commence, du reste, à courir qu'à partir de l'âge où les militaires ont pu contracter un engagement volontaire (3). Quant aux blessures ou infirmités, elles donnent droit à pension, sous les distinctions suivantes. Ont-elles occasionné la cécité, l'amputation ou la perte absolue de l'usage d'un membre, elles ouvrent un droit immédiat à pension, et la pension est liquidée comme si elle était acquise par trente ans de services. Dans les autres cas, il faut que la blessure ou infirmité ait eu pour résultat, en ce qui concerne les officiers, de les mettre hors d'état de continuer leurs fonctions, et à l'égard des sous officiers, caporaux et soldats, de les mettre en outre hors d'état de pourvoir à leur subsistance. La liquidation est fixée au *minimum* d'ancienneté, et il n'y a lieu à augmentation que pour les

---

(1) La loi du 9 juin 1853 contient plusieurs dispositions transitoires dont nous nous bornerons à donner un résumé. 1° Ceux qui ont acquis droit à pension, en vertu de la loi du 9 juin 1853, et qui subissent les retenues sans pouvoir atteindre le temps de service effectif nécessaire pour la pension normale, en reçoivent une qui est liquidée à raison de, 1° un 120e du traitement moyen par chaque année de service ; 2° un 30e de la pension ainsi liquidée par chaque année de service ; exemple : un traitement moyen de 6,000 francs et cinq années de services : un 120e multiplié par cinq années donne 250 francs, et le 30e de cette somme étant de 8 francs 33 cent. produit pour cinq années 41 francs, en tout 291 francs 65 cent. — 2° Ceux qui avant la loi nouvelle avaient un temps de services assez long pour demander la liquidation de leur pension, en peuvent exiger le calcul conformément aux anciens règlements. Il en est résulté des avantages énormes pour les fonctionnaires qui ne subissent de retenue que sur leur traitement fixe et dont le traitement éventuel y a été soumis par la loi nouvelle. Ceux qui avaient déjà le temps de service voulu ont eu la double faveur de demander l'application des anciens règlements, en écartant le *maximum* de la loi nouvelle, et de faire compter pour la fixation du traitement moyen des dernières années tant le fixe que l'éventuel. 3° Pour ceux qui, au moment de la loi nouvelle, n'avaient pas acquis le droit à pension, et qui l'ont acquis postérieurement on fait une double liquidation. Les services antérieurs à 1854 sont liquidés d'après l'ancienne législation, et ceux qui sont postérieurs d'après la loi nouvelle.

(2) Loi du 26 avril 1855.

(3) Des dispositions exceptionnelles permettent de compter les services dans la marine à partir de l'âge de seize ans, et quant aux élèves de l'École polytechnique, il leur est compté quatre ans pour le temps d'études avant leur entrée dans l'un des services spéciaux.

services, au delà de trente années, campagnes comprises; le *maximum* n'est atteint qu'à cinquante années. Les militaires qui ont occupé le même grade, pendant douze ans, ont droit à l'augmentation d'un cinquième de leur pension (1).

Dans la marine, le droit à pension est acquis pour les officiers et marins de tout grade à vingt-cinq ans de service effectif. Les agents des autres corps de la marine ne l'acquièrent qu'après trente ans, à moins qu'ils ne soient assimilés aux marins, ce qui arrive lorsqu'ils ont navigué six ans sur les vaisseaux de l'État ou qu'ils ont neuf ans, soit de navigation, soit de service dans les colonies. — Pour la pension exceptionnelle, en cas de blessures ou infirmités, la loi du 18 avril 1831 a reproduit les mêmes distinctions que la loi sur l'armée de terre; il faut donc que les blessures proviennent d'événements de guerre ou d'accidents éprouvés dans un service commandé, et, s'il s'agit d'infirmités, qu'elles soient le résultat d'accidents ou de fatigues éprouvés dans le service. Cela établi, si les blessures ou infirmités ont occasionné la *cécité*, l'*amputation* ou la *perte absolue* d'un membre, le droit est immédiat, quelles que soient les conséquences ultérieures de la blessure ou de l'infirmité. Dans tout autre cas, la pension n'est acquise qu'autant, pour les officiers, qu'ils sont mis hors d'état de service et, pour les sous-officiers et marins, qu'autant qu'ils ont été mis hors d'état de *servir* et en outre de *pourvoir à leur subsistance*.

Les services civils doivent-ils être comptés pour les pensions militaires? On les fait entrer en ligne de compte dans une certaine mesure. Les deux lois veulent que, soit dans l'armée de terre, soit dans l'armée de mer, celui qui réclame une pension pour ancienneté ait au moins vingt-cinq ans de service militaire ou, pour la marine, dix ans de service dans les colonies.

Réversion sur les veuves et les enfants. — Lorsque le titulaire d'une pension ou simplement celui qui réunissait toutes les conditions exigées par les lois et règlements pour avoir droit à pension, vient à décéder, la réversion a lieu pour partie sur la veuve, non séparée de corps (2). Si la veuve est morte ou vient à mourir postérieurement, la part dont elle aurait profité est distribuée aux enfants, à titre de secours, jusqu'à ce que le plus jeune ait atteint la majorité, avec réversion des plus âgés sur les plus jeunes, au fur et à mesure que les premiers arrivent à vingt et un ans accomplis.

---

(1) Art. 11 de la loi du 11 avril 1831.

(2) Le *convol à un second mariage* ne fait pas perdre le droit à pension, à moins que la veuve n'épousât un étranger. Alors elle deviendrait elle-même étrangère par suite de son mariage, et cette qualité est incompatible avec le droit à pension.

Quelle est la portion qui est accordée à la veuve et aux enfants? Pour répondre à cette question, il faut reprendre les diverses espèces de pensions que nous avons distinguées.

D'abord les veuves des pensionnaires sur fonds généraux, en vertu de la loi du 3 août 1790 et du décret du 13 septembre 1806, n'ont pas droit à pension ; car le texte de la loi se borne à dire que le Gouvernement *peut* leur accorder une pension alimentaire, et que leurs enfants *pourront* être élevés aux frais de la nation, ce qui constitue une simple faculté. Il faut conclure de là, comme l'a fait la jurisprudence du conseil d'État, que la décision portant refus de liquider une pension aux veuves de ces pensionnaires n'est pas attaquable par la voie contentieuse.

D'après la loi du 9 juin 1853, au contraire, ainsi que d'après les lois sur les pensions militaires, les veuves peuvent réclamer, non une faveur simple, mais un véritable droit. Aux termes de la première, la pension de la veuve et des enfants est du tiers de celle que le mari avait obtenue pour ancienneté ou pour infirmités graves survenues dans l'exercice de ses fonctions. Elle s'élève aux deux tiers, lorsque les fonctionnaires ont été mis hors d'état de continuer leur service, soit par suite d'un acte de dévouement dans un intérêt public, ou en exposant leurs jours pour sauver un de leurs concitoyens, soit par suite de lutte ou de combat soutenu dans l'exercice de leurs fonctions (1). Le *minimum* de la pension de la veuve est de 100 fr., sans que pourtant elle puisse excéder celle à laquelle le mari aurait eu droit.

La quotité des veuves de militaires ou marins est fixée au quart du *maximum* d'ancienneté. Exceptionnellement elle est de 6,000 fr. pour les veuves de maréchaux et amiraux, et de 100 fr. pour les veuves de soldats et marins. Sur ce point, les dispositions de deux lois des 11 et 18 avril 1831 sont identiques.

La loi, pour prévenir les unions intéressées qui seraient formées, au dernier moment, en vue de la réversion, a voulu que le mariage fût contracté quelque temps avant la cessation des fonctions. D'après la loi du 9 juin 1853, ce délai est de six ans et pour les militaires ou marins, de deux ans. Quand le mari est mort à la suite d'un accident ou blessure, il n'est pas nécessaire que le mariage ait été contracté un certain nombre d'années auparavant; il suffit que l'union soit antérieure à l'événement (2).

---

(1) Art. 11, § 1er, de la loi du 9 juin 1853.

(2) D'après la loi du 9 juin 1853, dans le délai de cinq ans, à partir du moment où l'ayant droit a été admis à faire valoir ses droits à la retraite.

Liquidation et payement des dettes de l'État. — Il ne suffit pas d'être créancier de l'État, et il ne servirait de rien d'avoir contre lui un titre exécutoire, si on n'obtenait pas la *liquidation* et l'*ordonnancement*. Les voies d'exécution que la loi a organisées entre particuliers ne sont pas praticables à l'égard de l'État, sous peine de déranger toutes les prévisions et de troubler l'économie des services publics. C'est pour cela que le créancier doit s'adresser au ministre compétent pour faire reconnaître et fixer son droit, c'est-à-dire pour arriver à la liquidation de sa créance. Les créances sur l'État, lorsqu'elles résultent d'un versement en numéraire ou valeurs, doivent en outre être soumises au contrôle administratif. Dans les vingt-quatre heures qui suivent le versement des deniers, la partie versante présente le récépissé à talon qu'elle a reçu, au contrôleur central à Paris et aux préfets ou sous-préfets, dans les départements. Le contrôle consiste à viser le récépissé et à le séparer du talon (1).

En matière de pensions, la liquidation est un préalable d'autant plus nécessaire qu'elles ne sont accordées qu'au fur et à mesure des extinctions. En conséquence, l'ayant droit est tenu d'adresser sa demande de liquidation, dans un certain délai, avec l'appui des pièces exigées par les règlements (2). La liquidation préparée par le ministre compétent doit être soumise à la section des finances du conseil d'État, avec l'avis du ministre des finances. Cette révision est du reste purement consultative et elle ne fait nullement obstacle, même quand elle est suivie par le ministre, à ce que la décision ministérielle portant liquidation soit attaquée par la voie contentieuse, suivant les règles ordinaires du pourvoi au contentieux.

La pension, une fois liquidée et inscrite, constitue un titre irrévocable; cette règle ne souffre exception que dans le cas où il s'agit de fonctionnaires en déficit, pour cause de détournement de deniers, ou de matières, ou convaincus de malversations; il en est de même de celui qui serait convaincu de s'être démis d'un emploi à prix d'argent ou qui aurait été condamné à une peine afflictive et infamante. En ces cas, la perte de la pension est prononcée alors même qu'elle serait liquidée et inscrite (3).

Comme les pensions ont un caractère alimentaire, elles ont été déclarées par la loi *incessibles* et *insaisissables*. L'insaisissabilité

---

(1) Loi du 24 avril 1833. — Décret du 4 janvier 1808, et ordonn. du 18 novembre 1817.

(2) Règlement du 9 novembre 1853, qui complète la loi du 9 juin précédent; — et pour es pensions militaires, ordonnance du 2 juillet 1831.

(3) Art. 27, § 2 de la loi du 9 juin 1853.

n'est cependant pas absolue ; ainsi le cinquième de la retraite peut être retenu pour débet envers l'État, ou pour une des créances privilégiées, aux termes de l'art. 2101 du Code Napoléon. Cette proportion est portée jusqu'au tiers au profit des créanciers d'aliments en vertu des art. 203, 205, 206 et 207 du Code (1). Pour les pensions militaires, l'exception est moins étendue ; car la retenue n'est jamais que du cinquième, et elle ne peut être faite que dans deux cas : 1° pour débet envers l'État; 2° pour cause d'aliments, fondée seulement sur les art. 203 et 205 du Code Napoléon (2).

De ce que la pension est une sorte de dette alimentaire payable à celui qui ne peut pas continuer à rester en activité de service, il résulte qu'elle ne peut pas être cumulée avec un traitement d'activité. D'un autre côté, comme les pensions sont présumées suffisantes et justement fixées par la loi, une double retraite dépasserait le but qu'on s'est proposé en assurant une dette alimentaire aux employés vieux ou infirmes. D'où la conséquence qu'en principe la pension ne peut pas plus être cumulée avec une autre pension qu'avec un traitement d'activité. Cette double règle n'est cependant pas absolue et elle admet quelques tempéraments. Ainsi une pension militaire peut être cumulée avec un traitement civil (3). De même on peut cumuler une pension et un traitement quelconque jusqu'à concurrence de 1,500 fr., pourvu que le service dans lequel on reçoit le traitement soit différent de celui où la pension a été acquise (4). Enfin le cumul de deux pensions est autorisé jusqu'à concurrence de 6,000 fr., pourvu qu'il n'y ait pas double emploi dans les services qui forment la base de la liquidation; cette limite est tellement large, que l'exception absorbe presque le principe. Toutes les allocations qui ne constituent pas, à proprement parler, des traitements, mais des indemnités, ne sont pas soumises à la prohibition du cumul. Ainsi, un ancien secrétaire général qui avait obtenu la liquidation de sa pension de retraite ayant été nommé conseiller d'État, le payement des arrérages a été suspendu à son égard ; le jour où il a été nommé sénateur, il a repris la jouissance de sa pension, quoique les sénateurs reçoivent une somme plus forte que les conseillers d'État. Mais ceux-ci ont un *traitement* tandis que les autres touchent une *indemnité* ou plutôt la *dotation*

(1) Art. 26 de la loi du 9 juin 1853.

(2) On décide cependant que cette exception doit être étendue aux cas prévus par les art. 206 et 207, quoique la loi de 1831 ne renvoie qu'aux art. 203 et 205.

(3) Loi du 25 mars 1817, art. 27.

(4) Loi du 9 juin 1853, art. 28 et 31.

attachée à leur dignité. Il en serait de même de l'indemnité allouée aux députés.

PRESCRIPTIONS ET DÉCHÉANCES (1).

Les créances contre l'État ont été soumises à des déchéances spéciales; c'est avec raison que le législateur n'a pas voulu laisser sommeiller des créances dont la réclamation inattendue pourrait troubler le service des finances. Je ne dirai rien des lois relatives à l'arriéré antérieur à 1816; l'effet de ces dispositions est aujourd'hui consommé, et l'analyse ne pourrait, à peu près, offrir qu'un intérêt de curiosité historique. Mais il existe une déchéance dont l'effet est permanent et qui se trouve inscrite dans une loi du 29 janvier 1831, art. 9. Cet article déclare prescrites et définitivement éteintes les créances qui n'auraient pu « à défaut de justifications suffisantes. « être *liquidées*, *ordonnancées et payées* dans un délai de cinq an- « nées, à partir de l'ouverture de l'exercice pour les créanciers « domiciliés en Europe, et de six années pour les créanciers rési- « dant hors du territoire européen. » Cette déchéance n'est applicable, d'après les termes mêmes de la loi de 1831, qu'à la liquidation, à l'ordonnancement et au remboursement des créances; mais elle réagit sur la reconnaissance juridique du droit elle-même, parce qu'une créance sur l'État appartient à l'exercice pendant lequel elle est née, et non à celui pendant lequel elle a été reconnue par la justice ordinaire ou administrative; en principe, les jugements sont *déclaratifs* et non *constitutifs* (2). Il pourrait donc arriver que la déchéance fut encourue, avant que le créancier n'eût agi en justice. Mais le délai de cinq ans ne commence pas à courir avant que le droit ne soit devenu exigible, soit par l'arrivée du terme, soit par la réalisation de la condition (3); car, si on peut reprocher au créancier d'avoir négligé d'agir quand l'action était ouverte, on ne saurait lui imputer son inaction lorsqu'il était retenu par l'impossibilité d'agir; on sait que c'est en cas d'*impossibilité de droit* que s'applique la maxime : *Contrà non valentem agere non currit præscriptio.* Reconnaissons cependant que toutes les causes qui suspendent la prescription ne s'appliquent pas à la déchéance. Ainsi le délai de cinq ans serait opposable aux mineurs et autres incapables, nonobstant l'art. 2252 du Code Napoléon. Il n'y a pas

(1) Tome II, page 177.
(2) Décrets du 19 mai 1853 et 8 février 1855.
(3) Deux décrets du 12 janvier 1854.

là de contradiction, car d'autres courtes prescriptions de droit commun que la minorité ne suspend pas, cessent cependant de courir, lorsqu'il y a impossibilité légale d'agir (1).

Les lois de déchéance ne s'appliquent ni au remboursement des cautionnements, ni à celui des dépôts, parce que ces créances sont payables sur des fonds spéciaux que le gouvernement est censé garder toujours disponibles. Elles régissent le payement des arrérages de cautionnements, parce que c'est une dette ordinaire du trésor public, sans imputation sur un fonds particulier.

En matière de pensions, il y a déchéance après cinq ans contre celui qui n'a pas réclamé la liquidation dans ce délai, à partir du moment où il a été admis à faire valoir ses droits à la retraite (2). L'expiration de ce délai n'est pas la seule cause qui rende l'ayant droit irrecevable. Ainsi tout fonctionnaire démissionnaire, révoqué ou destitué perd ses droits ; il en est de même de celui qui a perdu la qualité de Français.

---

(1) Art. 2277 et 2278 du Code Napoléon. L'article 2278 se borne à dire que la prescription de l'art. 2277 court contre les mineurs, mais il se borne à faire cette dérogation, et je crois que l'impossibilité d'agir, en droit, suspendrait la prescription de l'art. 2277 comme les autres.

(2) Art. 22 de la loi du 9 juin 1853.

COMPÉTENCE, JURIDICTION ET PROCÉDURE.

SÉPARATION DES POUVOIRS JUDICIAIRE ET ADMINISTRATIF (1).

Avant la révolution de 1789, les usurpations des Parlements avaient produit une double confusion ; d'un côté, entre le pouvoir politique et le pouvoir judiciaire, et de l'autre, entre la justice et l'administration. Le nouveau droit consacra la séparation de ces trois espèces d'autorités, et assura l'observation de ce principe par plusieurs institutions qui ont survécu aux révolutions successives, sinon en totalité, au moins pour ce qu'elles avaient d'essentiel.

La première garantie se trouve dans la peine de la forfaiture que le Code pénal prononce contre les auteurs de ces empiétements (2). Mais le châtiment ne peut atteindre que ceux qui auraient commis l'usurpation sciemment et avec intention ; il n'aurait donc pas été suffisant pour protéger le principe contre l'erreur ou l'ignorance ; c'est pour combler cette lacune que les conflits ont été créés. A l'aide de cette arme, l'administration peut revendiquer les affaires indûment portées devant les tribunaux ordinaires et faire prononcer, entre les tribunaux et elle, par le chef du pouvoir exécutif duquel procèdent les deux rivaux. Si le même droit n'a pas été accordé à l'autorité judiciaire contre les juridictions administratives, c'est que l'usurpation n'était sérieusement à craindre que de la part de l'autorité judiciaire. Sur l'administration, le gouvernement du chef de l'État, régulateur suprême des compétences, a une foule de moyens d'action qui n'auraient pas de prise sur les magistrats inamovibles.

Les conflits sont une des attributions du conseil d'État, statuant au contentieux ; par conséquent, c'est l'empereur qui statue sur le différend entre les deux pouvoirs, puisque le conseil d'État n'a que des attributions consultatives, en matière contentieuse, comme en toute autre. Pendant quelque temps, le jugement de ces affaires a été confié à un tribunal mixte composé de huit membres choisis, par moitié, dans le conseil d'État et dans la Cour de cassation au

---

(1) Tome II, pages 560 et suiv.

(2) Code pénal, art. 127 et suiv.

suffrage de ces deux corps, et présidé par le garde des sceaux ou, en son absence, par le ministre de l'instruction publique. Les fonctions du ministère public étaient remplies tour à tour par un avocat général à la Cour de cassation et par un maître des requêtes, commissaire du Gouvernement. Il y aurait injustice à nier les services importants qui ont été rendus par cette institution ; à la suite de discussions approfondies, les questions les plus difficiles et les plus controversées ont été résolues, et telle a été l'autorité de ces décisions que la Cour de cassation comme le conseil d'État ont suivi la jurisprudence adoptée par le tribunal des conflits; ainsi une foule de débats ont été pacifiés. Mais l'organisation de ce tribunal mixte présentait les plus graves dangers, et c'est avec raison qu'il a été sacrifié Sur presque toutes les affaires, le tribunal était partagé en deux camps, et il était bien rare que les quatre voix de la Cour de cassation ne tinssent pas en échec les quatre suffrages du conseil d'État; c'était donc toujours le ministre de la justice ou de l'instruction publique qui faisait l'arrêt, en départageant les autres membres. Mais était-il raisonnable d'exposer la jurisprudence, sur les questions de compétence, aux variations ministérielles si fréquentes, même sous les gouvernements absolus, et si brusques, sous le régime parlementaire? Si, en fait, l'inconvénient que je viens de signaler ne s'est pas produit, il faut l'attribuer plutôt au bon sens et à la modération des ministres qui ont présidé le tribunal qu'à la bonté de l'institution.

Le conflit peut se produire de plusieurs manières; ou bien entre l'administration et les tribunaux prétendant, chacun de son côté, être compétents; c'est le *conflit d'attributions* de tous le plus important. Inversement, il pourrait se faire que les parties se trouvassent entre deux juges de l'ordre administratif et de l'ordre judiciaire, se déclarant tous les deux incompétents; c'est le conflit *négatif.* Enfin il n'est pas sans exemple qu'on ait vu deux juridictions administratives s'attribuer la connaissance de la même affaire; c'est le *conflit positif de juridictions administratives.*

Nous n'avons que peu de chose à dire sur le *conflit négatif* et le *conflit positif de juridictions administratives*; la loi n'a pas organisé de procédure spéciale, en ce qui les concerne. Il y a lieu, dans les deux cas, à règlement de juges, et c'est le conseil d'État délibérant au contentieux qui fait le règlement, en suivant la procédure ordinaire, sur la demande de l'une ou l'autre des parties intéressées. Le *conflit d'attributions* entre l'autorité administrative et l'autorité judiciaire, est au contraire soumis à des règles spéciales; pour en avoir une idée complète, il faut examiner successivement : 1° en quels cas le conflit peut être élevé ? 2° par qui il peut l'être; 3° suivant quelle forme il faut procéder ; 4° quels sont les effets du conflit et du décret qui statue.

En quels cas le conflit d'attributions peut-il être élevé? — D'après l'ordonnance du 1er juin 1828, le conflit ne peut pas être élevé en matière criminelle ; c'est une garantie que le législateur a voulu donner à la liberté individuelle et qui, sous un régime de légalité, a été accordée en haine de souvenirs qu'avait laissés une époque où l'arme des conflits avait été employée pour distraire les accusés de leurs juges naturels (1). Ce n'est pas cependant que, devant les tribunaux criminels, il ne puisse pas se produire des questions de l'ordre administratif; on conçoit, par exemple,qu'à l'occasion d'un détournement de deniers par un comptable public, soit posée la question préalable de la vérification de ses comptes par l'autorité compétente. Mais le législateur n'a pas voulu accorder le droit de revendication à l'autorité administrative, aimant mieux s'exposer aux usurpations judiciaires que de permettre qu'un accusé fût enlevé à ses juges. De ce que l'administration n'a pas, en matière criminelle, le droit de revendication. il ne faut pas conclure que l'autorité judiciaire n'aurait pas le droit de surseoir jusqu'à ce que la question incidente fût vidée par l'administration; on a même vu plus d'une fois les tribunaux donner spontanément cette preuve de modération et de respect pour l'ordre des compétences.

En matière correctionnelle, le droit d'élever le conflit a été consacré par l'ordonnance et, malgré les termes restrictifs qu'elle emploie, on peut dire cependant qu'il a été consacré en règle générale : « Il ne pourra, dit l'art. 2 de l'ordonnance, être élevé de conflit en matière de police correctionnelle que dans les deux cas suivants : 1° lorsque la répression du délit est attribuée par une disposition législative à l'autorité administrative ; 2° lorsque le jugement à rendre par le tribunal dépendra d'une disposition législative. — Dans ce dernier cas, le conflit ne pourra être élevé que sur la question préjudicielle. » Mais, comme il est difficile d'imaginer d'autres cas où le conflit puisse être élevé, l'ordonnance a donc posé un principe général, sous la forme d'une énumération limitative.

La loi ne veut pas non plus que l'administration puisse revendiquer la connaissance d'une affaire, sur ce fondement que l'auto-

(1) Sous la Convention, l'assemblée elle-même, sur la proposition de ses comités, connaissait des conflits; on peut deviner, d'après le caractère et l'étendue des pouvoirs de ce gouvernement, à quels abus il arriva en cette matière. On peut voir l'histoire des conflits dans les deux articles publiés, l'un dans le Dictionnaire de M. Blanche, par M. le conseiller d'État Boulatignier, et l'autre dans le Dictionnaire de M. Block, par M. Reverchon, ancien maître des requêtes, v° *Conflits*.

risation du conseil d'État n'aurait pas précédé la poursuite dirigée contre un fonctionnaire ou qu'un préalable administratif n'aurait pas été rempli (1). Pourquoi cette disposition, lorsqu'il est certain que l'autorisation du conseil d'État a été exigée, dans l'intérêt de l'administration et pour la protéger contre les tentatives des tribunaux qui voudraient attaquer les actes administratifs, en jugeant les agents qui en sont les auteurs? Le législateur a pensé que les parties ne manqueraient pas d'opposer l'inaccomplissement des formalités préalables, et que les juges craindraient de leur enlever les garanties qui protégent la personne des fonctionnaires, en même temps que l'administration. D'ailleurs l'administration ne pourrait pas revendiquer la cause, puisqu'elle rentre dans la compétence des tribunaux, et tout ce qu'elle pourrait faire, ce serait de soutenir que le tribunal n'a pas été régulièrement saisi. Mais le conflit n'a pas été créé pour redresser les irrégularités de procédure commises devant les tribunaux.

Aucune difficulté ne peut se présenter dans les cas où la compétence administrative est établie sur un texte positif; mais il est rare de trouver des dispositions qui séparent nettement les attributions de l'autorité administrative d'avec celles des tribunaux ordinaires, et souvent la jurisprudence a été obligée de baser ses solutions sur le principe général de la séparation des pouvoirs. L'art. 9 de l'ordonnance du 1er juin 1828 exige que dans l'arrêté de conflit « la disposition législative qui attribue à l'administration la connaissance du point litigieux soit textuellement insérée; » mais, dans l'état actuel de notre législation, il était difficile de se conformer à cette disposition, et souvent la jurisprudence s'est contentée de citer la loi des 16-24 août 1790, tit. 2, art. 13; la constitution du 3 septembre 1791, tit. 3, chap. 5, art. 3, ou l'arrêté du 2 germinal an V. C'est de ces dispositions générales que la section du contentieux, en suivant résolûment le principe dans ses applications, a fait sortir une doctrine dont voici les principaux linéaments :

En général, les questions de propriété régies par les principes du droit commun rentrent dans la compétence des tribunaux; il en est de même des démembrements de la propriété, des droits réels et aussi des rapports d'obligation entre créanciers et débiteurs. Mais il arrive quelquefois que les questions de propriété prennent leur

(1) Ordonnance du 1er juin 1828, art. 3. Par application de cet article, nous avons décidé, dans notre opuscule sur *l'appel comme d'abus*, que la poursuite directe d'un ministre du culte devant les tribunaux criminels, sans le recours préalable au conseil d'État, ne pourrait pas être réprimée par voie de conflit. M. Dufour, qui dans sa première édition avait admis la régularité du conflit en cas pareil, s'est rendu à notre observation, avec une bonne foi parfaite (2e édit., t. V, p. 72).

source dans des *actes administratifs* ou que les créances sont réclamées contre l'État, *puissance publique*. De là naît une catégorie de droits mixtes judiciaires par leur nature, administratifs par l'acte qui les a fait naître et, en ce point, la question de séparation entre les deux pouvoirs commence à devenir délicate.

Mais d'abord, qu'entend-on par *acte administratif?* Nous avons vu que certains fonctionnaires, comme les préfets et les maires, procédaient quelquefois par voie de disposition générale et réglementaire. Rendus dans la limite des pouvoirs compétents, les règlements font, pour ainsi dire, partie de la loi, et les tribunaux peuvent les appliquer et les interpréter comme les dispositions législatives elles-mêmes. Le principe de la séparation des pouvoirs n'y fait pas obstacle; car le pouvoir judiciaire est séparé du pouvoir législatif aussi profondément qu'il l'est de l'autorité administrative, et cependant tous les jours il applique et interprète les lois. A plus forte raison a-t-il le droit d'appliquer et d'interpréter les règlements qui en sont le complément. Le règlement est un acte qui émane de l'administration; mais au fond et par sa nature, ce n'est pas un *acte administratif*. Le règlement ne peut pas être attaqué, par la voie contentieuse, devant le conseil d'État; car, de deux choses l'une : s'il a été compétemment rendu, c'est un acte d'administration pure; sinon, les parties poursuivies pour infraction ont le droit de soulever la question de légalité, devant les tribunaux ordinaires. L'arrêté d'un maire qui fixe la taxe du pain est un règlement municipal, et le règlement serait inattaquable au contentieux, quand même il fixerait un prix de vente inférieur au prix de revient. Les boulangers pourraient seulement se pourvoir, par la voie hiérarchique, devant le préfet (1).

L'acte administratif est *essentiellement individuel:* c'est, par exemple, une concession émanée du pouvoir souverain actuel ou antérieur. Aussi reconnaît-on sans difficulté que lorsqu'il s'agit d'un droit concédé par une ordonnance des anciens rois de France, l'interprétation appartient à la juridiction administrative (2).

Mais on a discuté longtemps la question de savoir si les actes de vente passés entre l'État propriétaire et les particuliers, en la forme administrative, étaient des actes dont l'interprétation appartenait aux juridictions administratives. En partant de cette idée, que

---

(1) Ordonnance du 14 août 1822 (*aff. des boulangers de Montpellier*). Voir, dans le *Journal de droit administratif* (t. Ier, p. 117 et suiv.), une lettre que j'ai adressée au syndic des boulangers de Toulouse.

(2) Ordonnance du 12 août 1845; décrets du 25 novembre 1852 et 12 janvier 1853. — Ordonnances du 6 mars 1835, 6 mai 1836, 6 février 1839, 20 juin 1844, 7 février 1848. — Décret du 1er décembre 1852.

l'acte est de nature mixte, de droit commun au fond et administratif, en la forme, le conseil d'État a réservé aux tribunaux l'*application* des actes de vente, et à l'autorité administrative leur *interprétation*, en cas de doute. Pour être logique, il faudrait, ce semble, adopter la même solution pour les baux et généralement pour tous les contrats de droit commun constatés, en la forme administrative. Mais la jurisprudence ne met pas sur la même ligne les baux et les ventes et, tandis qu'elle attribue à l'autorité administrative l'interprétation de ces dernières, elle renvoie aux tribunaux l'interprétation des premiers. La raison de la différence se trouve dans l'art. 4 de la loi du 28 pluviôse, qui met dans la compétence des conseils de préfecture le *contentieux des domaines nationaux*, ce qui n'a jamais été entendu que des ventes et non des baux (1).

L'autorité judiciaire ne doit pas se dessaisir toutes les fois qu'il plaît à une partie de demander l'interprétation d'un acte administratif; si l'acte était clair et qu'il parût évident que la partie cherche un prétexte pour traîner le procès en longueur, le tribunal pourrait passer outre au jugement du fond. Vainement dirait-on que rien n'est plus relatif que la clarté des termes d'un acte, et que la même rédaction, claire pour celui-ci, est obscure pour celui-là (2), que cette doctrine contient en germe la justification de toutes les usurpations de la justice ordinaire sur l'administration; ce danger est chimérique, puisqu'avec l'arme des conflits on peut combattre la tendance qui porterait les tribunaux à en abuser et que, d'un autre côté, il y a plutôt lieu de se défier de la mauvaise foi des plaideurs que de soupçonner la mauvaise volonté des tribunaux, surtout quand il est si facile à l'administration de déjouer l'usurpation judiciaire.

Enfin il y a des actes, même individuels, qui émanant du chef de l'État ne peuvent, même quand ils portent atteinte aux droits individuels, à la propriété ou à la liberté personnelle, être déférés ni aux tribunaux ni au conseil d'État, en raison du caractère politique qui les distingue; tels sont les décrets diplomatiques, et tous décrets qui ont été dictés par une pensée politique. Mais si la juridiction contentieuse n'est pas compétente pour en connaître au fond, le conseil d'État délibérant au contentieux a le pouvoir, comme juge des conflits, de dessaisir les tribunaux qui voudraient connaître de l'application ou de l'interprétation de pareils actes (3).

(1) V. ordonnances des 20 novembre 1840 et 12 mai 1853.

(2) C'est l'opinion de M. Chauveau, *Principes de compétence*, t. II. p. 268.

(3) Tels sont les principes qui ont été mis en avant et consacrés dans le décret, sur conflit, du 18[illegible] 1852 *rel. [illegible] biens de la famille d'Orléans*. (Décrets du 22 janv. 1852).

Qui donc connaîtra des réclamations à ce sujet? — Ceux qui sont investis du droit de délibérer sur de semblables matières, c'est-à-dire, le Sénat, qui peut annuler *tous actes* contraires à la Constitution, ou l'Empereur délibérant non avec les conseillers d'État, qui ne sont que son conseil administratif, mais avec les ministres qui composent son conseil politique.

Jusqu'à quel moment le conflit peut-il être élevé? Tant que le procès est pendant devant un tribunal de première instance ou une Cour impériale. S'il avait été rendu un jugement définitif en première instance, le conflit ne serait plus recevable, puisque le tribunal se trouverait dessaisi; il faudrait attendre que l'une des parties eût interjeté appel, pour élever le conflit devant la Cour. La Cour de cassation n'est pas un degré de juridiction, et le pourvoi n'empêche pas le jugement en dernier ressort de produire tout son effet jusqu'à la cassation; non-seulement la décision attaquée continue à exister, mais l'exécution n'est même pas suspendue par le dépôt de la requête. Aussi le conflit ne peut-il pas être formé devant la Cour de cassation. Mais si l'arrêt ou le jugement attaqués sont cassés, le procès renaîtra devant le tribunal de renvoi, et l'administration reprendra le droit de revendiquer la connaissance de l'affaire.

Le conflit ne peut pas être élevé devant les tribunaux de commerce, les justices de paix et les conseils de prud'hommes; quoique la loi ne le dise pas formellement : cette solution résulte de ce que la procédure de conflit implique le concours d'un procureur impérial qui n'existe pas devant ces juridictions. On conçoit d'ailleurs que le législateur n'ait pas voulu appliquer le remède extrême des conflits à ces juridictions : 1° parce que les affaires sont de médiocre importance; 2° parce que les juges de paix étant amovibles et les juges consulaires électifs et renouvelables, il n'était pas à craindre que l'esprit de corps portât des magistrats aussi fragiles à commettre des envahissements.

Par qui le conflit peut-il être élevé? — Par le préfet du département dans lequel est situé le tribunal saisi (1), par le préfet de police à Paris (2), et par les préfets maritimes (3), pour les questions qui rentrent dans l'ordre de leur compétence. Lorsqu'après cassation, l'affaire est renvoyée devant un autre tribunal, on peut

(1) Ce droit attribué aux préfets n'a pas cessé d'être consacré depuis l'arrêté du 13 brumaire an X.

(2) Ordonnance du 18 décembre 1822.

(3) Pour les *préfets maritimes*, la question a été tranchée en ce sens par la jurisprudence (ord. du 23 avril 1840, 12 février 1841 et 30 mars 1842). V. dans l'article de M. Boulatignier, *Dict. d'adm.*, p. 483, les conclusions du commissaire du gouvernement qui précédèrent l'ordonnance du 23 avril 1840.

se demander qui est compétent du préfet du département où était situé le tribunal qui le premier a statué ou du préfet dans le ressort duquel est situé le tribunal de renvoi. Le conseil d'État juge que le préfet du département où siége une Cour impériale est compétent pour revendiquer les affaires renvoyées à la Cour, après cassation. Mais il admet concurremment le préfet du département où est situé le tribunal de première instance, à élever le conflit, dans le cas où l'autre préfet négligerait de le faire (1). Au contraire, lorsque la Cour est saisie par l'appel des parties, au lieu de l'être par un arrêt de renvoi, la jurisprudence ne reconnaît que la compétence du préfet du département où se trouve le tribunal de première instance (2). Ces distinctions ne sont justifiées par rien, ni par le texte de l'ordonnance du 1er juin 1828, ni par celui de l'arrêté du 13 brumaire an X, ni par des raisons doctrinales, et nous estimons qu'il aurait été plus simple de reconnaître simultanément la compétence des deux préfets, en accordant la poursuite par préférence à celui qui se serait montré le plus diligent.

Procédure à suivre. — Avant d'envoyer aux tribunaux un ordre qui les dessaisisse, le législateur a pensé qu'il était plus convenable de les inviter à reconnaître eux-mêmes leur incompétence, en leur soumettant un *déclinatoire*, adressé au ministère public.

Le procureur impérial est tenu de communiquer le déclinatoire au tribunal; mais là finit son devoir, et il n'est pas obligé de soutenir les conclusions de l'administration. Aucun délai n'est fixé au tribunal pour statuer sur la question de compétence; l'affaire suit la marche ordinaire et prend le tour qui lui appartient naturellement. Mais le jugement une fois rendu, le procureur impérial doit, dans les cinq jours, envoyer au préfet copie de ses conclusions ou réquisitions et du jugement ou de l'arrêt rendu sur la question de compétence. L'envoi de ces pièces est le point de départ d'un nouveau délai; dans la quinzaine suivante, le préfet peut élever le conflit, en faisant déposer au greffe du tribunal un arrêté devant lequel la justice est obligée de s'arrêter. L'arrêté de conflit est remis par le greffier au procureur impérial et celui-ci en donne connaissance au tribunal, dans la chambre du conseil. Toutes ces formalités ont été dictées par des motifs de haute convenance envers les tribunaux. Le délai de quinzaine est prescrit, à peine de nullité de tout arrêté tardif; aussi le greffier doit-il donner, sans retard et sans frais, récépissé du dépôt, à raison de l'intérêt qu'il y a de savoir s'il a été fait dans les délais voulus.

---

(1) Ordonnances du 21 août 1845 et 24 décembre 1845.
(2) Ordonnances du 14 avril 1839, 20 août 1840 et 27 mai 1843.

Supposons au contraire que le tribunal ait admis le déclinatoire; il est inutile d'élever le conflit puisque le tribunal s'est lui-même dessaisi. Mais si le jugement relatif à la compétence était frappé d'appel, le préfet pourrait immédiatement élever le conflit devant la Cour. « Si le déclinatoire est admis, dit l'art. 8 de l'ordonnance du 1er juin 1828, le préfet pourra également élever le conflit dans la quinzaine qui suivra la signification de l'acte d'appel, si la partie interjette appel du jugement. »

L'arrêté de conflit reste déposé, pendant quinze jours, au greffe du tribunal ou de la Cour, afin que le procureur impérial ou le procureur général aient le temps d'avertir les parties ou leurs avoués. Les parties ou leurs avoués ont le droit de prendre connaissance au greffe, et sans déplacement, de l'arrêté et des pièces à l'appui, et de remettre au parquet leurs observations sur la question de compétence. L'*avertissement* par le ministère public, la *prise en communication* par les parties et la remise de leurs *observations*, tout cela doit être fait dans le délai de quinzaine pendant lequel dure le dépôt; le procureur impérial manquerait à son devoir s'il n'avertissait pas immédiatement les parties intéressées, de manière à ce qu'elles aient un temps suffisant pour exercer le droit de remettre leurs observations.

Immédiatement après l'expiration du délai, le ministère public adresse les pièces au garde des sceaux, qui, dans les vingt-quatre heures, les transmet au conseil d'État et donne avis de leur réception au procureur impérial ou au procureur général.—L'ordonnance du 12 mars 1831, art. 6, énumère les pièces qui doivent être jointes à l'arrêté de conflit; ce sont : 1° la citation; 2° les conclusions des parties; 3° le déclinatoire proposé par le préfet; 4° le jugement ou l'arrêt sur la compétence. L'avis que le garde des sceaux donne au magistrat du ministère public, pour lui annoncer la réception du dossier, doit être accompagné d'un récépissé où sont énoncées en détail les diverses pièces, et qui reste déposé au greffe du tribunal ou de la Cour.

Une fois parvenue au conseil d'État, l'affaire y est instruite et jugée, comme les autres procès, en matière contentieuse.

Effets de l'arrêté de conflit et du décret qui statue sur sa validité. — L'arrêté de conflit ne dessaisit pas le tribunal, mais la procédure est arrêtée et il ne peut pas être passé outre au jugement du fond. Si le tribunal, en rejetant le déclinatoire, avait immédiatement jugé le fond, le conflit ne serait pas moins valablement élevé dans les quinze jours, quoiqu'en général il ne puisse pas l'être après un jugement définitif. Mais cette exception était indispensable, et, si elle n'avait pas été faite, il aurait été trop facile aux tribunaux de déjouer le conflit, en se hâtant de juger à la fois la compétence et le fond.

Après le décret rendu au contentieux, si le conflit est annulé, la procédure reprend son cours interrompu devant le tribunal. Est-il confirmé? le tribunal est dessaisi et les parties se pourvoient, si elles le jugent à propos, devant l'autorité compétente. Le conflit d'attributions, en effet, dessaisit seulement le tribunal sans saisir l'autorité compétente; c'est aux parties à se pourvoir devant qui de droit.

En matière de conflit négatif entre l'autorité judiciaire et l'autorité administrative, le décret est un véritable *règlement de juges;* il annule l'une des décisions par lesquelles l'incompétence a été déclarée, et, par conséquent, devant le tribunal qui l'a rendue, la procédure peut reprendre son cours. Mais le conseil d'État ne décide pas si tel tribunal de l'ordre judiciaire est compétent ou non, soit *ratione personæ*, soit *ratione materiæ*. On ne lui avait soumis qu'une question entre l'autorité judiciaire et l'autorité administrative, en général; c'est dans ces termes qu'il a statué, sans s'occuper de savoir quel est le tribunal de l'ordre judiciaire ou de l'ordre administratif qui devait être saisi. Par conséquent, nonobstant le décret qui annule l'un des jugements d'incompétence, les parties peuvent encore proposer tous les déclinatoires autres que celui qui a été vidé par le décret sur conflit.

La matière des conflits pour l'Algérie a été réglementée par le décret du 30 décembre 1848, qui est encore en vigueur; ses dispositions sont à peu près les mêmes que celles de l'ordonnance du 1er juin 1848, et nous nous bornerons à renvoyer au décret, soit parce que les explications qui précèdent en rendront l'intelligence facile, soit parce que, resserrés dans les limites d'un précis, nous sommes obligés de nous interdire les détails spéciaux.

CONTENTIEUX ADMINISTRATIF (1).

Nature du contentieux. — Il est des cas où l'action administrative n'est limitée ni par des formes exigées, à peine d'excès de pouvoir, ni par la loi reconnaissant certains droits, ni par un contrat passé entre l'administration et des particuliers; elle est alors purement discrétionnaire, et aucun recours juridique n'est accordé aux personnes dont les intérêts seraient blessés par cette rencontre. Tout ce que les parties peuvent faire c'est, lorsque l'acte

(1) Tome II, pages 537-556.

dont elles souffrent est émané d'un agent inférieur, de s'adresser à son supérieur hiérarchique par voie de supplique, et de lui en demander la réformation comme une faveur. Mais l'administration ne se meut pas toujours avec autant de liberté, et il y a des circonstances, au contraire, où la loi l'oblige à s'éclairer au moyen de certaines formalités, et à respecter des droits consacrés par des dispositions législatives ou écrits dans des contrats régulièrement formés. Aussi la violation des formes, de la loi ou des conventions donne-t-elle lieu à recours par les parties intéressées et c'est là ce qui constitue le contentieux administratif. « Le contentieux administratif, dit M. Vivien (1), se compose de toutes les réclamations fondées sur la violation des obligations imposées à l'administration par les lois et règlements qui la régissent ou par les contrats qu'elle souscrit; ainsi toute loi qui établit une compétence, qui trace une forme d'instruction ou qui pose une règle de décision, peut donner ouverture à un débat de contentieux, s'il est allégué que la compétence soit intervertie, la forme inobservée ou la règle enfreinte. Tout contrat passé par l'administration a le même effet, si le sens ou l'exécution en sont contestés. L'ensemble de ces débats, considérés en masse, constitue le contentieux de l'administration; il se compose donc d'une nature de contestations, bien distinctes, comme on le voit, du contentieux judiciaire et de l'administration pure. »

Parmi les actes d'administration pure, les uns se distinguent facilement des matières contentieuses et de ce nombre sont toutes les mesures qui constituent une concession, grâce ou faveur. D'autres peuvent être aisément confondus, et telles sont les mesures de police. Sauf les exceptions qui pourraient résulter de dispositions spéciales, il est de principe que les mesures de police prises par l'autorité compétente ne donnent pas lieu à recours contentieux, même à la réclamation d'une indemnité pour le préjudice souffert par les parties. On trouve une application importante de cette doctrine dans la matière des *Règlements d'eau.* L'administration a reçu de la loi des 12-20 août 1790, chap. 6, le droit de prendre toutes les mesures qu'elle jugerait utiles pour assurer le libre écoulement des eaux, et même pour les diriger vers un *but d'utilité générale*, d'après les principes d'irrigation. Que ces règlements soient généraux et applicables à tout le cours du fleuve, ou qu'ils soient spéciaux à quelques usines, ce sont des actes de pure administration, inattaquables au contentieux, à la seule condition qu'ils aient été pris dans un intérêt public ou au moins dans l'intérêt collectif de plu-

(1) *Etudes administratives*, 2e édition, t. I, p. 125.

sieurs usiniers. S'il avait tranché des contestations privées, il y aurait *excès de pouvoir* (1).

Telles sont les distinctions principales que M. de Broglie refusait d'admettre dans un article publié par la *Revue française* en 1828; il soutenait que le contentieux administratif ne devrait comprendre que « les réclamations élevées sur le mérite, la justice, l'opportunité d'une mesure prise par le gouvernement, *discrétionnairement*, et dans la limite de ses pouvoirs; » effet qu'il faudrait attribuer aux tribunaux ordinaires « toute plainte qui se fonde sur les termes exprès d'une loi, d'un décret, d'une ordonnance, d'un arrêté. » Ce système consistait donc à ouvrir un recours contentieux contre les actes discrétionnaires ou de pure administration dont la nature est de n'en admettre aucun. Quant à la proposition de confondre le *contentieux administratif* avec le *contentieux judiciaire*, on pouvait et on pourrait encore invoquer l'exemple de plusieurs pays où les tribunaux de droit commun sont investis de la double compétence. Quels sont les motifs qui ont déterminé le législateur français à séparer ce que la plus grande partie des législations étrangères ont réuni ?

1° Les questions administratives exigent des connaissances spéciales très-diverses, et, pour assurer une bonne administration de la justice, il était presque indispensable de constituer des juges spéciaux ; 2° quoique les juridictions contentieuses aient été établies pour garantir les droits individuels atteints par l'action administrative, il faut cependant que les débats soient jugés au point de vue de l'intérêt général et par des tribunaux pénétrés de cet esprit que, *dans le doute*, c'est l'intérêt général qui doit prédominer; il était à craindre que des tribunaux constamment occupés à régler les intérêts ou droits privés ne fussent trop disposés à leur sacrifier l'État; 3° les débats administratifs sont presque tous urgents, et la célérité de leur expédition est mieux assurée avec des tribunaux spéciaux; il faudrait faire statuer les tribunaux avec des formes brèves auxquelles ils ne sont pas habitués; 4° du mélange des deux juridictions il pourrait résulter que, dans les procès ordinaires, les tribunaux obéissent aux habitudes administratives, et ainsi se pervertirait l'esprit des juges de droit commun; 5° on ne peut pas nier que la loi moderne n'ait obéi à la tradition de l'ancienne monarchie. Avant 1789, il y avait une foule de juridictions spéciales qui étaient chargées du contentieux administratif. Les bureaux d'élections

---

(1) V. sur cette question un résumé analytique de la doctrine et de la jurisprudence dans les *Principes de compétence et de juridiction*, par M. Chauveau (t. Ier, n° 154, p. 44, et t. II, p. 82 et suiv.)

statuaient sur le contentieux en matière de tailles; les intendants sur le contentieux en matière d'impôts nouveaux. La cour des aides était le tribunal d'appel où ressortissaient les jugements des élections, et le conseil du roi connaissait des appels formés contre les décisions des intendants.—La Table de marbre était compétente en matière forestière, et la Cour des monnaies sur les questions qui lui avaient valu son nom.

Juridictions administratives (1).—Ce serait une erreur de considérer les juridictions administratives comme des tribunaux d'exception, par rapport aux tribunaux ordinaires. Entre deux juridictions dont l'objet est complétement différent, il ne peut pas y avoir la relation qui existe entre un *tribunal ordinaire* et un *tribunal d'exception;* car cette division implique que la comparaison s'établit entre des juridictions du même ordre. Les juges de paix et les tribunaux de commerce sont des juges d'exception par rapport aux tribunaux civils de première instance, parce que tous ont à statuer sur des contestations entre particuliers. Mais la juridiction administrative s'applique à un autre ordre de différends auxquels ne s'étend pas naturellement la compétence des tribunaux ordinaires, et elle n'est pas plus un démembrement de la juridiction civile que celle-ci n'est une délibation de la juridiction administrative.

Mais la juridiction administrative n'est-elle pas, comme certains le prétendent (2), une juridiction d'exception, en ce sens du moins qu'elle ne connaît pas de l'exécution de ses décisions? C'est encore une confusion. La juridiction administrative ne connaît pas des actes d'exécution qui se rattachent au droit commun, tels que les saisies, commandements, radiation d'hypothèques; il en est autrement des voies d'exécution qui sont administratives par leur nature. Par exemple, un arrêté du conseil de préfecture annule une élection départementale, d'arrondissement ou municipale, et, en conséquence, l'administration procède à une nouvelle élection (3). N'est-ce pas là une voie d'exécution administrative de l'arrêté d'annulation, et s'il s'élève des difficultés, le conseil de préfecture ne sera-t-il pas encore compétent pour connaître de la régularité des nouvelles opérations électorales? Ainsi, à quelque point de vue qu'on se place, de la décision ou de l'exécution, on verra que les deux espèces de justice ressemblent à deux fleuves qui, après avoir pris leur source au même point, se séparent à leur naissance,

(1) Tome II, page 556.

(2) M. de Cormenin, *Droit administratif*, 5e édition, t. II, chap. 3.

(3) *Principes de compétence et juridiction* de M. Chauveau, tome Ier. page 358, no 1113.

pour couler dans des lits différents et ne plus mêler leurs eaux.

Mais quel est, dans l'ordre des autorités administratives, le juge ordinaire du contentieux? La loi n'ayant pas toujours formellement désigné la juridiction, il est indispensable de savoir comment il faut suppléer à son silence.

En matière civile, il est incontestable que toute contestation qui n'a pas été expressément attribuée aux juges de paix, aux tribunaux de commerce ou aux conseils de prud'hommes, doit être portée devant le tribunal civil. En matière criminelle, il n'est pas moins certain que les contraventions, délits ou crimes doivent être jugées par les juges de simple police, les tribunaux correctionnels ou les Cours d'assises lorsqu'ils n'ont pas été attribués à des tribunaux spéciaux tels que les conseils de guerre, les tribunaux maritimes, les conseils de discipline. Mais il s'en faut de beaucoup que la même certitude existe, en matière administrative.

A ne consulter que l'exposé des motifs qui précéda la loi du 28 pluviôse an VIII, organique des conseils de préfecture, on serait tenté de croire que, dans la pensée des rédacteurs, ce conseil devait être le tribunal ordinaire, en matière de contentieux administratif. « Remettre, y était-il dit, le contentieux de l'administration à un conseil de préfecture, a paru nécessaire pour garantir les parties intéressées de jugements rendus sur des rapports et des avis de bureaux, pour donner à la propriété des juges accoutumés au ministère de la justice, à ses règles, à ses formes. » Cette interprétation de la loi de pluviôse an VIII fut également adoptée par les considérants d'un décret, en conseil d'État, du 6 décembre 1813 et inséré au *Bulletin des lois*. Ce décret annulait un arrêté préfectoral et renvoyait les parties devant le conseil de préfecture. « Considérant, disait-il, que d'après la loi du 28 pluviôse an VIII, le préfet est seul chargé de l'administration, et que dès lors il doit seul statuer sur toutes les matières qui sont de pure administration, mais que les conseils de préfecture sont institués *pour prononcer sur toutes les matières contentieuses administratives.* »

Malgré ces deux arguments, l'opinion contraire a prévalu et cela devait être; car : 1° Les termes de l'exposé des motifs, même en les supposant plus explicites qu'ils ne le sont, ne pouvaient pas l'emporter sur le texte de la loi qui a disposé par voie d'énumération limitative. L'art. 4, en effet, a énuméré avec soin les matières pour lesquelles le conseil de préfecture est compétent; n'en faut-il pas conclure qu'en dehors de ces cas formellement prévus, le conseil ne doit plus être saisi? C'est, avant tout, au texte entendu conformément aux principes généraux, en matière d'interprétation, qu'il faut s'en rapporter et l'autorité d'un *exposé des motifs* ne doit pas être suivie, lorsqu'elle est en sens inverse du sens naturel des termes de la loi ; 2° le décret du 6 décembre 1813 est un acte purement individuel et on ne saurait trouver une interprétation générale et réglementaire dans une rédaction contestable des considérants. Il est vrai que ce décret a été inséré au *Bulletin des lois* ; mais encore faudrait-il savoir pour quel motif il a été inséré et spécialement si l'insertion a été faite pour donner à cette décision tout individuelle la valeur d'un décret interprétatif. Du moment qu'il y a incertitude sur ce point, le décret de 1813 n'a aucune *autorité* et s'il a quelque valeur, elle est restreinte aux limites d'une interprétation purement doctrinale; c'est une citation, non un argument (1).

Quel est donc le juge ordinaire ? « On a toujours tenu pour certain, dit M. Boulatignier, que les conseils de préfecture n'avaient que des attributions spéciales et déterminées, et qu'en dehors des cas dont la connaissance leur était expressément réservée, il y avait lieu, dans le silence de la loi, et par application des principes généraux sur l'organisation administrative, de soumettre au préfet les litiges qui peuvent naître des réclamations contre les actes faits par les administrations municipales et aux ministres (chacun selon ses attributions) les litiges qui résulteraient des réclamations contre les actes des préfets (2). » L'histoire de la législation intermédiaire démontre la vérité de cette doctrine.

Les anciennes juridictions spéciales et le conseil du roi ayant été supprimés il fallut les remplacer. On attribua d'abord le contentieux non point à chaque ministre, mais à tous les ministres réunis en conseil d'État (3) ; c'était du reste le roi qui statuait par ordonnance et le conseil des ministres réunis en conseil d'État n'avait que « *la discussion des motifs qui pouvaient nécessiter l'annulation des actes irréguliers des corps administratifs.* » Mais la constitution du 5 fructidor an III ayant posé en principe que les ministres ne formeraient pas un conseil, il fallut transporter à chaque ministre, dans son département, la compétence qui, d'après la législation de 1791, appartenait au cabinet réuni. Depuis lors, il s'est produit

---

(1) M. Dufour qui, dans sa première édition, avait soutenu la compétence des conseils de préfecture comme juges ordinaires, s'est, dans la nouvelle édition (t. II, p. 21), prononcé pour la compétence des ministres. Cette question a été mise dans tout son jour par le rapport de M. Boulatignier sur *les conseils de préfecture*. M. Laferrière (t. , p. 515) formule ainsi son opinion sur cette question : « Comme tout le contentieux de l'administration ne lui a pas été (*au conseil de préfecture*) remis par les lois qui ont suivi celle du 28 pluviôse an VIII, il est plus exact de dire qu'il est *ordinairement* juge du contentieux, mais *notamment* dans les catégories suivantes : (*Suit l'énumération.*)

(2) M. Boulatignier, *Rapport sur les conseils de préfecture*.

(3) Loi des 27 avril-25 mai 1791, art. 17.

deux faits qui, sans détruire cet ordre de choses, l'ont modifié : 1° La loi du 28 pluviôse an VIII qui a institué les conseils de préfecture ; mais cette juridiction n'ayant reçu que des attributions spéciales, limitativement énumérées, la compétence des ministres, quoique sensiblement diminuée, a subsisté pour tout ce qui ne leur était pas formellement enlevé ; 2° l'institution du conseil d'État ; mais cette juridiction n'a reçu la qualité de juge ordinaire qu'au second degré et sa création n'a eu aucun effet sur la compétence en premier ressort.

Maintenant que nous connaissons le juge ordinaire, en premier ressort, il nous faut consacrer quelques développements aux juridictions administratives d'exception ; ce sont : 1° Le conseil de préfecture ; 2° les préfets ; 3° les sous-préfets ; 4° les maires ; 5° la commission spéciale instituée par la loi du 16 septembre 1807 ; 6° la Cour des comptes.

Conseil de préfecture juge au contentieux (1). — Nous avons déjà distingué, en matière de contributions directes, la différence qui existe entre les demandes en *remise* ou *modération* et les demandes en *décharge* ou *réduction* (2). Celles-ci sont les seules qui soient dans la compétence des conseils de préfecture ; celles-là rentrent dans les attributions du préfet. Le contribuable qui demande une décharge ou une réduction réclame en vertu d'un droit atteint par un acte administratif tandis que le demandeur en remise ou modération sollicite une faveur ; aussi, dans le premier cas, il y a *contentieux* et dans le second, *acte d'administration pure.* Cette compétence du conseil de préfecture s'étend non-seulement aux contributions perçues par l'État et aux centimes additionnels départementaux ou communaux, mais encore aux taxes qui, par des lois spéciales, ont été assimilées pour leur perception aux impôts directs (3). Le contentieux des contributions indirectes, au contraire, appartient aux tribunaux ordinaires (4) et les exceptions à cette règle introduites dans quelques lois ont peu à peu disparu (5).

En matière de travaux publics, les conseils de préfecture connaissent : 1° Des contestations entre l'administration et les entrepreneurs sur le *sens* et l'*exécution* des clauses de leurs marchés ; 2° entre l'administration ou l'entrepreneur, subrogé à ses droits, et

---

(1) Tome II, pages 513 et suivantes.

(2) Page 771 de ce tome.

(3) L'énumération en a été faite avec beaucoup de soin par M. Boulatignier, dans son *Rapport*, p. 28.

(4) Art. 2 de la loi des 7-11 septembre 1790.

(5) M. Boulatignier, *ibid.*, p. 29.

les tiers, des réclamations formées par les tiers à raison des dommages, donnant droit à indemnité, qu'ils auraient éprouvés par suite de l'exécution des travaux. C'est ici le lieu de faire remarquer que la rédaction de l'art. 4 de la loi du 28 pluviôse an VIII, sur ce point, a besoin d'être rectifiée. La loi parle du *dommage provenant du fait personnel de l'entrepreneur, non du fait de l'administration.* Est-ce à dire que si le tort avait été causé par l'administration elle-même lorsqu'elle fait exécuter les travaux en régie, il n'y aurait pas lieu à indemnité ou que le conseil de préfecture serait incompétent pour la fixer? Nullement; la loi au contraire a pensé qu'une disposition formelle n'était nécessaire que pour le fait des entrepreneurs et qu'il était inutile de parler expressément de l'administration à laquelle la même disposition s'appliquait, à plus forte raison.

Que les dommages soient *permanents* ou *temporaires*, le conseil de préfecture est compétent; car la loi ne distingue pas. Vainement soutiendrait-on qu'une altération perpétuelle de la propriété équivaut à une véritable expropriation et que la dépréciation qui en résulte est souvent ou presque toujours plus grave que la dépossession d'un lopin de terre qui peut être dénué de valeur. Ces considérations ne sauraient prévaloir contre l'argument qui s'évince des textes et de l'historique des lois sur l'expropriation d'utilité publique (1).

Nous avons déjà dit que le texte ne fait aucune distinction; l'induction historique n'est pas moins concluante. La loi du 28 pluviôse an VIII, après avoir attribué au conseil de préfecture la compétence en matière de dommages, ajoutait qu'il connaîtrait, en outre, des indemnités réclamées pour *terrains pris ou fouillés*, ce qui comprenait l'extraction des matériaux (*terrains fouillés*) et l'expropriation pour cause d'utilité publique (*terrains pris*). Les lois des 8 mars 1810, 7 juillet 1833 et 3 mai 1841 n'ont eu pour objet que l'expropriation d'utilité publique, et n'ont par conséquent enlevé au conseil de préfecture ni sa compétence en matière d'extraction de matériaux, ni celle qui concerne les dommages soit temporaires, soit permanents. *Inclusione unius fit exclusio alterius* (2).

---

(1) Voir sur l'histoire de la compétence, en matière de *travaux publics* dans l'ancien droit, un article de M. Dareste, publié par la *Revue historique*, t. Ier, p. 47 et suiv.

(2) Que les lois de 1810, 1833 et 1841 n'aient eu en vue que l'expropriation, cela résulte de plusieurs articles. 1° Elles sont toutes intitulées : *loi sur l'expropriation pour cause d'utilité publique.* 2° D'un autre côté, les formalités exigées par ces lois impliquent la cession de la propriété, et non un simple dommage, même permanent. Ainsi, d'après l'art. 5 de la loi de 1810, l'ingénieur doit dresser *un plan terrier ou figuré des propriétés dont la cession est par eux reconnue nécessaire.* — L'art. 13 et quelques autres parlent de l'*arrêté*

Le conseil de préfecture statue sur *les difficultés qui peuvent s'élever en matière de voirie.* La plus importante attribution que le conseil ait reçue, sous ce rapport, c'est la répression des contraventions de grande voirie; celles de petite voirie sont réprimées par le juge de simple police (1). En matière d'infractions commises aux règlements sur l'alignement, les distinctions suivantes ont été admises par la jurisprudence : pour la grande voirie, le conseil de préfecture applique l'amende, peine de la contravention, et ordonne la démolition des travaux, mais seulement dans le cas où la construction empiète sur la voie publique, ou bien s'il s'agit de réparations confortatives faites au mur de face. Quand il n'y a ni empiétement ni réparations confortatives en matière de petite voirie, le tribunal de simple police doit, d'après la jurisprudence de la Cour de cassation, non-seulement prononcer l'amende, mais encore, dans tous les cas, ordonner la destruction *de la besogne mal plantée*, qu'il y ait ou non soit des travaux confortatifs, soit usurpation sur la largeur de la voie publique.

Les chemins vicinaux ne sont placés, sous le rapport de la répression des contraventions, ni dans la grande, ni dans la petite voirie. D'après la loi du 9 ventôse an XIII, les poursuites en contraventions étaient portées devant les conseils de préfecture (2). Mais l'art. 479, n° 11, du Code pénal a, par une disposition générale qui ne contient aucune distinction au moins formelle, attribué au juge de simple police *les dégradations aux chemins publics* et *les usurpations sur leur largeur*. Pour concilier la loi de l'an XIII avec le Code pénal, la jurisprudence administrative a distingué entre l'application de la peine et la suppression des travaux faits en contraven-

---

du préfet indicatif des propriétés cessibles. L'art. 4 de la loi du 3 mai 1841 charge les ingénieurs de dresser un *plan parcellaire* des propriétés à céder. Enfin 3° comment l'indemnité, qui doit être préalable d'après ces lois, en cas d'expropriation, le serait-elle quand il s'agit de dommages? L'indemnité ne peut être due qu'après le dommage causé, et, par conséquent, la fixation n'en pourrait être faite que postérieurement. Il est vrai que certains auteurs soutiennent, en ce cas, non la compétence du jury, mais celle du tribunal civil comme juge ordinaire. Cette solution est encore moins justifiable, puisque l'argument tiré de l'assimilation du dommage permanent avec l'expropriation lui faisant défaut, elle se trouve manifestement en contradiction avec la loi du 28 pluviôse an VIII. La jurisprudence est fixée dans le sens énoncé au texte. (Tribunal des conflits, 12 janvier 1850, 29 mars 1850, 18 novembre 1850, 23 décembre 1850, 2 juillet 1851. — Cour de cassation, 29 mars 1852. — Conseil d'État, 14 septembre 1852.)

(1) Art. 479, n° 11 du Code pénal.

(2) On avait d'abord jugé que l'art. 8 de la loi du 9 ventôse an XIII ne s'appliquait qu'aux contraventions prévues par la loi elle-même, c'est-à-dire aux plantations d'arbres. Bientôt la jurisprudence décida que la disposition devait être étendue à toutes les contraventions commises sur les chemins vicinaux. (V. notamment ordonn. du 28 novembre 1821, 25 janvier 1831 et 23 novembre 1832.)

tion; pour appliquer la peine, le juge de simple police est compétent, mais la suppression des constructions ou réparations appartient au conseil de préfecture (1).

Les amendes prononcées par les anciens règlements (lesquels sont encore en vigueur) étaient généralement très élevées, et la crainte de frapper trop sévèrement assurait l'impunité au contrevenant. Une loi du 23 mars 1842 a donné aux conseils de préfecture le droit de modérer ces amendes jusqu'au vingtième, sans qu'il leur soit permis de les abaisser au-dessous de 16 francs. Quant aux *amendes arbitraires*, la même loi a décidé que le juge serait désormais resserré entre un *minimum* de 16 fr. et un *maximum* de 300 fr. (2).

Enfin, la loi du 28 pluviôse an VIII attribue au conseil de préfecture *le contentieux des domaines nationaux*. Une pensée politique a dicté cette disposition. La Révolution était à peine fermée, et les passions s'agitaient encore avec violence au fond de la société plutôt lasse que pacifiée. Si l'on avait remis à des tribunaux inamovibles le soin de juger les questions de propriété qui se rattachaient à la vente de biens nationaux, la conscience des juges aurait souvent été troublée par le souvenir d'événements trop présents à tous les esprits. C'est avec raison que les ventes nationales furent placées sous la protection de magistrats que leur amovibilité, la nature de leurs fonctions et leur origine administrative associaient d'une manière complète à la pensée politique du Gouvernement.

Cette disposition exceptionnelle avait un effet très-étendu ; car elle attribuait au conseil de préfecture même les questions de propriété. Quoique cette dérogation n'ait jamais été abrogée; quoique, à ne consulter que ses termes, elle fût applicable aux ventes nouvellement consenties des biens de l'État, cependant les motifs de l'excep-

---

(1) Ce dédoublement de la compétence présente les plus grands inconvénients, surtout lorsqu'il s'applique à des affaires d'une faible importance, comme le sont la plupart de ces contraventions. Aussi la Cour de cassation a-t-elle mieux aimé décider que l'art. 479-11° du Code pénal avait abrogé l'art. 8 de la loi du 9 ventôse an XIII, et que le juge de simple police était compétent soit pour appliquer la peine, soit pour faire supprimer les travaux. C'est ce qui résulte des motifs, sinon du dispositif, de l'arrêt du 2 mars 1837 (*aff. Boullay*). M. Devilleneuve, dans une note sur cet arrêt, approuve cette jurisprudence. Nous sommes également convaincu des inconvénients qu'entraine la division de la compétence; mais il nous paraît préférable de les éviter en donnant aux *conseils de préfecture* la plénitude de juridiction pour la répression des contraventions, en matière de voirie vicinale. Cette solution est plus conforme aux principes d'interprétation d'après lesquels les dispositions générales ne dérogent pas aux lois spéciales, même antérieures; or l'art. 479-11° est une loi générale, tandis que la loi du 9 ventôse an XIII est spéciale aux chemins vicinaux. — V. en ce sens Cormenin, *Questions de droit administratif*, 4e édit., p. 483 du tome Ier.

(2) La loi sur la police du roulage du 30 mai 1851, art. 4, a fixé le *minimum* à 5 francs et le *maximum* à 30 francs, pour les contraventions qu'elle prévoit.

tion ayant cessé, la jurisprudence a ramené cette attribution aux limites qu'elle doit avoir naturellement, d'après le principe de la séparation des pouvoirs. Ainsi toutes les questions de propriété qui sont susceptibles d'être résolues par l'application du droit commun, toutes celles notamment qui sont soulevées par des tiers, ont fait retour au juge de droit commun, et le conseil de préfecture n'a conservé que l'*interprétation* des actes de ventes nationales. Quelques lois spéciales ont, d'un autre côté, expressément réservé la compétence au conseil de préfecture, en matière de biens domaniaux; ainsi, pour les coupes dans les bois de l'État, ils connaissent des difficultés qui s'élèvent sur le *réarpentage* et le *récolement* (1). Quant aux baux administratifs des biens domaniaux où l'État joue le rôle de bailleur, les contestations auxquelles ils donnent lieu sont portées devant l'autorité judiciaire (2). Même l'interprétation de ces actes n'appartient pas à la juridiction administrative (3). Comment l'interprétation des baux de biens domaniaux est-elle portée devant l'autorité judiciaire, tandis que l'interprétation des ventes de ces mêmes biens est de la compétence du conseil de préfecture ? — Cette différence tient à l'art. 4 de la loi du 28 pluviôse an VIII qui, au moins par l'esprit de sa disposition, n'a jamais été applicable aux *baux*,

---

(1) Voir l'énumération de ces lois dans le *Rapport* de M. Boulatignier, p. 31.

(2) *Quid* dans le cas où l'État joue le rôle de preneur? Ordinairement l'État ne loue des locaux que pour établir un service public, tels que l'exercice du culte, l'exploitation des théâtres impériaux, etc., etc. — En ces cas, le bail ayant pour objet une opération administrative de sa nature, nous pensons qu'il devrait être considéré comme un acte administratif, non à cause de la forme employée pour le constater, mais en raison de son essence. — Il faut reconnaître que cette doctrine n'est cependant pas admise par la jurisprudence administrative. — (V. décr. sur conflits du 8 juin 1854, et décision du tribunal des conflits du 23 mai 1851. — *Dictionnaire d'administration française* de M. Block, v^is Baux administratifs.

Dans les décrets précités, les baux avaient été faits entre des particuliers bailleurs et l'administration de la guerre ou celle de la marine; le conseil d'État et le tribunal des conflits ont décidé qu'il « s'agissait d'un bail, c'est-à-dire d'un contrat de droit commun, » et qu'il appartenait, par conséquent, aux tribunaux de prononcer non-seulement sur » leur interprétation, mais encore sur l'effet des obligations qui en résultent. » Cette doctrine n'est pas facile à concilier avec celle qui est adoptée, en matière de dettes de l'État. Nous avons vu plus haut (p. 823) qu'au moins lorsque l'État traitait comme *puissance publique*, il était admis que l'autorité administrative était seule compétente pour connaître des demandes tendant à le faire déclarer débiteur; or dans les affaires de 1851 et 1854, l'administration de la guerre et celle de la marine avaient fait des baux pour un service public. A la vérité, le bail est un contrat de droit commun; mais alors il faudrait introduire dans la doctrine sur les dettes de l'État, une distinction qui attribuerait à l'autorité judiciaire toutes les réclamations tendant à faire déclarer l'État débiteur, qui seraient fondées sur un contrat de *droit commun*. On ferait, si cette distinction était admise, une large brèche à la jurisprudence sur les *dettes de l'État*.

(3) Décret du 12 mai 1853, et décision du tribunal des conflits, 29 mai 1851.

mais seulement aux *ventes* (1) des biens de l'État. Nous avons déjà vu, d'un autre côté, que l'interprétation des actes d'adjudication était la seule chose qui restât de la compétence générale que la loi de l'an VIII avait attribué au conseil de préfecture sur le contentieux des ventes nationales, et c'est ainsi que s'explique complétement la distinction entre les ventes et les baux.

Des lois postérieures à celle du 28 pluviôse an VIII ont étendu la compétence des conseils de préfecture par des dispositions expresses. Ainsi ils statuent sur la validité des élections départementales ou communales lorsque la réclamation est fondée sur l'irrégularité des opérations électorales; si elle a pour base l'incapacité du membre élu, il faut distinguer. La cause d'incapacité est-elle reconnue, le conseil de préfecture prononce l'annulation de l'élection; est-elle contestée, il renvoie les parties devant l'autorité judiciaire pour faire vider la question de capacité (2) et sursoit à statuer, pendant le délai qu'il accorde aux parties, à l'effet de faire les diligences nécessaires. La compétence du conseil de préfecture, en matière d'affouages et de partages de bois communaux donne lieu à plusieurs difficultés : 1° à qui appartient-il de statuer sur la répartition des coupes affouagères faites par le conseil municipal? 2° si *l'aptitude personnelle* est contestée, qui du tribunal ou du conseil de préfecture sera compétent? — Lorsqu'il y a des usages, par quelle autorité l'existence en sera-t-elle constatée? — La jurisprudence a décidé que les questions *d'aptitude personnelle* seraient jugées par les tribunaux ordinaires qui prononceraient spécialement sur le point de savoir si le réclamant est *habitant, Français et chef de famille*. Quant à la répartition et à l'existence de l'usage, c'est le conseil de préfecture qui prononce sur ces deux points (3) et, en général, sur tout ce qui touche au *mode de jouissance* (4); or les contestations relatives à la qualité *d'habitant*, de *chef de famille*, de *Français*, n'affectent pas le mode de jouissance.

Nous verrons bientôt que, dans certaines matières contentieuses,

---

(1) La loi, en disant en termes généraux que le conseil de préfecture statuerait *sur le contentieux des domaines nationaux*, était par son texte tout aussi bien applicable aux baux qu'aux ventes. Mais la loi, interprétée par son esprit, ne pouvait pas être étendue aux *baux*, pour lesquels la dérogation n'aurait pas eu la moindre raison d'être.

(2) Art. 51 et suiv. de la loi du 22 juin 1832. — Art. 45-47 de la loi du 5 mai 1855.

(3) Décis. du tribunal des conflits du 10 avril 1850. — Antérieurement, le conseil d'État avait décidé que les questions d'aptitude personnelle devaient être jugées par le juge administratif; mais il s'est soumis à la jurisprudence du tribunal des conflits. (V. décrets des 30 novembre, 21 décembre 1850 et 18 janvier 1851.) Cette jurisprudence a été vigoureusement combattue par M. Serrigny (*Questions et traités*, p. 37).

(4) Loi du 10 juin 1793, art. 2, sect. 5.

le conseil de préfecture n'a que le droit d'émettre un simple avis, et n'a pas le pouvoir de décision propre.

Préfets juges au contentieux (1). — Le préfet n'a que peu d'attributions en matière contentieuse ; il les exerce tantôt seul, tantôt en conseil de préfecture. Comme exemple des attributions de la première catégorie, nous citerons le droit qu'a le préfet d'ordonner, sauf recours au conseil d'État, de fermer les moulins situés près des frontières, lorsqu'il est prouvé que ces établissements servent à la contrebande des grains et farines (2) ; le droit d'interdire, sauf recours au conseil d'État, toute exploitation de sel marin, si l'entreprise n'a pas été précédée des formalités exigées par la loi, etc., etc. (3).

Quant aux décisions contentieuses que le préfet doit prendre, en matière contentieuse, nous citerons les contestations qui s'élèvent entre l'administration des contributions indirectes et les brasseurs ou les détaillants, pour le prix de leur abonnement ; elles sont jugées par le préfet, en conseil de préfecture, sauf recours au conseil d'État (4).

Sous-préfets juges au contentieux. — Nous avons vu que les sous-préfets étaient compétents pour donner ou refuser l'autorisation d'établir les établissements dangereux ou insalubres de troisième classe. Par sa nature, cette attribution devrait être considérée comme étant d'administration pure ; mais une disposition formelle du décret du 15 octobre 1810 n'a pas voulu que ce pouvoir fût discrétionnaire, et elle a permis aux parties de se pourvoir contre le refus du préfet, devant le conseil de préfecture (5).

Maires juges au contentieux. — Les maires ont quelques attributions en matière contentieuse. Ainsi, lorsque les agents des contributions indirectes ne veulent pas, pour la perception du droit de détail (*ad valorem*), accepter le prix déclaré par le débitant, il est statué provisoirement par le maire, et c'est le préfet, en

---

(1) Tome II, page 517.

(2) Loi du 30 avril 1806, art. 76.

(3) Loi du 17 juin 1840, art. 7 et 11. Les autres cas se trouvent dans l'art. 64 de la loi du 21 avril 1810 sur les mines, dans l'art. 7 du décret du 15 octobre 1810 sur les *établissements dangereux ou insalubres*, dans l'art. 7 de la loi du 27 avril 1833 et dans l'art. 2 de l'ordonnance du 11 juin 1817. Cette ordonnance est relative à la déchéance encourue par les acquéreurs de biens nationaux, pour défaut de payement du prix.

(4) Art. 136 du décret du 17 mai 1809, et art. 49, 70 et 78 de la loi du 28 avril 1816.

(5) Art. 8 du décret du 15 octobre 1810.

conseil de préfecture, qui prononce définitivement (1). Autre exemple : les officiers qui marchent sans leurs troupes n'ont droit à être logés par les habitants, sur billets de logement, que moyennant indemnité; les contestations qui s'élèveraient sur le montant du prix sont jugées par le maire (2). Troisième cas : les difficultés, en matière de courses de chevaux, sont provisoirement jugées par le maire et définitivement par le préfet (3).

Commission spéciale. — Nous avons déjà vu qu'en matière de *dessèchements de marais* et autres cas prévus par la loi du 16 septembre 1807, une commission spéciale avait été chargée de statuer sur plusieurs matières qui seraient de la compétence du conseil de préfecture. Ces cas sont énumérés dans la loi du 16 septembre 1807, art. 46.

Cour des comptes. — Voir, à la fin du précis, un article spécial.

PROCÉDURE A SUIVRE DEVANT LES JURIDICTIONS ADMINISTRATIVES (4).

La procédure à suivre, en matière administrative, n'a été l'objet de dispositions spéciales que pour les pourvois formés devant le conseil d'État, par la voie contentieuse (5). La loi n'ayant tracé aucune règle pour la manière de procéder devant les juges du premier degré, il a fallu que la jurisprudence et la doctrine remplissent cette lacune, soit à l'aide du décret du 22 juillet 1806, par voie d'analogie, soit en appliquant le Code de procédure civile toutes les fois que ses dispositions n'étaient pas incompatibles soit avec la nature des affaires administratives, soit avec la rapidité que leur expédition réclame.

Parmi les juridictions administratives du premier degré, il n'y a

(1) Loi du 28 avril 1816, art. 49.

(2) Loi des 23 mai 1792-18 janvier 1793, art. 26 et 52.

(3) Un arrêté du 17 février 1853 a institué des commissions composées de trois commissaires, et qui statuent sans appel sur toutes les difficultés, sauf une, auxquelles les courses peuvent donner lieu. — Cet arrêté a-t-il pu transférer à une commission la compétence spéciale qu'avait attribué au maire le décret du 4 juillet 1806, art. 27-28? — Nous pensons que la présence du préfet, *juge définitif*, dessaisit le maire, *juge provisoire*. Mais, en l'absence du préfet, la délégation ne peut légalement être donnée qu'au maire, non à une commission. (Trolley, t. II, p. 29, et Dufour, t. I, p. 516.)

(4) Tome II, pages 513 et suivantes.

(5) Décret du 22 juillet 1806. — V. le *Code d'instruction administrative*, par M. Chauveau.

que les conseils de préfecture qui aient les caractères extérieurs de la justice régulière et qui admettent l'idée d'une procédure; quant aux ministres, préfets, sous-préfets et maires, la loi n'a pas distingué, au point de vue de la forme, les cas où ils agissent comme administrateurs de ceux où ils décident comme juges, et c'est même parce que le législateur n'a pas fait de distinction, sous le rapport de la procédure, que l'on a quelquefois assimilé les deux attributions.

Devant le ministre, les actions sont introduites par une pétition, sur papier timbré ; en principe, la demande n'est assujettie à aucun délai de rigueur, et par conséquent, la partie pouvant, quand elle le veut, renouveler la demande, n'a pas d'intérêt à faire constater, par acte authentique, la date de sa réclamation. Mais toute action est prescriptible par trente ans, et quelques-unes le sont après un délai moindre; d'un autre côté, les créanciers de l'État doivent, à peine de déchéance, demander la liquidation de leurs créances dans les cinq ans. On comprend donc que les parties arrivées presque à la limite du temps qui leur est accordé, aient intérêt à s'assurer un moyen de preuve pour établir plus tard qu'elles ont réclamé, dans le délai fixé par la loi. En ce cas, elles pourraient faire notifier leur demande par le ministère d'un huissier. L'affaire une fois introduite est instruite dans les bureaux du ministère et ordinairement le dossier est renvoyé au préfet, pour avoir son avis. Mais cette marche n'a rien d'obligatoire, et si le ministre se trouvait éclairé, il pourrait statuer *de plano*. Il n'y aurait excès de pouvoir qu'autant qu'il aurait négligé de suivre une formalité prescrite par la loi ou les règlements.

Si la demande formée devant le ministre intéressait une partie telle qu'une commune ou un entrepreneur, le ministre ferait communiquer la pétition à l'intéressé. Cette notification peut être faite en la forme administrative, c'est-à-dire au moyen d'une simple lettre portée par un agent de l'administration. Le défaut de communication produirait de graves conséquences; la décision en effet serait, à l'égard du tiers non averti, *res inter alios acta* ou *judicata*, et le tiers à qui on l'opposerait pourrait la repousser par exception; il aurait également le droit, pour éviter une exécution qu'il jugerait lui être préjudiciable, de se pourvoir par tierce opposition, *pendant trente ans:* car aucun délai, à peine de déchéance, ne peut être établi par voie d'interprétation, et d'ailleurs nous verrons que la tierce opposition devant le conseil d'État n'a été enfermée dans aucun délai spécial par le décret du 22 juillet 1806. Ainsi l'analogie corrobore l'application des principes généraux. Si elle a été appelée, la partie intéressée pourra donc interjeter appel au conseil d'État, dans les trois mois à partir de la notification; sinon, elle aura le droit de former tierce opposition, et je n'hésite pas à décider que la décision qui interviendra sur la tierce opposition pourra, comme toutes celles que rendent les ministres en matière contentieuse, être déférée au conseil d'État. Quant à la forme de la tierce opposition, elle est la même que celle de toutes les demandes adressées au ministre.

Tous ces développements dictés par le bon sens s'appliquent aux préfets, aux sous-préfets et aux maires. Il y a lieu seulement de faire observer que pour ces derniers, il existe une voie de recours qu'on n'a pas contre les actes des ministres. C'est la demande en annulation adressée au supérieur hiérarchique.

Les décisions des ministres, préfets, sous-préfets et maires, en matière contentieuse, ont l'autorité de la chose jugée, quand toutes les voies de recours sont épuisées. Pour celui qui a obtenu gain de cause, elles constituent, par conséquent, un droit désormais incontestable.

Devant les conseils de préfecture, les demandes sont formées par une pétition adressée au préfet, comme président du conseil de préfecture; il n'y aurait du reste pas d'irrégularité si la pétition portait en tête qu'elle est adressée à MM. les *membres du conseil de préfecture de tel département*. La demande est enregistrée au secrétariat de la préfecture, et ensuite renvoyée aux bureaux où elle est instruite, avant d'être adressée au conseil. Si la partie avait intérêt à prouver qu'elle a réclamé avant l'expiration d'un certain délai, elle se ferait délivrer un récépissé du secrétaire général; en cas de refus par ce dernier, elle ferait bien de faire notifier sa demande à la préfecture, par le ministère d'un huissier. Ainsi, en matière de contributions directes, la *décharge* et la *réduction* doivent être demandées dans le délai de trois mois, à partir de la publication des rôles, qui est faite, tous les ans, dans chaque commune. On conçoit qu'en pareil cas, il puisse y avoir intérêt à bien établir qu'on s'est pourvu à temps. — La pétition doit être écrite sur papier timbré, même quand elle n'est pas notifiée par huissier; cependant, par exception en matière de contributions directes, les demandes en décharge ou réduction en sont dispensées, quand il s'agit de cotes au-dessous de 30 fr. — Les réclamations, en matière électorale, sont toujours dispensées du timbre (1).

(1) Le conseil d'État rejette comme irrecevables les demandes sur papier libre, par cette raison que la demande *est irrégulière en la forme*. Il aurait été, à notre avis, plus conforme aux principes et à la loi sur le timbre d'appliquer l'amende, qui est la peine normale de l'infraction aux lois sur le timbre. Mais la jurisprudence est solidement établie en ce sens.

Celui qui plaide contre l'administration n'a pas d'autre formalité à remplir pour introduire régulièrement la demande ; le fait seul de la réclamation adressée au préfet, c'est-à-dire au représentant général de l'administration, est un avertissement suffisant. Mais celui qui aurait pour adversaire un particulier ou même une commune, ou tout autre établissement public, devrait lui faire une notification directe (1).

Le conseil de préfecture, une fois saisi, peut ordonner, par des décisions préparatoires ou interlocutoires, toutes les mesures propres à éclairer la conscience de ses membres : une enquête, une expertise, une vérification des lieux, un interrogatoire sur faits et articles, l'avis des administrateurs les plus rapprochés des lieux.

Devant les tribunaux, on distingue l'enquête sommaire et l'enquête ordinaire; la première, plus brève, moins coûteuse, serait mieux accommodée à la nature presque toujours urgente des affaires administratives. Mais il y a une espèce d'enquête plus rapide encore que l'enquête sommaire, et c'est celle qui est faite par les juges de paix; non-seulement elle se fait plus brièvement, mais encore les nullités et déchéances n'y occupent que très-peu de place et, à ce titre encore, cette espèce d'enquête conviendrait mieux aux affaires administratives.

L'expertise est le mode d'instruction le plus employé par les conseils de préfecture. Il y a d'abord certaines lois qui ont prescrit l'expertise, en déterminant des formes à suivre. Ainsi, lorsqu'il s'agit de fixer l'indemnité due pour occupation de terrains, dans les cas prévus par la loi du 16 septembre 1807, l'art. 56 de cette loi dispose que l'estimation sera faite par trois experts, l'un nommé par le propriétaire et l'autre par le préfet. Quant au tiers expert, c'est de droit l'ingénieur en chef du département. Les travaux publics sont-ils entrepris par la commune, au lieu de l'être par l'État? un expert est nommé par le propriétaire; un autre par le maire et le tiers expert par le préfet.

Cette disposition tout à fait spéciale ne lie pas le conseil de préfecture, dans les autres matières ; il pourrait donc ne nommer qu'un expert au lieu de trois et cela, même quand les parties n'y consentiraient pas. Les experts nommés par le conseil de préfecture feront bien de suivre les formalités prescrites au titre correspondant du Code de procédure ; mais leur inobservation n'entraînerait pas la nullité de l'expertise. Il en est une cependant que la jurisprudence

---

(1) Ordonnances des 11 juillet 1845 et 26 novembre 1839.

considère comme substantielle : c'est la *prestation du serment* (1). Cette règle est d'ailleurs applicable à toutes espèces d'expertises administratives, à celles qui sont obligatoires, comme à celles qui sont facultatives. Mais, pour les premières, se présente la question de savoir si l'ingénieur en chef est, comme tiers expert, dans le cas prévu par l'art. 56 de la loi du 16 septembre 1807, obligé de prêter un serment spécial, ou si le serment général qu'il a prêté de bien remplir ses fonctions ne s'applique pas à un acte qu'il fait, non en vertu d'un choix exprès, mais par suite de l'exercice de ses fonctions? — La jurisprudence décide avec raison qu'en ce cas, il n'est pas tenu de prêter un serment spécial (2). Mais il en serait autrement lorsque les travaux sont faits par une commune, si le préfet désignait l'ingénieur en chef comme tiers expert, parce qu'alors l'ingénieur ne procéderait pas en vertu de la fonction pour laquelle il a prêté serment (3). Le tiers expert n'est du reste pas, en matière administrative, obligé de se rattacher à l'un des avis émis par les experts, et il a le droit d'émettre une troisième opinion sans que pour cela l'expertise puisse être arguée de nullité (4).

L'expertise est également obligatoire pour les contributions directes, en ce sens que si la partie la demande, elle ne peut pas lui être refusée; en ce cas, on ne nomme que deux experts, dont l'un est choisi par le sous-préfet et l'autre par le réclamant (5).

L'art. 17 de la loi du 21 mai 1836 a aussi modifié la nomination des experts, lorsqu'il s'agit de fixer l'indemnité due pour terrains occupés temporairement, extraction de matériaux, dépôts ou enlèvements de terre, nécessités par la construction de chemins vicinaux. L'un des experts est nommé par le propriétaire, l'autre par le sous-préfet et, en cas de discord, le tiers expert est nommé par le conseil de préfecture. Rien n'est plus propre que cette diversité arbitraire à démontrer combien serait désirable une codification qui introduirait un peu d'unité dans le désordre de dispositions faites successivement.

Pour les contraventions de grande voirie, il existe un moyen spécial d'instruction ; ce sont les procès-verbaux des agents auxquels les lois ont donné compétence à cet effet (6). Ces procès-verbaux ne

---

(1) Ordonnances des 13 août 1824, 13 octobre 1828, 31 août 1849, 26 mars 1850 et 1er juin 1850.

(2) Décret du 8 décembre 1853.

(3) Décret du 21 juin 1854.

(4) Décrets des 31 mai 1855 et 17 avril 1856.

(5) Arrêté du 24 floréal an VIII.

(6) Lois du 27 floréal an X et du 23 mars 1842.

font pas foi jusqu'à inscription de faux, mais seulement jusqu'à preuve contraire (1). Ils ne font preuve jusqu'à inscription de faux que lorsqu'ils ont été dressés par des agents auxquels la loi accorde formellement cette autorité.

Les parties ont le droit de remettre des mémoires par écrit; mais, si elles demandent à être entendues elles-mêmes, le conseil n'est pas tenu de les entendre. A plus forte raison n'est-il pas obligé d'admettre les avocats. L'audition des parties ou des avocats est purement facultative, et le refus que ferait le conseil de l'accorder ne peut, en aucune manière, influer sur la validité de la décision (2).

Ordinairement, les arrêtés des conseils de préfecture sont divisés en trois parties : 1° les *visa* où l'on relate, en les analysant, les principales pièces produites; cette partie équivaut à un exposé des faits et tient la place de ce que, dans la procédure ordinaire, on appelle les *qualités*; 2° les considérants ou les motifs; 3° le dispositif. — Cette division est-elle prescrite, à peine de nullité? — La jurisprudence administrative n'exige même pas que l'arrêté porte en lui-même la preuve qu'il a été rendu par trois membres, nombre indispensable pour constituer le Conseil. Si donc l'arrêté ne mentionnait que la présence de deux membres seulement, on pourrait prouver par des moyens de preuve extrinsèques que le troisième membre y a concouru (3) ou que son remplacement a eu lieu, conformément à la loi. Ce qui est substantiel, c'est que l'arrêté soit *motivé* (4) et qu'il contienne la preuve que le Conseil a statué au contentieux. Si donc l'intitulé portait que le préfet, en conseil de préfecture, a statué, il y aurait nullité; car on pourrait croire que la décision a été prise par le préfet contre l'avis du Conseil, ce qui peut arriver, lorsque le préfet statue en conseil de préfecture (5).

---

(1) Art. 154 du Code d'instruction criminelle.

(2) Dans le projet élaboré par le conseil d'État en 1851, les séances des conseils de préfecture devaient être publiques, sauf pour deux espèces de demandes : 1° les réclamations en matière de contributions directes; 2° les comptes des receveurs municipaux. — La publicité des séances a été expérimentée dans l'Isère; établie par M. de Gasparin, elle a été continuée sous ses successeurs, et elle a été toujours pratiquée de manière à faire disparaître tous les inconvénients qu'on pouvait redouter. Sur environ 3,500 affaires, il n'y en avait que 263 jugées sur plaidoirie. La distinction proposée par le conseil d'État était, au reste, très-raisonnable, et on peut en lire les motifs bien développés dans le rapport de M. Boulatignier.

Dans le même projet, le préfet n'avait pas le droit de prendre part aux délibérations du conseil de préfecture jugeant au contentieux.

(3) Décret du 2 août 1848.

(4) Ordonnance du 9 mai 1834.

(5) Ordonnance du 5 mai 1831.

Or si le préfet prononçait de cette manière sur une question contentieuse, il y aurait excès de pouvoir (1). Quant aux motifs, il est difficile de poser une règle générale qui permette de reconnaître dans quels cas ils seront suffisants et dans quels autres ils ne le seront pas. C'est une question de fait que le conseil d'État appréciera, suivant les circonstances (2); le principe est que l'arrêté doit être motivé et que les motifs doivent être *sérieux*. On a, par exemple, considéré comme illusoires les motifs d'un arrêté qui, sur une demande de vingt-sept chefs, formée par des entrepreneurs de travaux publics, allouait aux demandeurs une somme de 5,000 francs, « Considérant que la majeure partie des pertes était due à l'inhabileté des entrepreneurs, mais que néanmoins il en était quelques-unes dont ils n'avaient pu se garantir (3). » Passons à la procédure devant les juges du second degré.

Nous avons vu que des maires aux préfets et de ceux-ci aux ministres, il n'y avait pas de délai pour l'appel, et que le pourvoi était recevable tant que la demande l'était elle-même, au fond. Mais devant le conseil d'État, il faut, à peine de déchéance, qu'il soit formé dans les trois mois à partir de la *notification* de l'arrêté attaqué.

Comme la notification ne fait courir le délai de l'appel qu'en raison de la connaissance qu'elle donne à la partie intéressée, la jurisprudence a plusieurs fois considéré, comme équivalant à notification, des faits impliquant que la partie avait connu l'arrêté, et le conseil d'État a rejeté, comme tardifs, des pourvois formés plus de trois mois après la connaissance acquise (4). Il est évident qu'une telle doctrine

---

(1) Ordonnance du 23 janvier 1837.

(2) Ordonnances des 19 janvier 1832, 5 décembre 1837, et décret du 10 mai 1851.

(3) Cet exemple rappelle celui que cite Boitard dans son *Cours de procédure* : « *Attendu*, disait un conseil de révision de la garde nationale, *que la décision des premiers juges n'a pas le sens commun.* »

(4) Il est difficile d'établir quelle a été la théorie que le conseil d'État a prise pour guide dans la solution des espèces qui lui ont été soumises. Le conseil d'État avait jugé à plusieurs reprises que la connaissance qui résultait d'une délibération d'un conseil municipal équivalait à la notification faite au maire de la commune (décrets des 29 mars et 21 juin 1851); mais dans un décret du 1er décembre 1852 (*ville de Mulhouse*), il a décidé que le délai de trois mois avait commencé à courir, non à partir de la délibération du conseil mais seulement du jour de la notification. Plus tard le conseil d'État a jugé que le délai courait du jour où la partie qui se pourvoit avait pris connaissance de la décision attaquée, demandé et obtenu un sursis (19 novembre 1855), ou du jour de la communication faite à la partie, dans les bureaux du ministère (24 janvier 1856). Un décret du 23 novembre 1854 a décidé que la connaissance acquise équivalant à notification résultait suffisamment de l'assignation donnée devant le tribunal civil, en exécution d'un arrêté du conseil de préfecture et de la notification du jugement rendu sur cette assignation, « ledit jugement contenant, dans l'exposé des faits et dans les motifs, l'indication répétée de la date et des dispositions de l'arrêté attaqué »

devait conduire le conseil d'État à décider que la notification de l'arrêté faisait courir les délais de l'appel contre la partie qui notifiait; car après un tel acte, elle ne pourrait pas prétendre ignorer l'existence de l'arrêté (1). — Toutes les difficultés auxquelles a donné lieu la théorie de la *connaissance acquise équivalant à notification* sont venues, non de la loi, mais de ce qu'on a voulu s'écarter de ses dispositions. L'art. 11 du décret du 22 juillet 1806 avait en effet résolu la question, en disant: « Le recours ne sera pas recevable après trois mois, à partir du jour *où la décision aura été notifiée.* » Ces termes, aussi positifs que ceux dont se sert le Code de procédure, excluaient toute incertitude (2).

De ce que l'appel n'est plus recevable, *après le délai de trois mois*, il faut conclure que le jour de l'échéance ou *dies ad quem* doit être compté dans le délai et que le pourvoi serait tardif s'il n'était fait que le jour qui suit l'échéance. Mais le jour de la notification n'est pas compris dans le délai, par application de la maxime consacrée par l'art. 1033 du Code de procédure civile : *Dies termini non computantur in termino.* Si cette règle n'est pas applicable au jour de l'échéance, c'est qu'il y est dérogé, en ce point par l'art. 11 du décret du 22 juillet 1806 (3).

L'appel peut être interjeté contre les arrêtés interlocutoires ou définitifs; mais la partie a la faculté d'attendre l'arrêté définitif, avant de se pourvoir contre l'arrêté interlocutoire et joindre les deux arrêtés dans le même pourvoi. Quant aux arrêtés préparatoires qui ne préjugent pas le fond, ils ne peuvent pas être l'objet d'un pourvoi spécial, et les parties doivent attendre l'arrêté définitif; la raison en est qu'elles peuvent éprouver quelque préjudice d'un arrêté interlocutoire qui préjuge le fond, tandis qu'un arrêté préparatoire ne leur cause aucun dommage. L'appel n'est pas suspensif, en matière administrative, comme il l'est devant les tribunaux ordinaires; la raison en est que toutes les affaires administratives sont présumées urgentes, et c'est pour cela qu'en principe, la loi accorde l'exécution provisoire. La partie qui voudrait empêcher l'exécution devrait en faire la demande à la section du contentieux, qui a le pouvoir de la suspendre par un avant faire droit.

---

(1) Ordonnances des 14 décembre 1836 et 15 juillet 1842.

(2) V. une note de M. Lebon, dans le *Recueil des arrêts*, année 1851, aff. *Costes*. Jusqu'en 1839, la jurisprudence du conseil avait exigé la *notification*. — V. art. 443 du Code de procédure civile.

(3) V. deux décrets, en date du 23 novembre 1850. — C'est ainsi qu'en matière de droit commun, on compte le jour de l'échéance toutes les fois que le législateur a dit qu'un acte devrait être fait *dans* le délai de trois mois, ou qu'un acte ne serait plus recevable *après* le délai de trois mois.

Au conseil d'État, la demande est introduite par une requête signé d'un avocat au conseil et à la Cour de cassation. Cette règle générale admet deux exceptions; car il y a des affaires qui sont dispensées du ministère des avocats, en raison de leur nature, et d'autres à cause de la qualité des parties. Sont exceptées, *en raison de leur nature*, les réclamations en matière de contributions directes, de police du roulage et d'élections. Sont exceptées à cause de la *qualité des parties*, les pourvois formés par les représentants de l'administration, c'est-à-dire ordinairement les ministres agissant en cette qualité. Les réclamations relatives aux contributions et aux élections sont introduites par une requête signée de la partie et adressée au président du conseil d'État soit directement, soit par l'intermédiaire du préfet; mais, dans les deux cas, il faut qu'elle soit parvenue au conseil d'État, avant l'expiration des trois mois. En matière de police du roulage, une disposition expresse de la loi du 30 mai 1851 porte qu'il suffit que la remise du mémoire soit faite au secrétariat de la préfecture, avant l'expiration des trois mois, quand même elle ne parviendrait que postérieurement au conseil d'État. Quant aux pourvois formés par les ministres, ils résultent de l'envoi au président du conseil d'État d'un *rapport sur l'affaire*. — La requête introductive est enregistrée au secrétariat de la section du contentieux. D'après la loi, cette requête devrait contenir l'exposé des faits, les noms, qualités et demeure des parties, les moyens et les conclusions. Mais comme les parties ne se décident guère à se pourvoir qu'au dernier moment, et qu'il serait difficile, dans le peu de temps qui reste, de réunir tous les éléments d'une discussion complète, l'usage s'est introduit de déposer une *requête provisoire* qui arrête la déchéance et de compléter l'énonciation sommaire des conclusions qu'elle renferme, par une *requête ampliative* qui ordinairement est déposée dans la quinzaine. Cet usage n'est pas en harmonie avec le texte de la loi; mais introduit par les besoins de la pratique, il n'a pas cessé d'être toléré.

Le président de la section désigne un rapporteur sur le rapport duquel la section du contentieux ordonne la communication à la partie adverse; cette *ordonnance de soit communiqué* est accordée dans toutes les affaires et, depuis qu'elle n'est plus qu'une simple formalité, elle ressemble à un circuit inutile pour appeler l'adversaire devant le conseil d'État.

Il n'est pas rendu d'*ordonnance de soit communiqué* pour les pourvois formés par les particuliers contre les ministres; ces derniers sont considérés comme suffisamment avertis par le dépôt du pourvoi au conseil, et la communication au ministre compétent est faite administrativement; en d'autres termes, l'envoi des pièces a lieu dans la forme ordinaire des relations entre les présidents des sections du conseil d'État et les divers ministères.

Au contraire, quand il s'agit de communiquer à une partie adverse autre que le ministre, il n'y a pas d'autre voie à prendre que de faire notifier *l'ordonnance de soit communiqué*. Le demandeur a trois mois, sous peine de déchéance, pour faire signifier l'ordonnance, et ce délai court à partir du moment où elle a été rendue. Le défendeur a, pour notifier la requête en défense, les délais suivants : quinzaine s'il est domicilié à Paris ou dans un rayon de cinq myriamètres; un mois, s'il demeure à une distance plus éloignée, dans le ressort de la Cour impériale de Paris ou dans les ressorts des Cours d'Orléans, Rouen, Amiens, Douai, Nancy, Metz, Dijon et Bourges; deux mois, pour les autres Cours. Enfin, pour les colonies, c'est à la section qu'il appartient de fixer le délai, et il l'est par l'*ordonnance de soit communiqué*. Tels sont les délais réguliers; mais, s'il y avait urgence, le président de la section pourrait fixer des délais plus courts dans lesquels le défendeur serait tenu de produire sa requête en défense. Dans la quinzaine, après les défenses fournies, le demandeur est autorisé à notifier une nouvelle requête à laquelle le défendeur peut répondre dans la quinzaine suivante. On voit par là que les parties ont le droit de signifier deux requêtes chacune et la loi déclare formellement qu'il n'en doit pas être fait un plus grand nombre; nous rappellerons seulement que, d'après l'usage reçu, le demandeur en peut donner trois : 1° La requête provisoire; 2° la requête ampliative; 3° la requête en réponse aux défenses. — Si c'est un ministre, au nom de l'État, qui est demandeur, la notification de l'*ordonnance de soit communiqué* se fait en la forme administrative; mais, dans tout autre cas, même quand l'affaire intéresse un département ou une commune, il faut employer le ministère des huissiers. Pour les parties domiciliées à Paris, les huissiers au conseil d'État doivent être employés comme ils le sont nécessairement pour les notifications d'avocat à avocat; celles qui ne sont pas domicilées à Paris, peuvent s'adresser à un huissier des lieux.

L'affaire est l'objet d'un premier examen, à huis clos, dans la section du contentieux. Un projet de décret conforme à l'avis adopté par la majorité de la section est rédigé par le rapporteur et c'est sur cette rédaction que doit s'ouvrir la discussion après la séance publique. Toutes les affaires ne sont cependant pas l'objet d'un débat public; on ne porte à l'audience, d'après l'art. 21 du décret organique, que les affaires où il y a eu constitution d'avocat et, parmi celles qui ont été formées directement par les parties, les affaires dont le renvoi à l'audience est demandé par l'un des conseillers d'État de la section ou par le commissaire du gouvernement.

L'assemblée du conseil d'État délibérant au contentieux se compose : 1° De la section du contentieux; 2° de dix membres adjoints, pris dans les autres sections, à raison de deux par chacune; en tout seize conseillers; le nombre des maîtres des requêtes attachés à la section du contentieux est de sept et celui des auditeurs de cinq. Trois maîtres des requêtes sont désignés pour remplir les fonctions de commissaires du gouvernement et on les choisit indistinctement parmi les maîtres de première ou de deuxième classe (1). L'assemblée ne peut délibérer qu'autant qu'il y a onze conseillers présents et on ne doit pas compter ceux qui font partie de la section administrative par laquelle a été préparée la décision attaquée. L'assemblée du conseil, délibérant au contentieux, est ordinairement présidée par le président de la section; mais le président du conseil d'État a aussi le droit de venir la présider, quand il le juge à propos (2) et, en cas de partage, la voix prépondérante appartient à celui qui préside. Les affaires sont portées à l'audience, d'après un rôle qui est proposé par le commissaire du gouvernement et arrêté par le président de la section. Un ordre du jour imprimé est distribué d'avance aux membres de l'assemblée du conseil délibérant aux maîtres des requêtes, aux auditeurs et aux avocats dont les affaires seront discutées. — Les avocats obtiennent, quatre jours à l'avance, communication des questions qui sont posées par le rapport.

C'est par la lecture du rapport que commence l'examen de l'affaire, en audience publique; ce rapport est fait par écrit et ne doit contenir aucune indication qui puisse faire pressentir quels sont l'opinion du rapporteur ou l'avis de la section. Le rapporteur se borne à exposer les faits et à poser les questions qui en résultent. — L'avocat est ensuite admis à présenter des *observations orales* et enfin le commissaire du gouvernement donne ses conclusions. Le président déclare qu'il en sera délibéré et la délibération est renvoyée à la chambre du conseil; ordinairement on ne délibère pas après chaque affaire et c'est à la fin de la séance qu'on reprend les affaires qui ont été plaidées.

La délibération s'ouvre sur le projet de décret préparé conformément à l'avis de la section; la rédaction définitive qui sera présentée à la signature de l'empereur est arrêtée par la majorité des

(1) Décret du 28 janvier 1852.

(2) D'après la loi du 3 mars 1849, le vice-président de la République, qui était de droit président du conseil d'État, pouvait présider toutes les sections, hormis celle du contentieux. (Art. 56.)

membres qui concourent à cette seconde délibération. L'empereur a le droit non-seulement de refuser sa signature, mais encore de rendre un décret différent; car il est le juge du contentieux et le conseil d'État ne fait que donner un avis formulé dans un projet de décret. Mais la loi accorde aux parties cette garantie qu'elle exige l'insertion au *Moniteur* et au *Bulletin des lois* des décrets rendus contrairement aux propositions de la section (1). Les décrets se composent de trois parties que nous avons déjà distinguées dans les arrêtés des conseils de préfecture, les visa, les considérants et le dispositif. Le procès-verbal dressé par le secrétaire de la section doit énoncer qu'on a rempli les formalités prévues par les art. 17 à 24 de la loi du 26 janvier 1852. Si elles n'avaient pas été remplies ou, ce qui serait la même chose, si la mention n'en était pas faite au procès-verbal, il y aurait ouverture au recours en révision dont nous parlerons bientôt (2). Lorsque l'affaire a été portée à l'audience publique, le décret renferme la mention qu'il a été rendu : « *Le conseil d'État au contentieux entendu.....* » Si l'affaire a seulement été examinée en section, le décret porte : « *La section du contentieux entendue* » ou le « *conseil d'État* (*section du contentieux*) *entendu* (3). »

Les voies de recours ouvertes contre les décrets rendus au contentieux sont *l'opposition*, *la tierce opposition* et *la révision*. L'opposition peut être formée par toute partie défaillante, dans le délai de trois mois, à partir de la notification du décret rendu par défaut; l'opposition n'est pas suspensive. Lorsque la section est d'avis que l'opposition doit être admise, rapport en est fait à l'assemblée du conseil délibérant au contentieux qui remet, s'il y a lieu, les parties dans le même état où elles étaient avant le décret attaqué. Les règles du *profit-joint* ne sont pas applicables, devant le conseil d'État, aux parties dont les unes comparaissent et dont les autres font défaut; car aux termes de l'art. 21 du décret du 22 juillet 1806, « l'opposition d'une partie défaillante à une décision rendue contradictoirement avec une autre partie, ayant le même intérêt, ne sera pas recevable. »

La tierce opposition est accordée à toute personne qui, n'ayant pas été appelée dans l'instance, a intérêt à empêcher l'exécution du décret. La loi n'ayant fixé aucun délai, la tierce opposition est recevable pendant trente ans. Elle est formée par une requête signée d'un

(1) En fait, les propositions du conseil d'État sont toujours adoptées. On cite deux exemples. (V. Dufour, t. II, p. 309.

(2) Art. 20 du règlement du 28 janvier 18[illegible].

(3) Art. 21 du même règlement

avocat et déposée au secrétariat, et il est ensuite procédé conformément aux règles ordinaires.

La révision est une sorte de requête civile applicable aux matières administratives; mais elle est ouverte dans des cas moins nombreux que la requête civile du droit commun; ces cas sont au nombre de trois : 1° lorsque la décision a été rendue sur pièces fausses; 2° lorsqu'une partie a été condamnée faute de représenter une pièce qui était retenue par son adversaire; 3° lorsque le procès-verbal n'énonce pas qu'on s'est conformé aux dispositions des art. 17 à 24 de la loi organique du 26 janvier 1852 (1). Le délai pour se pourvoir en révision est de trois mois qui datent, dans le premier cas, du jour de la notification de la décision. Quant à la procédure à suivre, elle est la même qu'en cas d'opposition à un décret par défaut. Ainsi la section étant d'avis d'admettre la requête en révision, rapport en est fait à l'assemblée du conseil au contentieux qui, s'il y a lieu, remet les parties dans l'état où elles étaient avant le décret attaqué. C'est ce qu'on appelle *le rescindant*, dans la procédure civile. La décision qui admet la requête doit être signifiée à l'avocat de l'adversaire; mais s'il s'était écoulé plus d'une année depuis le décret attaqué, c'est à la partie elle-même qu'il faudrait faire la notification. La loi présume qu'apres un tel délai, les relations entre l'avocat et le client ont cessé, et que ce serait un moyen inefficace d'avertir la partie que de signifier à son avocat. Le conseil statue ensuite au fond, et c'est cette décision qui correspond à ce que, dans la procédure civile, on appelle *le rescisoire*. Lorsqu'un décret a été l'objet d'un premier recours en révision, les parties n'ont pas le droit d'en demander une seconde, même fondée sur une autre cause.

C'est un principe de justice que toute partie qui succombe doit être condamnée aux dépens. Aussi, quoique le règlement du 22 juillet 1806 ne s'occupe que de la liquidation, le conseil d'État condamne aux dépens les parties qui succombent. D'après la loi du 3 mars 1849, art. 42, « étaient applicables à la section du contentieux l'art. 88 du Code de procédure sur la police des audiences et l'art. 130 relatif à la condamnation aux dépens. » Tant que cette loi a été en vigueur, le conseil d'État a condamné aux dépens les parties qui succombaient, même les ministres agissant au nom de l'État. La loi nouvelle du 26 janvier 1852 a abrogé la loi du 3 mars 1849, et le règlement du 28 janvier 1852, art. 19, n'a déclaré applicable à la section du contentieux que l'art. 88 sur la

(1) Les deux premiers ont été prévus par l'art. 32 du décret réglementaire du 22 juill. 1806, et le troisième par l'art. 20 du règlement du 28 janvier 1852.

police des audiences; il a gardé le silence en ce qui concerne l'art. 130 relatif à la condamnation aux dépens. Le conseil d'État a vu, dans ce retranchement, la confirmation de la jurisprudence qui, avant la loi de 1849, ne condamnait jamais aux dépens l'État qui succombait. — Les raisons de cette doctrine consistent en ce que : 1° l'État plaide sans frais, puisqu'il est dispensé d'employer le ministère des avocats au conseil d'État et que ce serait lui faire perdre le bénéfice de ce privilége que de le condamner aux dépens faits par l'adversaire; 2° le texte de l'art. 130 n'est pas applicable aux ministres; car l'art. 130 condamne aux dépens la *partie qui succombe*; or le ministre n'est pas une partie, puisque, même quand il agit au contentieux, il fait acte d'administrateur (1).

COUR DES COMPTES.

La Cour des comptes est composée d'un premier président, de trois présidents de chambre, de dix-huit conseillers maîtres, de conseillers référendaires, divisés en deux classes, dont la première est de dix-huit et la seconde de soixante-deux, en tout quatre-

(1) Cette doctrine a été réfutée par M. Reverchon, alors maître des requêtes, dans ses conclusions sur l'affaire *Niocel*, jugée contrairement à son avis sur ce point, par décret du 27 février 1852. Ces conclusions ont été analysées dans le recueil de Lebon, volume de 1852, p. 13. — Voici en substance la réponse que fit le commissaire du Gouvernement à ces deux arguments. Sur le premier point, après avoir reconnu que la partie adverse de l'État ne pourrait pas être condamnée aux dépens envers l'État, qui n'est pas obligé d'en faire, il ajoutait : « Mais si l'État n'a pas souffert de la résistance ou des prétentions mal fondées d'une partie, il est tout simple que cette partie n'ait pas à répondre du dommage qu'elle n'a pas causé; il ne suit nullement de là que, dans le cas inverse, l'État ne doive pas cette réparation. » — Sur le second argument, il disait : « Si la différence réelle qui existe entre l'État et une partie proprement dite devait faire affranchir l'État des dépens, cela ne serait pas moins vrai devant les tribunaux que devant la juridiction administrative. A l'exception des matières domaniales, l'État devant les tribunaux n'est pas une partie; il y représente les droits de la puissance publique, tout aussi pleinement, tout aussi exclusivement que devant le conseil d'État. »

M. Lebon rapporte qu'il fit à M. Reverchon l'objection tirée de la différence de rédaction entre la loi du 3 mars 1849, art. 42, et le règlement du 30 janvier 1852, art. 19. — M. Lebon demandait s'il ne fallait pas voir dans cette différence l'intention d'abroger le renvoi à l'art. 130 du Code de procédure, qui venait d'être pratiqué pendant trois années? M. Reverchon dit que si l'objection avait été faite, il aurait répondu que la loi du 26 janvier 1852 n'avait eu pour objet que d'abroger, d'une manière générale, le système établi par la loi du 3 mars 1849, et de restaurer celui qu'avait établi la loi de 1845; par conséquent, la question peut être posée et discutée, comme elle l'aurait été sous la loi de 1845. C'est ce qui résulte du texte de la loi nouvelle, et on ne peut juger que d'après le texte, puisque ce décret n'a été précédé d'aucun exposé de motifs ni d'aucun rapport.

vingts (1). Un décret récent a créé des auditeurs dont le nombre est de vingt (2). Le premier président distribue les conseillers maîtres entre les trois chambres de la Cour et préside chaque chambre, toutes les fois qu'il le juge convenable. Quant aux référendaires, ils ne sont attachés à aucune chambre, et ils rapportent auprès de toutes les trois, les affaires qui leur sont distribuées par le premier président. La voix délibérative appartient exclusivement aux conseillers maîtres, et les référendaires ne l'ont même pas dans les affaires dont le rapport leur est confié. Chose digne de remarque! Dans l'ancienne chambre des comptes, les auditeurs ou clercs du roi avaient voix délibérative sur les objets de leurs rapports et, malgré ce précédent, la loi nouvelle a refusé la voix délibérative au membre qui connaît le mieux l'affaire.

Les premier président, présidents et conseillers maîtres ou référendaires sont inamovibles; mais il existe auprès de la Cour des comptes deux fonctionnaires révocables, un procureur général et un greffier. Le procureur général n'a relativement à la police de la Cour et à la surveillance du service, que le droit d'adresser des réquisitoires au premier président à qui appartient l'action et la décision. Il fait dresser un état de tous ceux qui doivent présenter leurs comptes à la Cour, et lorsqu'un comptable n'a pas produit le sien dans le délai fixé par les lois et règlements, il a le droit de requérir contre lui l'application des mesures disciplinaires.

Le procureur général a la faculté de prendre communication de tous les comptes, quand il le juge nécessaire. Mais il y a certaines affaires qui *doivent être communiquées* au ministère public. Ce sont : 1° toutes les demandes en mainlevée, radiation ou translation d'hypothèques prises sur les biens des comptables, pour garantir la fidélité de leur gestion ; 2° les demandes en révision formées contre les arrêts de la Cour des comptes; 3° le procureur général doit être appelé et entendu toutes les fois qu'un référendaire élève contre un comptable une prévention de faux.

Enfin le procureur général doit adresser au ministre des finances les expéditions des arrêts de la Cour, et correspondre avec tous les ministres pour les renseignements dont ils pourraient avoir besoin

(1) Le gouvernement provisoire avait, par décret du 2 mai 1848, réduit le nombre des conseillers maitres de 18 à 12, celui des référendaires de première classe de 18 à 15, et ceux de deuxième classe de 62 à 55. Un décret du 15 janvier 1852 a abrogé purement et simplement le décret du 2 mai 1848. En même temps, il a institué une chambre temporaire, à l'effet de vider l'arriéré que les suppressions de personnel faites en 1848 avaient laissé accumuler pour l'examen des comptes des établissements communaux.

(2) Décret du 23 octobre 1856.

relativement à l'exécution des arrêts, mainlevée, radiations ou restrictions de séquestres, saisies-oppositions ou inscriptions hypothécaires et remboursements d'avances.

La Cour des comptes, dont la juridiction s'étend sur tout le territoire de la France, comme celle du conseil d'État et de la Cour de cassation, est quelquefois juge d'appel et ordinairement juge unique en premier et dernier ressort. Des dispositions expresses veulent que les comptes des receveurs municipaux soient examinés, en première instance, par les conseils de préfecture, sauf appel à la Cour, lorsque les revenus de la commune, de l'hospice ou établissement de bienfaisance ne dépassent pas 30,000 fr. A part cette exception, les comptes sont directement présentés à la Cour des comptes qui les juge souverainement. En cas d'erreur, le comptable lésé doit se pourvoir devant la Cour elle-même, en révision de son compte. La loi a tellement reconnu, en cette matière, la vérité de la maxime vulgaire, *erreur n'est pas compte*, qu'elle n'a fixé aucun délai pour former cette demande en rectification. Après s'être montrée sévère envers les comptables, pour empêcher toute malversation, elle a voulu éviter d'être injuste, en créant des déchéances au profit du trésor contre ceux qui servent l'État.

Une autre voie de recours est ouverte aux parties devant le conseil d'État délibérant au contentieux; mais on n'en peut faire usage que pour *excès de pouvoir*, *incompétence ou violation de la loi*. Le conseil d'État joue donc, à l'égard de la Cour des comptes, le rôle que la Cour de cassation remplit à l'égard des Cours impériales et autres tribunaux statuant en dernier ressort. Comme la Cour de cassation, il doit rester étranger à la connaissance du fond et, s'il casse, le compte revient à la Cour des comptes où la seconde vérification est faite par une autre chambre que celle dont l'arrêt a été annulé.

Quels sont les comptables qui rentrent dans les attributions de la Cour? — Ceux-là seulement qui ont le *maniement* des deniers publics ou la garde des *matières de consommation ou transformation* qui entrent dans les magasins de l'État ou qui en sortent. Les fonctionnaires qui ne doivent que des comptes d'administration tels que les ministres, les préfets, les maires ne sont pas justiciables de la Cour des comptes; il faut pour cela être chargé, à un titre quelconque, ou d'opérer une recette comme les receveurs des finances de toute espèce, ou d'acquitter une dépense, comme le payeur central et les payeurs des départements. Du reste, pour être comptable de deniers publics, il n'est pas nécessaire de les avoir maniés, en vertu d'un titre régulier, et il suffit qu'en fait on se soit, même par erreur et avec les plus louables intentions, immiscé dans la gestion de la fortune publique. Souvent on a sévèrement appliqué la qualité de comptable public à des maires adjoints, curés ou succursalistes qui avaient reçu ou employé des sommes provenant de libéralités privées, même quand il était certain que l'emploi avait eu lieu conformément aux intentions des donateurs. Le conseil d'État ne s'est même pas laissé fléchir dans une affaire où l'auteur de la libéralité était intervenu régulièrement au débat, pour couvrir de ses déclarations le desservant attaqué comme comptable de deniers publics.

En cas de comptabilité occulte, on ne doit pas s'attacher à l'importance des opérations, mais au chiffre des revenus de la commune, de l'hospice et de l'établissement de bienfaisance, pour savoir si la Cour est compétente en appel ou comme juge unique. Lors même que le maniement de deniers dépasserait 30,000 francs, il faudrait porter le compte au conseil de préfecture si le revenu municipal était au-dessous de 30,000 francs. Réciproquement, s'il était supérieur, il y aurait lieu d'aller directement à la Cour des comptes, quelle que fût l'exiguïté des sommes touchées par le comptable occulte.

Jusqu'en 1845, la compétence de la Cour des comptes ne s'appliquait qu'aux *deniers publics*, c'est-à-dire aux divers mouvements de fonds en numéraire. A partir du 1er janvier de cette année, elle a été étendue aux matières de *consommation* et de *transformation* qui entrent dans les magasins de l'État ou qui en sortent. C'est ce qu'on appelle les *comptes-matières*. Mais entre la manière dont la Cour statue sur les *comptes-matières* et celle dont elle statue sur les *comptes de deniers publics*, il y a une différence profonde. Dans le premier cas, elle se borne à faire une *déclaration* qui avertit le ministre, sans constituer le garde du magasin en débet. Faut-il conclure de là que le *contrôle extérieur* de la Cour des comptes est illusoire et n'ajoute rien au *contrôle intérieur* que chaque ministre peut exercer sur tous les agents de son service? Nullement, et cela pour deux raisons : 1° il pourrait arriver que l'irrégularité du *compte-matière* fût passée inaperçue dans les bureaux du ministère; 2° le simple examen, même sans pouvoir propre de décision, est une garantie efficace, parce que la crainte d'être vu suffit pour empêcher les mauvaises actions ou pour prévenir l'indulgence d'un ministre qui voudrait les couvrir (1).

(1) Le principe des *comptes-matières* a été posé par l'art. 14 de la loi du 6 juin 1843, et organisé par ordonnance royale du 26 août 1844. Ce système n'a été applicable qu'à partir du 1er janvier 1845.

En matière de comptes de deniers publics, au contraire, la Cour rend des *arrêts*. Si elle reconnaît que le comptable est *quitte*, elle le décharge; s'il est en débet, elle condamne à payer le reliquat. Mais qu'arrive-t-il dans le cas où elle reconnaît que le comptable est en *avance?* Elle constate le fait, mais cette déclaration ne suffit pas pour constituer l'État débiteur; la Cour qui avait statué par arrêt contre le comptable en débet ne peut plus faire qu'une déclaration au profit du comptable en avance. Le ministre aura donc, malgré la décision de la Cour, le droit d'opposer la déchéance aux comptables, dans les cas déterminés par la loi.

Quand elle examine les comptes des préposés à la recette, la Cour n'a que le droit de rechercher s'ils ont fait rentrer, dans le délai voulu, la totalité des rôles ou des états de produits qu'ils étaient chargés de percevoir. Là expire sa compétence. Ainsi, le ministre des finances est compétent pour statuer sur la responsabilité d'un receveur général des finances à l'occasion du déficit existant dans la caisse d'un percepteur. Cette décision est parfaitement en harmonie avec la nature des choses; car il ne s'agit point ici d'examiner si une recette a été faite ou a dû l'être, mais de savoir s'il y a lieu de déclarer un receveur général responsable de la négligence ou des malversations de son subordonné.

Pour les dépenses, la Cour n'a pas seulement à rechercher si elles ont été faites, mais encore si elles ont été acquittées valablement. Le payeur ne peut, sous peine d'engager sa responsabilité, payer que si les porteurs de mandats produisent les pièces justificatives *exigées par les lois et règlements*. Est-ce à dire pour cela que le payeur puisse tenir la marche de l'administration en échec et opposer un obstacle invincible aux actes que les dépositaires de l'autorité publique jugeraient nécessaire de prendre, dans l'intérêt général et sous leur propre responsabilité? D'après une disposition expresse de l'ordonnance sur la comptabilité, les comptables sont obligés d'acquitter même les mandats non accompagnés des pièces justificatives, lorsqu'ils sont requis par un *acte formel* de l'ordonnateur; celui-ci n'aura qu'à user de cette faculté lorsqu'il le croira nécessaire, et ainsi la responsabilité de l'ordonnateur sera seule engagée. Cette responsabilité est d'ailleurs purement administrative et ne tombe pas sous l'appréciation de la Cour des comptes, qui tiendra cette pièce pour régulière et déchargera le payeur. Quant à l'ordonnateur, il sera jugé par l'autorité à laquelle il doit rendre son compte d'administration et, suivant les circonstances, la dépense sera laissée à sa charge ou approuvée.

Chaque année, les ministres rendent compte de leur administration et de l'emploi qu'ils ont fait des crédits mis à leur disposition par la loi de finances. Ce compte a pour corrélatif les comptes individuels soumis à la Cour des comptes. Ceux-ci sont comme la contre-preuve de l'autre. La Cour est chargée d'examiner si la corrélation est exacte et, dans le cas où elle serait telle, de déclarer la *conformité*. D'un autre côté, le ministre des finances dresse un *compte général* qui résume à la fois les comptes des ministres ordonnateurs et les résultats des comptes individuels. Ce document est examiné par la Cour des comptes qui déclare, s'il y a lieu, en audience solennelle, la conformité des comptes individuels avec le compte général.

Un dernier moyen est accordé à la Cour pour l'accomplissement de sa mission de contrôle, c'est le rapport annuel au chef de l'État. La loi du 16 septembre 1807, art. 22 porte qu'au mois de janvier de chaque année, un comité particulier, formé de quatre commissaires et du premier président, sera chargée d'examiner les observations faites, pendant le cours de l'année précédente, par les conseillers référendaires. Le comité discute ces observations, écarte celles qu'il ne juge pas fondées, supplée celles qui auraient été négligées et en fait l'objet d'un rapport qui est remis par le président au chef de l'État. Ce rapport devait, d'après la loi organique, demeurer secret, mais depuis la loi du 13 avril 1832, il est imprimé et publié.

FIN DU PRÉCIS DE DROIT PUBLIC ET ADMINISTRATIF.

OBSERVATION.

Si ce précis a quelque valeur, c'est par l'ordre que j'ai établi entre les matières du droit administratif. Les ouvrages qui ont été publiés jusqu'à présent peuvent être divisés en deux catégories; la première comprend ceux dans lesquels les matières se succèdent par ordre alphabétique, sans lien logique entre elles et simplement juxtaposées par le hasard des initiales comme dans un dictionnaire. Cette absence de plan n'a même pas l'excuse de la facilité des recherches; car, sous ce rapport, il serait préférable de recourir à un dictionnaire d'administration où les mots sont plus nombreux et les matières, par conséquent, plus divisées et plus faciles à retrouver. Les ouvrages auxquels je fais allusion sont des réunions de monographies plutôt qu'ils ne sont des traités de droit administratif ou des dictionnaires d'administration; ce qui le prouve, c'est que les auteurs peuvent, sans inconvénient, en détacher des parties et les publier comme des ouvrages séparés (1).

Dans la seconde catégorie, se trouvent les écrivains appartenant presque tous à l'enseignement des facultés de droit, qui ont tenté d'établir un peu d'ordre entre des dispositions diverses par leur origine et par leur date. MM. Laferrière, Foucart, Chauveau, Cabantous, Trolley, Serrigny, ont présenté des synthèses de droit administratif qui sont toutes faites à des points de vue différents; celle que j'offre au public est aussi conduite d'après un plan qui ne ressemble à aucun des autres. Ce qui m'a déterminé à m'éloigner de modèles si dignes d'être imités, c'est que leur diversité m'a paru résulter de ce que tous avaient tiré leurs divisions de leur esprit plutôt que du sujet lui-même; j'ai donc cru qu'il était préférable, au lieu de suivre l'autorité même des esprits les plus distingués, de m'attacher à la nature des choses et de réunir les matières par leurs affinités essentielles. Il m'a paru, comme je l'ai dit dans le corps de cet ouvrage, qu'en matière administrative comme en matière civile, il y avait trois éléments irréductibles autour desquels on peut méthodiquement classer toutes les dispositions : 1° *les personnes* ou le *sujet du droit;* 2° les *choses* ou l'*objet du droit;* 3° les *manières d'acquérir;* là est, selon moi, le secret de l'unité qui se trouve au fond des lois administratives.

(1) Je prie les écrivains qui se reconnaîtraient dans cette allusion générale de croire que, sauf cette réserve relative au plan, je suis le premier à reconnaître le mérite de leurs travaux et spécialement les services que leurs ouvrages m'ont rendus.

Je m'attribuerais le bien d'autrui si je n'avertissais pas le lecteur que cette idée a été émise depuis longtemps et notamment en 1840, par M. Chauveau, mon professeur et ami, dans un discours où il indiquait les bases du *programme de droit administratif.* Pourquoi M. Chauveau, qui avait signalé le plan que j'ai exécuté pour la première fois, ne l'a-t-il pas suivi et a-t-il mieux aimé se borner à poser les *principes de compétence et de juridiction?* (1) Il avait laborieusement réuni les matériaux avec une exactitude à laquelle je suis heureux de rendre justice après M. Vivien (2); pourquoi donc n'a-t-il pas construit son édifice? Sans doute, l'étude de la compétence ne peut être faite qu'à la condition de grouper, autour de ses règles principales, des développements sur les matières administratives; mais autre chose est étudier un sujet principalement, autre chose est l'exposer, en toute hâte, à l'occasion d'une autre matière à laquelle on est pressé de revenir.

En somme, j'ai tenté de réaliser ce que d'autres avaient indiqué et je prie le lecteur de considérer que tout le mérite de ce précis, s'il en a un, consiste dans la table de matières suivante.

A. BATBIE.

---

(1) Un plan analogue a été suivi par M. Serrigny (*Traité de compétence et de juridiction*) et par M. Cabantous (*Répétitions écrites de droit public et administratif*). Cet ordre oblige, à chaque instant, à interrompre l'exposé de la compétence pour expliquer les matières administratives qui donnent lieu aux questions de compétence.

(2) *Etudes administratives*, tome Ier, page 114. (2e édition).

TABLE DU PRÉCIS DE DROIT PUBLIC ET ADMINISTRATIF.

DROIT PUBLIC.

DROIT ADMINISTRATIF.

FIN DE LA TABLE DU PRÉCIS DE DROIT PUBLIC ET ADMINISTRATIF.

Paris. — Imprimé par E. Thunot et Cie, 26, rue Racine.

www.ingramcontent.com/pod-product-compliance
Ingram Content Group UK Ltd.
Pitfield, Milton Keynes, MK11 3LW, UK
UKHW022052260726
13993UKWH00001B/57